财务管理与会计实践研究

秦炎平　库向芳　李　蔚◎著

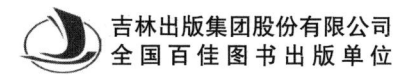

吉林出版集团股份有限公司
全国百佳图书出版单位

图书在版编目（CIP）数据

财务管理与会计实践研究/秦炎平,库向芳,李蔚著.--长春:吉林出版集团股份有限公司,2023.6
ISBN 978-7-5731-3705-0

Ⅰ.①财… Ⅱ.①秦…②库…③李… Ⅲ.①财务管理一研究②会计学－研究Ⅳ.①F275②F230

中国国家版本馆CIP数据核字(2023)第115248号

CAIWU GUANLI YU KUAIJI SHIJIAN YANJIU
财务管理与会计实践研究

著　者：秦炎平　库向芳　李　蔚
责任编辑：许　宁
封面设计：冯冯翼
开　　本：720mm×1000mm　1/16
字　　数：330千字
印　　张：17.5
版　　次：2023年6月第1版
印　　次：2023年6月第1次印刷

出　　版：吉林出版集团股份有限公司
发　　行：吉林出版集团外语教育有限公司
地　　址：长春市福祉大路5788号龙腾国际大厦B座7层
电　　话：总编办：0431-81629929
印　　刷：三河市金兆印刷装订有限公司

ISBN 978-7-5731-3705-0　　定　价：98.00元
版权所有　侵权必究　　举报电话：0431-81629929

前　言

在我国经济不断提升、国家大力提倡创新型发展的背景下,财务管理与会计工作也应当紧跟时代,与时俱进地不断推陈出新。然而,在传统财务管理和会计核算工作中,还存在着诸多的问题,既无法满足企业在快速发展中不断产生的新需求,又影响会计信息的质量,如此难免会制约企业的发展并给企业带来诸多负面影响。企业管理者应该对其进行细致的考虑,进而逐渐推进财务管理工作实现创新性跨越式发展。财务管理工作对于企业发展十分重要,从某种程度上而言,不仅影响和制约着企业其他各项经营活动,甚至决定着一个企业未来的发展和兴衰成败。

由此可见,如何做好企业的财务管理和会计核算工作,如何对陈旧的财务管理和会计工作模式进行创新是企业中每一位经营管理者必须着重思考的问题。此外,伴随着当今世界不断涌现的经济全球化浪潮,资本市场与跨国公司快速发展,着力推动企业财会工作的创新性发展、实现企业财务管理与会计核算的现代化和科学化已迫在眉睫。新形势下,更新财务管理的理念、方法和技术,制定一套规范性的国际会计准则,以此来协调企业财务会计实务,将成为越来越多企业关注的焦点。由此可见,对于企业财务管理与会计实践工作创新性发展这一问题的研究具有十分重要的理论价值和现实意义。

本书从财务会计的定义入手,依次介绍了财务会计的相关职能与现存问题,能够使读者对财务会计有一个初步的了解。本书通过分析财务管理的环境背景和制度要求,来阐释财务管理的必要性,使有关从业人员在财务管理相关理论的指导下,进一步熟悉财务报表,对其工作提出方法论的指导。本书从营运资金与投资方面,对企业财务管理加以深入论述,为财务管理提供参考,并引入税收管理的概念,强调税收管理的重要性。通过介绍内部控制的方法与策略,来分析会计内部控制的现状,在对会计电算化概念介绍的基础之上,进一步提出操作流程的具体举措。

目　　录

第一章　财务管理概论 ………………………………………………………… 1
　第一节　财务管理的概念 …………………………………………………… 1
　第二节　财务管理的目标 …………………………………………………… 8
　第三节　财务管理环节和方法 ……………………………………………… 14
　第四节　财务管理的环境 …………………………………………………… 19

第二章　财务管理的价值观念 ………………………………………………… 26
　第一节　资金的时间价值 …………………………………………………… 26
　第二节　风险与报酬 ………………………………………………………… 30
　第三节　价值观念在证券估价中的运用 …………………………………… 36

第三章　企业筹资管理 ………………………………………………………… 42
　第一节　企业筹资概述 ……………………………………………………… 42
　第二节　资金需要量预测 …………………………………………………… 44
　第三节　筹资方式及评价 …………………………………………………… 46
　第四节　资本成本 …………………………………………………………… 69
　第五节　资本结构 …………………………………………………………… 77
　第六节　杠杆效应 …………………………………………………………… 80

第四章　企业运营资金管理 …………………………………………………… 87
　第一节　运营资金概述 ……………………………………………………… 87
　第二节　流动资产管理 ……………………………………………………… 91
　第三节　流动负债管理 ……………………………………………………… 101

第五章　财务管理信息化 ……………………………………………………… 107
　第一节　会计核算信息化 …………………………………………………… 107
　第二节　报表合并信息化 …………………………………………………… 111

第三节　财务分析信息化 ································ 114
　　第四节　全面预算信息化 ································ 121
　　第五节　精细化成本信息化 ······························ 124
第六章　会计和会计环境 ····································· 148
　　第一节　会计的方位 ···································· 148
　　第二节　会计环境理论 ·································· 155
第七章　会计基本假设与会计信息质量要求 ······················ 162
　　第一节　会计基本假设 ·································· 162
　　第二节　会计信息质量要求 ······························ 170
　　第三节　会计控制质量要求 ······························ 182
第八章　收入、费用和利润的核算 ······························ 187
　　第一节　收入的核算 ···································· 187
　　第二节　费用的核算 ···································· 196
　　第三节　利润的核算 ···································· 200
　　第四节　成本管理模式及其评价 ·························· 206
第九章　收益及其分配 ······································· 226
　　第一节　利润与利润分配 ································ 226
　　第二节　股利政策的影响因素及其类型 ···················· 231
　　第三节　股利支付程序与方式 ···························· 237
第十章　大数据时代下的企业财务管理创新 ······················ 244
　　第一节　大数据时代下的企业管理创新 ···················· 244
　　第二节　大数据时代对企业财务管理的影响 ················ 250
　　第三节　大数据时代下的企业财务风险预警与管理 ·········· 261
参考文献 ·· 270

第一章 财务管理概论

第一节 财务管理的概念

一、财务管理的内容

财务管理的内容是财务管理对象的具体化。财务管理的对象是企业再生产过程中的资金活动,因此财务管理的内容就是企业资金活动所表现出来的各个方面。企业通常通过筹资、投资、营运资金管理、利润及其分配等各项活动以达到合理配置资源、实现企业持续增长的目的。因此,筹资管理、投资管理、营运资金管理、利润分配管理也就构成了公司财务管理的基本内容。

(一)筹资管理

对企业而言,投资是生产经营的基础,而筹资则是进行投资的前提条件。因此,筹资管理是企业财务管理的首要环节。企业的生产经营必须有一定的资金保证,需要按照国家法律和政策的要求,以不同的渠道和方式进行筹集,实现既在数量上满足生产经营的需要,又降低资金成本、减少财务风险、提高筹资效益的目的。

筹资管理通常需要考虑如下这些问题:一是筹资规模,即预测企业需要筹集多少资金;二是筹资方式,即根据企业内外部环境等因素决定是债务融资还是股权融资;三是筹资结构与成本,即根据投资报酬率决定债务融资和股权融资的比例结构,优化资本结构,控制筹资成本,降低资金风险。另外,筹资管理还需要考虑到债务融资的期限问题,降低企业未来还本付息时面临的现金流量压力,保持一定的举债余地和偿债能力,为企业的稳定发展创造条件。

(二)投资管理

投资管理是企业财务管理的又一重要环节。企业若想在激烈的市场竞争中获得良好的经济效益，必须选择合适的项目，运作、耗费、收回资金。投资决策是实现企业战略目标、提高竞争力、提升企业价值的重要决策。投资管理的成功与否，对企业未来的经营发展有着根本性的影响。

广义而言，投资包括长期投资和短期投资两个方面。但财务管理学中所指的投资，通常是指长期投资。投资管理的首要任务是决定投资方向的选择，如一体化投资、专业化投资、多元化投资等。在具体项目的投资决策分析中，企业不仅需要谨慎地估算现金流量，而且需要充分考虑到投资风险。在投资项目的运营过程中，还应加强跟踪管理，以确保投资项目的实施取得预期效果。

（三）营运资金管理

营运资金管理是对企业流动资产和流动负债的管理。在一定时期内，若企业的资金周转足够快，则可以利用相同数量的资金，生产更多的产品，获得更多的报酬。企业应当加快资金周转速度，提高资金使用效率，合理配置资金，保证企业的偿债能力，尽可能避免营运资金的闲置。

营运资金管理的首要任务是合理安排流动资产与流动负债的比例关系，确保企业具有较强的短期偿债能力。其次，如何加强流动资产管理，提高流动资产的周转效率，也是改善企业财务状况的重要途径。另外，还应该注意流动资产与流动负债的内部结构优化，使企业短期资金周转得以顺利进行，维持企业的短期信用能力。

（四）利润分配管理

企业通过资金的筹集、投放和使用，取得收入并形成利润，对其需要进行合理有效的分配。利润分配就是研究对企业实现的税后净利润如何进行分配，即多少用于发放股利，多少用于企业留存。在进行利润分配决策时，股东的短期利益与企业的长远利益是一对需要权衡的矛盾。股利分派水平过低，则不能满足股东的短期利益，可能引起股东对未来预期不确定性程度增加，股价也会下降。而股利分派水平过高，保留盈余过少，影响对主营业务和投资项目的支持能力，从而不利于企业的长远发展。

影响利润分配决策的因素,包括未来企业的投资机会、股东对当前收入和未来收入的相对偏好、外部融资能力及其成本等。企业应当根据自身实际情况,确定最佳利润分配政策。

二、企业财务关系

企业财务关系是指企业在组织财务活动的过程中与有关各方发生的经济利益关系。企业的财务活动表面上看是资金和物资的增减变动,这些变动离不开人与人、组织与组织之间的经济利益关系。财务关系体现着财务活动的本质特征,影响着财务活动的规模与速度。企业的筹资活动、投资活动、经营活动、利润分配活动与企业各方有着广泛的联系。企业的财务关系可概括为以下几个方面。

(一)企业与所有者之间的财务关系

企业所有者通常指国家、法人单位、个人投资者及外商投资者等。企业所有者按照合同、协议、章程约定等履行出资义务,及时形成企业的资本金。企业利用该资本金进行生产经营,实现利润后按照出资比例或者合同、章程的规定,向所有者分配利润。企业的所有者向企业投入资金,而企业需向其所有者支付相应的报酬,由此形成的经济关系就是企业与所有者之间的财务关系。

(二)企业与债权人之间的财务关系

企业债权人通常指债券持有人、贷款机构、商业信用提供者以及其他出借资金给企业的单位和个人。企业进行生产经营活动,不仅需要利用资本金,而且还需要借入一定数量的资金,以降低资金成本,扩大经营规模。企业使用债权人的资金后,要按照约定的利息率,及时向债权人支付利息。债务到期时,要合理调度资金,按时向债权人归还本金及利息。企业向债权人借入资金,并按照借款合同的规定按时支付利息和归还本金所形成的债务债权关系就是企业与债权人之间的财务关系。

(三)企业与被投资单位之间的财务关系

企业在日常的生产经营活动中,往往会将闲置基金用以购买股票或者以直接投资的形式向其他企业投资,以实现资本增值。企业向被投资单位进行投资,应当按照约定履行出资义务,参与被投资单位的利润分配,由此体现出的所有权性质的投资与受资的经济关系就是企业与被投资单位之间的财务关系。

(四)企业与债务人之间的财务关系

企业往往会将资金以购买债券、提供借款或商业信用等形式出借给其他单位。资金借出,企业有权要求其债务人按照约定的条件归还本金并支付利息,由此所形成的债务债权关系就是企业与债务人之间的财务关系。

(五)企业与内部各单位之间的财务关系

企业内部各单位在日常生产经营中并不是完全独立的,而是在各环节相互提供产品或劳务。在实行内部经济核算的条件下,企业各生产单位以及供、产、销各部门之间,相互提供的产品和劳务也需要进行计价结算,由此形成的企业内部资金结算关系就是企业与内部各单位之间的财务关系,体现了企业内部各单位之间的利益关系。

(六)企业与职工之间的财务关系

企业利用自身的产品销售收入,按照职工提供的劳动数量和质量,向职工支付工资、奖金、津贴、福利等劳动报酬。这种企业向职工支付劳动报酬而形成的经济关系就是企业与职工之间的财务关系,体现了企业和职工在劳动成果上的分配关系。

(七)企业与税务机关之间的财务关系

任何企业都需要按照国家税法的规定缴纳各种税款,以保证国家财政收入的实现,满足社会各方面的需要。及时足额地纳税是企业对国家的贡献,也是对社会应尽的义务。企业按照税法的规定依法纳税而与国家税务机关所形成的经济关系就是企业与税务机关之间的财务关系,反映了依法纳税和依法征税的权利义务关系。

三、财务管理的职能

财务管理的职能是指财务管理所具有的职责和功能。财务管理的职能包括财务分析、财务预测、财务决策、财务计划、财务控制、财务评价与考核等。

(一)财务分析

财务分析是指以财务报表及其他相关资料为依据,采用一系列专门的技术和方法,对企业过去的筹资活动、投资活动、经营活动、利润分配活动进行分析,旨在帮助企业及其利益相关者了解企业过去、评价企业现状、预测企业未来,为他们做出正确的决策提供准确的信息或依据。

财务分析的方法包括比较分析法、比率分析法、趋势分析法等。通过比较分析,有助于发现有利或不利的差异;通过比率分析,则能进一步发现差异产生的原因主要在于哪一方面或哪些方面;通过趋势分析,有助于了解相关指标的增减变动方向、数额和幅度。当然,要想知道各种具体因素对财务活动的影响程度,则需运用因素分析等具体方法。

(二)财务预测

财务预测是指根据财务活动的历史资料,考虑现实的要求和条件,对未来的财务活动和财务成果做出科学的预计和测算。财务活动是企业各项具体活动的综合反映,因此,财务预测是一项综合性的预测工作。财务预测不能脱离企业各项业务预测,但它不是各项业务预测的简单拼凑,而是根据业务活动对资金活动的作用与反作用关系,将业务预测结果进行合乎逻辑的综合。财务预测的目的是,测算企业投资、筹资各项方案的经济效益,为财务决策提供依据,预计财务收支的发展变化情况,为编制财务计划服务。

财务预测按预测对象可分为投资预测和筹资预测;按预测时间可分为长期预测和短期预测;按预测值多少可分为单项预测和多项预测。财务预测的常用方法包括时间序列法、相关因素法、概率分析法等。

(三)财务决策

财务管理效果的优劣很大程度上取决于财务决策的成败。决策建立在预测的基础之上,根据财务预测的结果,采用一定的决策方法,在若干备选方案中选取最优财务活动方案,就是财务决策。财务决策的目的在于确定合理可行的财务方案。在现实中,财务方案既包括投资方案、筹资方案,还包括投资筹资综合方案。

财务决策是对财务预测结果的分析与选择,是多标准的综合性决策,可能既有货币化、可计量的经济标准,又有非货币化、不可计量的非经济标准,因此决策方案往往是多种因素综合平衡的结果。

(四)财务计划

财务决策所解决的问题仅仅是财务活动方案的选择。财务决策的正确与否,对于财务目标的实现固然十分关键,但是,它还不是保证财务目标实现的全部条件。当通过财务决策选定了财务活动方案之后,应该编制相应的财务计划,并按照一定的财务计划组织实施,以实现既定的财务目标。财务计划是以货币形式协调安排计划期内投资、筹资及财务成果的文件。制订财务计划的目的是为财务管理确定具体量化的目标。

从时间上来说,财务计划包括长期计划和短期计划。长期计划是指1年以上的计划,短期计划是指一年一度的财务预算。从内容上说,财务计划主要包括资金筹集计划、资金使用计划、费用成本计划、利润及其分配计划等。

(五)财务控制

在财务计划的实施过程中,由于主、客观两方面的原因,财务活动的实施进展与计划要求可能会发生差异。对于这种差异,如果不加以控制,就不能保证财务计划目标的顺利实现。所谓财务管理的控制职能,广义上说,包括事前预测、事中控制和事后分析三个方面;狭义上说,则就是指事中控制。这里我们采用狭义概念,财务控制就是在实施财务计划、组织财务活动的过程中,根据反馈信息,如会计信息和金融市场信息等,及时判断财务活动的进展情况,与财务计划要求进行对比,发现其中的差异,并根据具体原因及时采取措施,保证财务活动按照计划要求进行。因此,建立科学、灵敏的财务信息反馈系统和严格的财务控制制度,具有特别重要的意义。

(六)财务评价与考核

财务评价是指按照一定的依据,如财务计划、企业历史业绩、同行业平均水平或先进水平等,评价企业财务绩效的优劣及其程度。企业应当根据评价的具体目的,选取适当的评价指标进行评价。

财务考核与财务评价有着密切联系,但并不是一回事。财务考核的基本目的是贯彻责任与利益统一原则。因此,财务考核就是对一定责任单位(部门或个人)的财务责任完成情况进行考察和核定。财务考核的基本作用,主要在于强化各责任单位的财务责任感,从而能促进各责任单位更好地完成所承担的财务责任。

四、财务管理的特点

企业生产经营活动的复杂性,决定了企业管理必须覆盖多方面内容,如采购管理、生产管理、技术管理、销售管理、财务管理等。各项工作相互联系、紧密配合,同时又有科学的分工,具有各自的特点。

(一)财务管理是价值管理

财务管理主要是对财务活动进行管理,财务活动反映企业价值的形成、实现和分配。财务管理使用资金、成本、收入、利润等指标,运用财务分析、财务预测、财务决策、财务计划、财务控制、财务评价与考核等手段,处理价值运动中的经济关系。通过价值形式把企业的物质条件、经营过程和经营成果合理地规划和控制起来,达到提高经济效益、增加企业财富的目的。价值管理是财务管理的最基本的特点。

(二)财务管理能及时反映企业状况

在企业管理中,决策是否得当、技术是否先进、产销是否顺畅,都可以迅速地在企业财务指标中得到反映。例如,如果企业生产的产品适销对路,质量优良可靠,则可以带动生产发展,实现产销两旺,加速资金周转,增强盈利能力,这一切都可以通过财务指标迅速反映出来。同时,这也说明财务管理工作既有其独立性,又受到整个企业管理工作的制约。财务部门应当及时向企业管理当局通报相关财务指标的变化情况,以便于把各部门的工作都纳入提高企业整体经济效益的轨道中,保证企业财务目标的顺利实现。

(三) 财务管理具有综合性

企业财务管理是围绕着资金运动展开的,而企业生产经营活动各方面的质量和效果,多数可以通过资金运动的过程和结果反映出来。资金运动的综合性决定了财务管理具有综合性。财务管理所使用的指标是以价值形式综合反映企业经营能力、成果、状态。通过价值形式,把企业的一切物质条件、经营过程和成果都合理地加以规划和控制,达到提高企业效益、增加企业财富的目的。因此,财务管理既是企业管理的一个独立方面,又是一项综合性的管理工作。

(四) 财务管理具有广泛性

企业生产经营过程中的每一项活动都涉及资金的收付,每一个部门都要通过资金的使用与财务部门发生关系,每一个部门都要在合理使用资金、节约资金等方面受到财务制度的约束,接受财务部门的指导,同时也需要财务部门与这些部门密切配合,因此,财务管理的触角常常伸向企业内部的各个角落。另外,财务管理涉及筹资管理,金融市场作为筹资的场所,使财务活动融入金融市场体系,也使财务活动由企业内部延伸到企业外部。企业管理的任何内容都要在资金运动和价值的变化上反映出来。这些都决定了财务管理具有广泛性。

综上所述,财务管理的概念可以概括为:企业财务管理是企业管理的一个重要组成部分,它是根据财经法规制度,按照财务管理的原则,组织企业财务活动,处理财务关系的一项经济管理工作。

第二节 财务管理的目标

一、以利润最大化为目标

利润最大化的观点认为,利润代表了企业新创造的财富,利润越多,说明企业的财富增加得越多,越接近企业的目标。

以利润最大化作为财务管理的目标,有其合理的一面。企业追求利润最大化,就必须注重经济核算,加强管理,提高劳动生产率,降低生产成本。这些措施有利于资源的合理配置,有利于经济效益的提高。

利润最大化的观点也存在一定的局限性:

第一,没有考虑利润的取得时间。例如,今年获利500万元和明年获利500万元,哪一个更符合企业的目标?若不考虑资金的时间价值,就难以做出正确判断。

第二,没有考虑所获利润和投入资本额的关系。例如,同样获得500万元的利润,一个企业投入资本3000万元,另一个企业投入5000万元,哪一个更符合企业的目标?若不与投入的资本数额联系起来,就难以做出正确判断。

第三,没有考虑获取利润和所承担风险的关系。例如,同样投入3000万元,本年获利500万元,一个企业的获利已全部转化为现金,另一个企业则全是应收账款,并可能发生坏账损失,哪一个更符合企业的目标?若不考虑风险大小,就难以做出正确判断。

片面追求利润最大化容易导致财务决策者的短视行为,只为实现当前的最大利润,而忽视了企业的长远发展,这也不利于企业目标的顺利实现。

如果投入资本相同、利润取得时间相同、相关风险也相同,利润最大化是一个可以接受的观点。因此,许多经理人员都把提高利润作为公司的短期目标。

二、以每股收益最大化为目标

每股收益最大化的观点认为,应当把企业的利润和股东投入的资本联系起来考察,用每股收益(或权益净利率)来概括公司的财务管理目标,以克服"利润最大化"目标的局限。

以每股收益最大化为目标仍然存在局限性:

第一,仍然没有考虑每股收益取得的时间;

第二,仍然没有考虑到每股收益的风险;

第三,以每股收益最大化为作为财务目标,意指股票市价是每股收益的函数,而这种假设在实际情况中很难实现。股票市价除了受到企业经营盈亏的影响,还要受到经济、政治、市场等其他因素的影响,所以每股收益最大化未必会使得股票市价达到最高可能水平。

如果风险相同、每股收益的时间相同,则每股收益最大化也是一个可以接受的观点。因此,许多投资人都把每股收益作为评价公司业绩的关键指标。

三、以股东财富最大化为目标

股东财富最大化的观点认为,股东创办企业的目的是扩大财富,他们是企业的所有者,股东财富最大化是企业财务管理的目标。股东财富最大化在于企业能给所有者带来未来报酬,包括获得股利和出售其股权换取现金。如同商品的价值一样,企业的价值只有投入市场才能通过价格表现出来。以股东财富最大化作为企业财务目标,强调股东承担企业全部的剩余风险,也因此享受企业经营发展带来的全部剩余收益。

有时股东财富最大化被表述为股价最大化。在股东投资资本不变的情况下,股价上升可以反映股东财富的增加,股价下跌可以反映股东财富的减损。股价的波动代表了投资者对公司股权价值的客观评价。它用每股价格表示,反映了资本和获利之间的关系;它受预期每股收益的影响,反映了每股收益大小和取得的时间;它受企业风险大小的影响,可以反映每股收益的风险。假设股东投资资本不变,股价最大化与股东财富最大化具有同等意义。

与以利润最大化为目标相比,股东财富最大化目标体现出以下优点:

第一,以股东财富最大化为目标考虑了现金流量的时间价值和风险因素,因为现金流量获得时间的早晚和风险的高低会对股票价格产生重要影响;

第二,股东财富最大化在一定程度上能够克服企业管理者在追求利润上的短视行为,因为股票的价格很大程度上取决于企业未来获取现金流量的能力;

第三,股东财富最大化反映了资本与收益之间的关系,因为股票价格是对每股股份的一个标价,反映了单位投入资本的市场价格。

另外，股东财富最大化目标也是判断企业财务决策是否正确的标准，因为股票的市场价格是企业投资、融资和资产管理决策效率的直观反映。

以股东财富最大化为目标仍然存在一定的不足，具体表现为：

第一，只适用于上市公司，通过股票市价反映股东财富的价值很难适用于非上市公司；

第二，只强调了股东的利益，而对企业其他利益相关方的利益重视程度不够；

第三，股票价格波动受到多重因素的影响，如经济、政治、市场等，并非都为公司所能控制，把不可控因素引入理财目标是不合理的。

四、以企业价值最大化为目标

现代企业是多边契约关系的总和。股东要承担风险，但债权人和职工承担的风险也很大，政府也承担了相当大的风险。所以，财务管理的目标应与企业多个利益集团相关，是多个利益集团共同作用和相互妥协的结果，只强调某一集团的利益是不妥的。

企业价值最大化是指通过企业的合理经营，采用最优的经营和财务政策，充分考虑资金的实际价值、风险和报酬的关系，在实现持续增长的过程中实现企业总价值的最大化。企业价值的增加，是由股东权益价值增加和债务价值增加引起的。假设债务价值不变，则增加企业价值与增加股东权益价值具有相同的意义。假设股东投资资本和债务价值不变，企业价值最大化与增加股东财富具有相同的意义。

以企业价值最大化作为财务管理的目标具有以下特点：

第一，考虑了货币的时间价值，因此评估企业价值时考虑了企业未来收益获得的时间，并用时间价值的原理进行计量；

第二，考虑了投资所承担的风险；

第三，企业价值最大化能克服企业管理者在追求利润上的短视行为，企业价值最大化目标要求管理层对企业长期发展进行科学的预测和规划，恰当地权衡企业当前与未来的利润以及投资项目的报酬和风险。

五、财务管理目标与利益冲突

在现代公司制企业中,所有权和经营权是相分离的,管理者和投资者之间形成了以法人财产受托管理为主要内容的公司受托责任。股东作为权益资本的投资者拥有财产所有权,除了业主型的独资企业以外,一般的大型公司制企业的股东并不直接经营和管理企业日常业务。而董事会作为连接股东和管理层的纽带,是成功实施公司治理的最有效的制度安排。董事会最重要的职责之一是聘任、解雇 CEO 并制定其薪酬标准。

由所有权和经营权相分离而产生的委托—代理问题不可避免地引起了一系列利益冲突,这是财务管理目标更深层次的问题。委托—代理问题的存在及其利益冲突的有效协调直接关系到财务管理目标实现的程度。委托—代理问题的存在必然带来相应的委托人与代理人之间的利益冲突。

(一)股东与管理层的利益冲突

股东作为企业的所有者,委托管理层对企业进行经营和管理。但是,管理层努力工作创造的财富并不能由其单独享有,而是由全体股东分享。因此,管理层希望在提高股东财富的同时能够获得更大的利益,如增加报酬、增加休闲时间、避免风险等。但是,所有者则希望以最小的管理成本获得最大的股东财富,由此便产生了管理层个人目标与股东目标的冲突,管理者可能为了自身利益而背离股东的利益,主要表现为逆向选择和道德风险。

为了防止管理者背离股东目标,一般采用监督和激励两种方式。监督是指股东获取更多的信息,对管理者进行监督,在管理者背离股东目标时,减少其报酬甚至解雇。而激励是使管理者分享企业增加的财富,鼓励他们采取符合股东利益的行动,例如给管理者以股票期权奖励。监督成本、激励成本、偏离股东目标的损失之间,此消彼长,相互制约。股东应当权衡轻重,力求找出能使三项之和最小的解决方法,即为最佳解决方法。

(二)股东与债权人的利益冲突

当公司向债权人借入资金后,二者也形成了一种委托—代理关系。债权人把资金借给企业,要求到期收回本金,并获得约定的利息收入;公司借款的目的是用于扩大经营,投入有风险的经营项目。因此,二者的利益并不完全一致。

股东在获得债权人的资金后,在实施其财富最大化目标时会在一定程度上损害债权人的利益。例如,股东不征得债权人的同意,投资于被债权人预期风险更高的项目,如果项目成功,大部分盈利归股东所有,如果项目失败,债权人将遭受损失;再如,股东不征得债权人的同意而发行新债,使得企业负债比重上升,破产可能性增大,一旦破产,原债权人和新债权人要共同分配破产财产,原债权人可能因此蒙受损失。

债权人为了保护自身利益,除了寻求法律保护,如破产时优先接管、优先于股东分配剩余财产等外,通常还会采取相应的措施。例如,在债务协议中设定限制性条款来保护其利益免受侵害。同时,债权人一旦发觉公司企图利用他们,便会拒绝与该公司有进一步的业务往来,不再提供新的借款或者提前收回款项。

(三)大股东与中小股东的利益冲突

大股东通常指控股股东,他们持有企业大多数股份,能够左右股东大会和董事会的决议,往往还委派企业的最高管理者,从而掌握企业的重大经营决策,拥有对企业的控制权。人数众多但持有股份数量很少的中小股东基本没有机会接触到企业的经营管理,尽管他们按照各自的持股比例对企业利润具有索取权,但由于与控股股东之间存在严重的信息不对称,使得他们的权利很容易被控股股东以各种形式侵害,例如发布虚假信息,操纵股价,欺骗中小投资者;利用不合理的股利政策,掠夺中小投资者的既得利益。

大股东侵害中小股东利益的情况尤为突出,如何完善中小股东的利益保护成为亟待解决的问题。目前的保护机制包括:

第一,完善上市公司治理结构,使股东大会、董事会和监事会三者有效运作,形成相互制约的机制；

第二，规范上市公司的信息披露制度，保证信息的完整性、真实性和及时性；

第三，优化上市公司股权结构，通过融资方式引入特定机构投资者，积极引导机构投资者参与公司治理；

第四，完善上市发行制度等。

第三节　财务管理环节和方法

一、财务预测

1. 财务预测

预测是根据事物过去发展变动的客观过程和某些规律性，参照当前已经出现和正在出现的各种可能性，运用数学和统计的方法，对事物未来可能出现的趋势或可能达到的水平进行的科学预计和推测。预测是一个思考的过程，是一种超前的思维，而超前思维有助于各种决策的制定。

财务预测是指为了正确决策，根据企业财务活动的历史资料，考虑现实的要求和条件以及将要出现的变化因素，运用财务预测方法，预计和测算企业未来财务活动及其结果变动趋势的活动。复杂多变的现代市场经济，要求企业财务工作者能够预测市场需求和企业环境的变化，针对种种不确定因素，及时做出财务预测分析，为企业战略性的经营决策提供依据。

进行财务预测是为了降低决策失误的概率。所以，财务预测是财务决策的基础。财务预测的具体内容包括筹资预测、投资预测、销售收入预测、成本费用预测、利润预测等。

财务预测的工作程序一般是：明确财务预测的对象和目的；收集和整理有关信息资料；选用特定的财务预测方法进行预测。财务预测应在分析相关资料的基础上进行，所谓资料是指财务历史数据资料，它是财务预测的依据，因为只有深入细致地了解企业财务活动的过去和现在,才有可能准确地判断它的未来。财务预测只能是在利用现代科学方法对有关资料进行详细分析的基础上进行,而不应当仅凭个人的主观判断进行臆测。财务预测是决策的主要参考资料之一,但并不是唯一的依据。财务预测在财务决策中的作用越来越大,成功的财务预测会给企业带来丰厚的利润回报;反之,将会给企业带来巨大的损失。

2. 财务预测方法

财务预测方法有许多,其中最常用的有10余种。财务预测方法按其性质不同分为定性预测法和定量预测法两大类。

第一,定性预测法。定性预测法是指由熟悉业务、具有一定理论知识和综合判断能力的专业人员或专家,利用直观材料,根据其丰富实践经验对事物未来的状况和趋势做出主观判断的预测方法,又称判断预测法。定性预测法适用于缺乏完备、准确的历史资料或影响因素复杂、需要对许多相关因素作出判断或客观上不具备定量预测条件等情况下采用。例如,销售预测要面对变化不定的外部市场,影响市场的因素较为复杂,因此销售状况的历史数据资料不适宜建立数据模型,由于需要对许多相关因素作出判断,而对有关未来销售情况的判断资料较容易获取,所以销售预测更适合采用定性预测法。定性预测法包括意见汇集法、专家意见法和调查研究法等具体方法。意见汇集法是由预测人员事先拟好提纲,向比较熟悉预测对象、并对其未来发展趋势比较敏感的各方面人员开展调查,广泛征求意见,把各方面意见进行整理汇集、综合分析评价后做出预测判断的方法。专家意见法是借鉴见识广、学有专长的专家经验进行预测判断的一种方法,又可分为德尔菲法和专家小组法。调查研究法就是通过调查预测对象有关的情况来预测其未来发展趋势和结果的方法。

第二,定量预测法。定量预测法是指根据收集的数据资料中变量之间存在的数量关系建立数学模型和采用统计方法对预测对象将来的发展趋势和结果进行预测的方法。定量预测法需要建立数学模型,逻辑严密可靠,预测结果比较客观。定量预测法在历史数据资料齐备、可以建立数学模型且环境比较稳定的情况下采用。定量预测法包括趋势外推预测法、因果预测法等具体方法。趋势外推预测法又称时间序列分析法,是一种将预测对象的历史数据按时间顺序排列,应用数学模型进行处理和分析,对预测对象未来发展趋势和结果进行预测的方法。趋势外推预测法包括简单平均法、移动加权平均法、指数平滑法等。因果预测法是从掌握的历史数据资料中,找出预测对象(因变量)与其相关联的因素(自变量)之间的依存关系,通过建立相应因果数学模型来对预测对象未来发展趋势和结果进行预测的方法。因果预测法包括高低点法、直线回归法、非线性回归法等。

二、财务决策

1. 财务决策

财务决策是指根据财务战略目标的总体要求,采用专门的方法从若干个备选财务活动方案中选出最优方案的过程。在市场经济条件下,财务决策是财务管理的核心,财务决策的成功与否直接关系到企业的兴衰成败。财务决策的基础是财务预测。财务决策的一般程序是:根据财务预测的信息提出问题;确定解决问题的备选方案;分析评价、对比各备选方案;拟定择优标准并选择出最优方案。

2. 财务决策方法

财务决策的方法主要有经验判断法、优选对比法、数学微分法、线性规划法、概率决策法等。经验判断法是指根据决策者的经验来判断最优方案进而做出决策的方法。常用的经验判断法有淘汰法、排队法、归类法等。

优先对比法就是把各种不同方案排列一起,对比其经济效益的好坏进而做出决策的方法。

数学微分法是根据边际分析原理,运用数学上的微分方法,对具有曲线联系的极值问题进行求解,确定最优方案进而做出决策的方法。在财务决策中,最优资本结构决策、现金最佳余额决策、存货的经济批量决策都要用到数学微分法。

线性规划法是根据运筹学原理,对具有线性联系的极值问题进行求解,确定最优方案进而进行决策的方法。

概率决策法就是在未来情况虽然不十分明了但各有关因素的未来状况及其概率可以预知，用概率法计算各个方案的期望值和标准离差，确定最优方案进而做出决策的方法。由于概率决策法往往把各个概率用树形图表示出来，因此有时也称之为决策树法。

三、财务计划与财务预算

1. 财务计划及方法

计划是指为了执行决策、实现活动目标而对未来行动与工作的安排方案。它告诉人们为实现既定目标需要在什么时间，由什么人，采取什么办法，去开展什么活动。

财务计划是根据企业整体战略目标和规划，以财务决策确立的方案和财务预测提供的信息为基础，并通过制定财务政策、规定财务工作程序、设计财务规则、编制财务预算而对财务活动进行规划的方案。财务计划主要通过指标和表格，以货币形式反映在特定期间（计划期）内企业生产经营活动所需要的资金及其来源、财务收入和支出、财务成果及其分配的情况。它是财务决策的具体化，是财务控制的依据。

确定财务计划指标的方法一般有平衡法、因素法、比例法和定额法等。平衡法是指在编制财务计划时，利用有关指标客观存在的内在平衡关系来计算确定计划指标的方法。因素法又称因素推算法，是指在编制财务计划时，根据影响某项指标的各种因素推算该计划指标的方法。比例法又称比例计算法，是指在编制财务计划时，根据企业历史已经形成且又比较稳定的各项指标之间的比例关系来计算计划指标的方法。定额法又称预算包干法，是指在编制财务计划时，以定额作为计划指标的一种方法。

2. 财务预算及方法

财务预算是根据财务战略、财务计划和各种预测信息，确定预算期内各种预算指标的过程。它是财务计划的分解和落实。财务预算具体包括销售预算、生产预算、成本预算、现金预算、资本支出预算、预计资产负债表、预计利润表和预计现金流量表等。

财务预算的编制方法通常包括固定预算与弹性预算、增量预算与零基预算、定期预算与滚动预算等。

四、财务控制

1. 财务控制

财务控制是指利用有关信息和特定手段,对企业的财务活动施加影响或调节,以便实现既定财务目标的过程。如果不能有效地对财务活动施加影响或进行调节,就无法管理。财务控制措施一般包括：预算控制、营运分析控制和绩效考评控制等。

2. 财务控制方法

财务控制的方法通常有前馈控制、过程控制和反馈控制三种。前馈控制是指通过对实际财务系统运行的监测,运用科学方法预测可能出现的偏差,采取一定措施使差异得以消除的一种控制方法。过程控制是指运用一定的方法对正在发生的财务活动进行的控制。反馈性控制是在认真分析的基础上,发现实际与计划之间的差异,确定差异产生的原因,采取切实有效的措施,调整实际财务活动或调整财务计划,使差异得以消除或避免今后出现类似差异的一种控制方法。

五、财务分析与考核

1. 财务分析及方法

财务分析是指根据企业财务报表等信息资料,采用专门方法,系统分析和评价企业财务状况、经营成果以及未来趋势的过程。通过财务分析,可以掌握各项财务计划指标的完成情况,评价财务状况,研究和掌握企业财务活动的规律性,改善财务预测、决策、计划和控制,提高企业经济效益,改善企业管理水平。

财务分析的方法通常有比较分析法、比率分析法、综合分析法等。比较分析法是指把主要项目或指标数值及其变化与设定的标准进行对比,以确定差异,进而分析、判断及评价企业经营与财务等情况的方法。比率分析法是指利用项目指标之间的相互关系,通过计算财务比率来观察、分析及评价企业财务状况、经营业绩和现金流量等财务及经营情况的分析方法。因素分析法是指依据财务指标与其影响因素之间的关系,按照一定的方法分析各因素对财务指标差异影响程度的一种分析方法。

2. 财务考核

财务考核是指将报告期实际完成数与规定的考核指标进行对比,确定有关责任单位和个人完成任务程度的过程。财务考核与奖惩紧密联系,是贯彻责任制原则的要求,也是构建激励与约束机制的关键环节。

财务考核指标的形式多种多样,可以用绝对指标、相对指标、完成百分比进行考核,也可采用多种财务指标进行综合评价考核。

第四节 财务管理的环境

一、经济环境

影响企业财务管理的环境因素固然是多方面的,但其中起决定性作用的还是经济环境。没有经济的发展,就不会有企业财务的发展。经济政策、经济发展水平、经济周期等是企业财务管理经济环境的基本因素,此外,还有通货膨胀、产业及行业特征等诸多具体经济因素。

(一)经济政策

国家经济政策包括经济发展计划、产业政策、财政与税收政策、货币政策、外汇政策、外贸政策以及政府的行政法规等,这些政策对企业的财务管理活动都有着重大影响。顺应经济政策的导向,会给企业带来一定的经济利益,因此,财务人员应当认真研究政府的经济政策,按照政策导向行事,从而能够趋利避害,保证企业目标的顺利实现。

(二)经济发展水平

经济发展水平是一个相对概念。按照常用概念,把世界不同的国家划分为发达国家、发展中国家和不发达国家三大类,不同的经济发展水平对财务管理产生了不同的影响。

发达国家已经历了较长时期的资本主义经济发展历程,形成了较为复杂的经济关系以及较为完善的生产方式,因此,企业财务管理的内容丰富多彩,财务管理的方法和手段科学而严密。

发展中国家目前经济发展水平还不够高,基础较为薄弱,但发展速度较快,经济政策变更较为频繁,因此,发展中国家的企业财务管理受政策影响显著而不甚稳定,财务管理的内容、方法和手段更新较快。

不发达国家一般以农业为主要经济部门,工业不够发达,经济发展水平低,企业规模小,组织结构简单,财务管理水平低、发展慢,严重落后于发达国家和发展中国家。

(三)经济周期

在市场经济条件下,经济发展通常带有一定波动性,大体上经历复苏、繁荣、衰退、萧条几个阶段的循环,即经济周期。经济周期的客观存在已经被越来越多的经济学家所证实。经济周期的不同阶段,给企业带来不同的机遇和挑战,这就要求企业财务管理人员把握其一般规律,合理预测经济变化情况,适当调整财务政策。

(四)通货膨胀情况

通货膨胀是现代经济生活中普遍存在的现象。持续的通货膨胀给社会经济生活、给企业财务管理活动带来重要影响,突出表现为资金供求的严重失衡:一方面,由于原材料价格上涨、囤积物资、债券资产膨胀、产品滞销等原因,导致普遍的流动资金需求膨胀,以及投资饥渴导致长期资金需求膨胀;另一方面,由于通货膨胀时期政府紧缩银根、银行信贷风险增大、投资领域吸纳大量资金等原因,导致资金供给的相对不足。

企业财务管理人员应当分析通货膨胀对资金成本的影响以及对投资报酬率的影响。为了实现预期的报酬率,企业应当及时调整收入和成本,同时用套期保值等方法尽量减少损失。

(五)产业及行业特征

对企业财务管理而言,企业所处的产业即行业特征,是最为直接的环境因素。企业财务管理的产业及行业因素分析,应当包括行业寿命周期分析、行业规模结构分析、行业内竞争结构分析、政府产业政策分析等。只有充分把握产业及行业特征,才能做出正确的财务决策,从而顺利实现企业的财务目标。

二、金融市场环境

企业财务管理的环境是企业决策难以改变的外部约束条件,企业财务决策更多地是适应他们的要求和变化,而不是设法改变它们。金融市场是企业财务管理环境的重要组成部分。作为资金融通的场所,企业资金的取得与投放都与金融市场密不可分。熟悉金融市场的各种类型以及管理规则,可以让企业财务人员有效地组织资金的筹措和资本投放活动。

(一)金融市场

金融市场种类繁多,每个金融市场服务于不同的交易者,有不同的交易对象。金融市场可能是一个有形的交易场所,如在某一个建筑物中进行交易,也可能是无形的交易场所,如通过通信网络进行交易。按照不同的标准,金融市场有着不同的分类:

第一,按交易期限划分为资本市场和货币市场。资本市场又称长期资金市场,主要供应一年以上中长期资金,如股票与长期债券的发行与流通;货币市场又称短期资金市场,是一年以下的短期资金的融通市场,如票据贴现、短期债券。

第二,按证券属性划分为债务市场和股权市场。债务市场的交易对象是债务工具,如公司债券、抵押票据等;股权市场的交易对象是股票。

第三,按交易性质划分为一级市场和二级市场。一级市场又称发行市场,是新证券发行的市场,可以增加公司资本;二级市场又称流通市场,是已经发行、处在流通中的证券买卖市场,并不会增加资本,只是在不同的投资者之间流通。

第四,按交易程序划分为场内市场和场外市场。场内市场是指各种证券的交易所,有着固定的场所、固定的交易时间和规范的交易规则;场外交易市场没有固定场所,而由很多拥有证券的交易商分别进行,包括股票、债券、可转让存单、银行承兑汇票、外汇交易市场等。

第五,按交割期限划分为现货市场和期货市场。现货市场是指交易活动成交后立即付款交割;期货市场是指交易活动成交后按合同约定在指定日期付款交割。

金融市场由主体、客体和参与人员组成。主体是指金融中介机构,是连接投资者和筹资者的桥梁,分为银行和非银行金融机构两类。银行是指存款性金融机构,包括商业银行、邮政储蓄银行、农村合作银行等;非银行金融机构是指非存款性金融机构,包括保险公司、投资基金、证券市场机构等。客体是指金融市场上的交易对象,如债券、股票、商业票据等。参与人员是指客体的提供者和需求者,如居民、公司、政府等。

作为资金融通的场所,金融市场对整个市场体系的发展发挥了重要作用。金融市场的功能包括基本功能和附带功能两方面。其中,基本功能是指金融市场具有资本融通功能和风险分配功能。附带功能是指金融市场具有价格发现功能和调节经济功能,并能够有效节约信息成本。

(二)金融工具

金融工具是使一个公司形成金融资产,同时使另一个公司形成金融负债或权益工具的任何合约。公司可以借助金融工具进行筹资和投资。财务管理人员了解金融市场,必须熟悉各种金融工具。金融工具按发行和流通的场所,划分为货币市场证券和资本市场证券。

第一,货币市场证券。货币市场证券属于短期债务,到期日通常为一年或者更短的时间,主要是政府、银行及工商企业发行的短期信用工具,包括商业本票、银行承兑汇票、国库券、银行同业拆借、短期债券等。货币市场证券具有期限短、流动性强、风险较小的特点。

第二,资本市场证券。资本市场证券是公司或政府发行的长期证券,到期期限一般超过一年,通常包括普通股、优先股、国债、长期公司债券、衍生金融工具等。

(三)利率

在金融市场上,利率是资金使用权的价格。一般来说,金融市场上资金的价格可以用以下公式表示:

利率 = 纯粹利率 + 通货膨胀附加率 + 流动性附加率 + 违约风险附加率 + 到期风险附加率

纯粹利率是无风险、无通货膨胀条件下的利率,一般等于短期国库券的利率。

通货膨胀附加率是预期的通货膨胀率,根据适应性预期理论,过去和目前的通货膨胀率将影响通货膨胀附加率。

流动性附加率是在其他条件不变的前提下,投资人承担了流动性风险而要求的补偿。

违约风险附加率是在其他条件不变的前提下,投资人承担了违约风险而要求的补偿。

到期风险附加率。在现实中利率是变化的,利率上升时,证券的市场价格下降,由利率的变化可能给投资人带来损失的风险称为利率风险。为了补偿到期日不同时的利率风险,投资人额外要去的利率即为到期风险附加率。

二、政治法律环境

财务管理的政治法律环境是指影响企业财务活动的各种法律、法规和规章。影响企业财务管理的政治法律环境主要有企业组织法规、财务会计法规、税法等。

企业组织法规包括《公司法》《个人独资企业法》《合伙企业法》《中外合资

经营企业法》等。这些法规详细规定了不同类型的企业组织设立的条件、程序、组织机构、组织变更及终止的条件及程序等。企业组织必须依法设立，不同类型的企业组建过程适用于不同的法律。而《公司法》是约束公司财务管理活动的最重要的法规，公司的财务活动都不能违反《公司法》的规定。

财务会计法规主要包括《企业财务通则》《企业会计准则》、会计制度、证券法规、结算法规等。《企业财务通则》是各类企业进行财务活动、实施财务管理的基本规范，它围绕企业财务管理的各个环节，明确了资金筹集、资产运营、成本控制、收益分配、信息管理、财务监督六大财务管理要素，对财务管理方法和政策要求做出了规范。《企业会计准则》则是针对所有企业制定的会计核算规则，分为基本准则和具体准则。企业财务人员应当在遵守法律法规的前提下完成财务管理的职能，实现企业的理财目标。

税法是国家制定的用以调整国家与纳税人之间的在征纳税方面的权利义务的法律规范的总称。税法是国家法律的重要组成部分，是保证国家和纳税人合法权益的法律规范。企业在生产经营过程中有依法纳税的义务。税负是企业的一种支出，因此企业都希望能在不违反税法的前提下减少税负。财务人员应当熟悉并精通税法，在理财活动中精心安排、仔细筹划，实现税负的减少，而不能通过偷税漏税的方式来实现。

三、社会文化环境

人类生活的精神方式构成了社会文化。社会文化的内容十分广泛，包括教育、科学、文学、艺术、舆论、广播电视、新闻出版、卫生体育、道德文化、风俗传统、价值观念等。作为人类的一项社会实践活动，财务管理必然会受到社会文化的影响。但是，社会文化的各个方面对财务管理的影响程度不尽相同。有的具有直接影响，有的只有间接影响；有的影响较为明显，有的影响微乎其微。

相对而言，教育、科学及社会观念等因素对财务管理的影响较为显著。社会总体教育水平，决定社会成员总体的受教育程度，对企业财务管理工作具有显著影响;科学,包括自然科学和社会科学,其发展为财务管理提供了理论指导和管理手段,并丰富了财务管理的内容;而社会观念是人们对失误的传统看法,在人们的头脑中根深蒂固。社会对财务管理工作的态度,将影响到财务管理工作的社会地位,以及从事财务管理工作人员的类型。财务管理人员是否具有全局观念和长远观念,将影响到财务管理工作的基本导向。

第二章 财务管理的价值观念

第一节 资金的时间价值

企业的各项财务活动,都是在特定的时间发生的。同样金额的现金流量在不同时点价值不同的原因就在于货币时间价值的存在。不同时间发生的现金流入或流出,只有在考虑了时间价值因素之后,才可以进行比较,才能恰当地说明企业绩效。企业的筹资、投资、营运资金管理和利润分配都需要考虑到货币的时间价值,时间价值概念及其计算方法是以后各章的基础。

一、货币时间价值的概念

货币时间价值是指货币经历一定时间的投资和再投资所增加的价值,也称为资金的时间价值。资金作为一种必需的生产要素,在投入生产经营过程中会带来价值的增值,所增加的价值即为资金的时间价值,它构成了资金作为一种生产要素在投资过程中所应得到的报酬。

从量的规定来看,资金在运用过程中所增加的价值并不全部是资金的时间价值,这其中还包括投资者因承担投资风险和通货膨胀而获得的补偿,因此,所谓的货币时间价值应当是在没有风险和通货膨胀的条件下的社会平均资金收益率。

简单地说,在市场经济环境中,当前的1元钱和1年后的1元钱,经济价值并不相等。即使不存在风险和通货膨胀,当前的1元钱也比1年后的1元钱经济价值更大一些。例如,将当前1元钱存入银行,假设存款利率为10%,那么1年后将得到1.10元,经过1年时间投资增值了0.10元,这就是货币的时间价值。

货币时间价值有两种表现形式,一种是用绝对数值表示,即资金价值的绝对增加额；另一种使用相对数值来表示，即资金的利润率。相对而言后一种形式便于进行比较，是常用的表示方法。例如，前述货币的时间价值为10%。

单位货币在不同时间段的价值并不相等，因此，不同时间的货币收入或支出不应当直接进行比较，需要将它换算到相同的时间价值基础上，方可进行比较与分析。货币时间价值原理正确揭示了在不同时点上资金之间的换算关系，是财务决策的基本依据。

二、终值与现值

货币时间价值的表现形式，主要有终值和现值两种：

第一，终值又称将来值、本利和，是指现在一定量的资金在未来某个时点的价值。

第二，现值又称本金，是指未来某一时点上的一定量现金折算到现在的价值。

现值与终值是相对的，现值可以由终值扣除货币时间价值的因素后求得，这种由终值求得现值的方法称为贴现。

终值与现值的计算与利息计算有关，在实际工作中有两种计息方式：单利和复利。单利是指只对借（贷）的原始金额或本金支付（收取）的利息，而不将以前计息期产生的利息累加到本金中再次计算利息的一种计息方法，即利息不再生息。

复利是指不仅借（贷）的本金需要支付（收取）利息，而且本金所产生的利息也要在后续各期计息，即"利滚利"。复利计息模式在财务管理的价值分析中非常重要，因为企业的筹资、投资决策都是连续不断进行的，其前期所产生的现金流需要重新投入到企业后续经营活动中进行循环运动，因此，财务管理中的筹资、投资决策往往都建立在复利的基础之上。

1. 单利终值与现值

单利是指一定期间内只根据本金计算利息，产生的利息在以后各期不作为本金，不重复计算利息。单利的计算模式普遍存在于期限小于1年的债券市场中。

在单利计算中，常用符号及其含义如下：

FV——终值,又称本利和、本金与利息之和;

PV——现值,又称本金或期初金额;

i——利率,通常指每年利息与本金之比;

I——利息;

n——时间,通常以年为单位。

单利利息的计算公式为

$$I = PV \times i \times n$$

2. 复利终值

复利就是不仅本金要计算利息,本金所产生的利息在下一期也要加入本金一起计算利息,即通常所说的"利滚利"。1年期以上的证券终值和现值计算通常都采用复利模式。在复利计算中,常用符号及其含义如下:

FV——终值,又称本利和、本金与利息之和;

PV——现值,又称本金或期初金额;

i——利率,通常指每年利息与本金之比;

I——利息;

n——时间,通常以年为单位。

复利终值是指现在的一笔资金按复利计算的未来价值。其计算公式为

$$FV_n = PV(1+i)^n$$

其中,$(1+i)^n$ 称为复利终值系数,可以用符号 $FVIF_{i,n}$ 或者 $F/P,i,n$ 表示,则复利终值的计算公式也可以写作

$$FV = PV \times FVIF_{i,n}$$

三、年金

终值和现值都是在某一时点发生的一次性货币收付金额,是货币时间价值计量的基础。但是在财务管理的实践中也出现了很多连续发生的货币收付,我们将在一定期限内一系列相等金额的收付款项称为年金。年金在日常生活中十分常

见,如分期偿还贷款、分期付款赊购、发放养老金、支付租金等都属于年金的收付形式。

年金现金流量具有四个特点:

第一,等额,即现金流量大小相等;

第二,定期,即现金流量时间间隔相等;

第三,同向,即现金流量方向相同;

第四,等利,即现金流量持续期间内利率保持不变。

按照收付的次数和支付时间划分,年金可以分为普通年金、先付年金、递延年金和永续年金。

在年金计算中,常用符号及其含义如下:

A——年金数额,即每次收付的金额;

i——利率;

n——计息期数;

FVA_n——年金终值;

PVA_n——年金现值。

1. 普通年金

普通年金又称后付年金,是指每期期末有等额的收付款项的年金,是现实经济生活中最为常见的一种年金。

第一,普通年金终值。普通年金终值,是指一定时期内每期期末等额收付现金流量的复利终值之和。

普通年金终值的计算公式为

$$FVA_n = A(1+i)^0 + A(1+i)^1 + \cdots + A(1+i)^{n-2} + A(1+i)^{n-1}$$
$$= A\left[(1+i)^0 + (1+i)^1 + \cdots + (1+i)^{n-2} + (1+i)^{n-1}\right]$$
$$= A\sum_{t=1}^{n}(1+i)^{t-1}$$

其中，$A\sum_{t=1}^{n}(1+i)^{t-1}$ 称为年金终值系数或年金复利系数，可以用符号 $FVIF_{i,n}$ 或者 $F/P,i,n$ 表示，则普通年金终值的计算公式也可以写作

$$FVA_n = A \times FVIF_{i,n}$$

简化计算如下：

$$FVA_n = A(1+i)^0 + A(1+i)^1 + \cdots + A(1+i)^{n-2} + A(1+i)^{n-1}$$

等式两边同时乘以（1+i），可得

$$(1+i)FVA_n = A(1+i)^1 + A(1+i)^2 + \cdots + A(1+i)^{n-1} + A(1+i)^n$$

两式相减可得

$$(1+i)FVA_n - FVA_n = A(1+i)^n - A$$

$$FVA_n = A\frac{(1+i)^n - 1}{i}$$

则年金终值系数

$$FVIF_{i,n} = \frac{(1+i)^n - 1}{i}$$

第二节 风险与报酬

财务活动的过程伴随着经济利益的协调，它是通过各个利益主体的讨价还价以便实现收益风险均衡达成的。风险报酬均衡观念对于证券估价、筹资管理、营运资本管理等具有重要影响。因此，在研究各项具体的财务管理内容之前，有必要掌握和理解风险报酬均衡的基本概念及相关计算方法。

一、风险与收益的概念

对于大多数投资者而言，投资是为了在未来赚取更多的资金。收益为投资者提供了一种恰当地描述投资项目财务绩效的方式。收益大小可以用收益率来衡量。例如，某投资者购入 10 万元的证券，一年后获得 12 万元，那么这一年的投资

收益率为20%。收益率的基本计算公式如下：

$$r = \frac{P_1 - P_0}{P_0}$$

式中符号及其含义如下：

r——投资于某一项资产所获得的收益率；

P_0——该资产的期初价值；

P_1——该资产的期末价值。

风险是指在一定条件下和一定时期内可能发生的各种结果的变动程度。风险是事件本身的不确定性，投资者不能主观去改变，但是是否愿意承担风险、承担多大风险是投资者可以主观选择的。

项目投资所面临的风险来自许多方面，多种因素都会在不同程度上影响项目投资所能实现的收益率。风险一般有以下几种分类：

第一，项目投资风险。一个项目可能会比预期拥有更高的或更低的现金流量，这可能是因为投资项目分析者错误地估计了该项目的现金流入或是因为该项目的一些特有的因素。投资多元化、分散化可以有效降低投资风险。

第二，项目竞争风险。公司任何一个项目的收入和现金流量都会受到竞争对手行为的影响。显然，公司难以通过投资多元化来消除竞争风险，但是公司股东可以通过持有其竞争对手的股票来降低这一风险。

第三，行业特有风险。行业特有风险作为影响一个特有行业的收入和现金流量的因素，必然会影响到公司的项目投资收益。公司股东可以通过持有不同行业股票的投资组合来分散行业特有风险。

第四，市场风险。通常指影响所有公司和所有项目投资的宏观经济因素，如利率变化。投资者很难通过创造风险投资组合（如股票）来分散风险，因为所有风险投资价值都受到市场风险的影响。

第五，汇率风险。当一家公司计算收入和股票价格所使用的货币不同于其现金流量计算所使用的货币时,就面临着汇率风险。在不同国家投资且持有多种货币的国际投资者,在一定程度上可以分散汇率风险。

公司的财务决策几乎都是在包含风险和不确定性的情况下做出的。离开了风险,就无法正确评价公司收益的高低。风险是客观存在的,按风险的不同,公司的财务决策可以分为三种类型:

第一,确定型投资。决策者对未来情况已知或者基本确定,可以明确知道投资结果。例如购买国债,到期时投资者可以按规定取得预期利息并收回本金。确定型投资在所有投资活动中非常少见。

第二,风险型投资。投资者对投资的未来情况不能完全确定,但事先知道所有可能出现的结果,以及每种结果出现的概率。例如抛一枚硬币,结果只有两个——正面或者反面,并且二者的概率各为50%。

第三,不确定型投资。投资者事先不知道投资决策的所有可能结果,或者虽然知道可能出现的结果,但并不知道它们出现的概率。例如股票投资的结果可能有三种——盈利、保本、亏损,但是无法知道这三种结果出现的概率。

从理论上说,不确定型投资是无法计量的。但是在财务管理的实践中,通常为不确定型投资主观规定一些概率,以便进行定量分析。规定了主观概率后,不确定型投资就等同于风险型投资了。因此,财务管理学对不确定型投资和风险型投资并不做严格区分,统称风险型投资。

任何一项风险型投资,不论是固定资产投资还是证券投资,投资者总是在风险和收益率之间相互权衡。通常,投资者承担的风险越大,期望的收益率也就越高;投资者对风险采取谨慎保守的态度,那么期望的收益率也会比较低。

二、单项投资风险与收益

单项投资的风险和收益是指某一投资项目方案实施后,将会出现各种投资结果的概率。常用的方法是把项目投资价值看成随机变量,运用概率统计思想来衡量项目投资的风险和收益情况。

（一）单项投资的收益分析——概率分布

概率是指随机事件发生的可能性大小。人们通常把确定发生的事件概率定为1，确定不会发生的事件概率定为0，而一般随机事件的概率介于0和1之间。投资活动可能出现的各种收益情况可以看成一个个随机事件，其发生的可能性可以用相应的概率描述。概率分布即为一系列可能的结果以及每种结果发生的可能性大小。

（二）单项投资的收益分析——预期收益率

由于投资结果的不确定性，未来的投资收益会出现多种可能。投资的预期收益率是由各种可能的收益率按其概率进行加权平均而得到的，它反映了一种集中趋势。

（三）单项投资的风险分析——标准差

实际生活中存在很多投资机会，它们的预期收益率可能相同也可能不同，同时，收益的概率分布差别也很大，这就是前面提到的投资风险。对于期望收益相同的投资项目，比较其风险大小时通常用标准差，而对于期望收益不同的投资项目，比较其风险大小则用变异系数。

标准差是描述各种可能结果相对于期望值离散程度的常用指标。标准差越小，概率分布越集中，相应的风险就越小。

（四）单项投资的风险分析——变异系数

在两种预期收益率相同而标准差不同的投资方案之间进行选择时，投资者会选择标准差较小的方案，以降低风险；相应地，在两种标准差相同而期望报酬率不同的投资方案之间选择时，投资者会选择期望报酬率较高的方案。投资者都想以尽可能小的风险获得尽可能大的收益。

然而当两个投资项目中，一个预期收益率较高，另一个标准差较小，就不能再单独使用标准差来判断了。上文中提到，比较期望收益不同的投资项目的风险大小，采用变异系数这一指标。

变异系数的经济含义是,为了获得每个单位的预期收益所需要承担的风险。变异系数实际上是把标准差按照预期收益进行平均化的过程。在预期收益不同的情况下,变异系数越大,则为了获得单位收益所需要承担的风险越大;变异系数越小,则为了获得单位收益所需要承担的风险越小。

三、投资组合风险与收益

以上都是单项投资的风险与收益分析,事实上很少有投资者只选取一个项目进行投资,而是将不同的项目结合在一起,以减少总投资的风险程度。这种将不同投资项目结合在一起的总投资,称为投资组合。

(一)投资组合的预期收益率

投资组合的预期收益率等于投资组合中各项资产预期收益率的加权平均数,其中权数是投资于各项资产的资金占投资于整个组合的比例。

(二)协方差和相关系数

在一个投资组合中如果某一投资项目的收益率呈上升趋势,其他投资项目的收益率可能上升,也可能下降或者保持不变。在统计学中,计算投资组合中任意两个项目的收益率之间变动关系的指标是协方差或者相关系数,这也是投资组合风险分析中的两个核心概念。

(三)投资组合的风险与收益

投资组合的总风险通常包括两部分:系统风险和非系统风险。

系统风险是指市场报酬率整体变化所引起的市场上所有资产的报酬率的变动性,从而使投资者遭受经济损失的可能性。系统风险包括政策风险、经济周期性波动风险、利率风险、购买力风险、汇率风险等。这种风险不能通过分散投资加以消除,因此又被称为不可分散风险。系统风险可以用贝塔系数来衡量。

非系统风险是指对某个行业或个别证券产生影响的风险,它通常由某一特殊的因素引起,与整个证券市场的价格不存在系统的全面联系,而只对个别或少数证券的收益产生影响。也称微观风险。例如,公司的工人罢工,新产品开发失败,失去重要的销售合同,诉讼失败或宣告发现新矿藏等。这类事件是非预期随机发生的,它只影响一个或少数公司,不会对整个市场产生太大的影响。这种风险可以通过多样化投资来分散,即发生于一家公司的不利事件可以被其他公司的有利事件所抵消。由于非系统风险是个别公司或个别资产所特有的,所以也称"特有风险"。由于非系统风险可以通过投资多样化分散掉,也称"可分散风险"。

四、主要资产定价模型

投资者只有在预期收益足以补偿其承担的投资风险时才会投资于风险性项目。根据风险收益均衡原则,风险越高,必要收益率也越高。一些基本的资产定价模型将风险和收益率联系在一起,把收益率表示成风险的函数。下面介绍几种主要的资产定价模型。

(一)资本资产定价模型

资产组合理论认为,无论资产之间的相关系数如何,投资组合的收益不低于各单项资产的加权平均收益,而投资组合的风险小于单项资产的加权平均风险,也就是说,投资组合可以有效地分散风险。

构造了证券投资组合并计算了它们的收益率之后,资本资产定价模型可以进一步测算投资组合中每一种证券的收益率。资本资产定价模型建立在一系列严格的假设基础上:

第一,市场上存在众多投资者,每位投资者的投资额都很小,所有投资者只能是价格的接受者,并不能影响价格,市场处于完善的竞争状态;

第二,所有投资者都关注单一持有期,且所有投资者都只关心短期内的风险与收益情况,追求财富效用的最大化;

第三,投资者只能投资于公开交易的金融工具,如股票、债券等,并且可以不受限制地以固定的无风险利率进行借贷,卖空任何资产均无限制;

第四,投资者有相同的期望,即对预期收益率、标准差以及任何资产的协方差评价一致;

第五，投资者都是理性的，并且能获得完全可靠的信息；

第六，资产无限可分，并具有完美的流动性，可以以任何价格进行交易；

第七，没有税收和交易费用。

（二）多因素模型

资本资产定价模型的一个核心假设条件是，均值和标准差包含了资产未来收益率的所有相关信息。这种假设很难实现，因为影响资产预期收益率的因素很多。原则上资本资产定价模型认为资产的预期收益率取决于单一因素，但是在现实中多因素模型更符合实际。因为即使无风险收益率保持稳定，受风险影响的那部分风险溢价仍然可能受到多重因素的影响。

（三）套利定价模型

套利定价模型是基于套利定价理论，从多因素角度考虑证券收益，假设证券收益是由一系列产业方面和市场方面的因素确定的。

套利就是在两个不同的市场上以两种不同的价格同时买入和卖出证券，通过在一个市场上低价买进并同时在另一个市场上高价卖出，套利者就可以在无风险的情况下获利。

套利定价模型与资本资产定价模型都是建立在资本市场效率的原则上，套利定价模型仅仅是在统一框架之下的另一种证券估价方式。套利定价模型把资产的收益率放在一个多变量的基础上，它并不试图规定一组特定的决定因素，而是认为，资产的预期收益率取决于一组因素的线性组合。相对于资本资产定价模型，套利定价理论更加一般化，因此，在一定条件下，资本资产定价模型是套利定价理论的特殊形式。

第三节 价值观念在证券估价中的运用

当公司决定扩大企业规模，而又缺少必要的资金时，可以通过出售金融证券来筹集资金。债券和股票是两种最常见的金融证券。当企业发行债券或股票时,无论是筹资者还是投资者都会对该种证券的价值进行合理评估,以决定以何种价格发行或购买证券比较合理。因此,证券估价是财务管理中一个十分重要的问题。

证券的内在价值是投资者获得的未来预期现金流量按投资者要求的必要报酬率在一定期限内贴现的现值。因此,证券的价值受以下三个因素的影响:

一是未来各期预期现金流量数值;

二是未来预期现金流量的持续时间;

三是投资者进行该项投资所要求的必要报酬率,该收益率必须能够补偿投资者认为获取该项资产未来预期现金流量的风险。

现金流量贴现模型,对证券进行估价需要事先预期该项证券能产生的未来现金流量的水平、持续时间,预期投资所要求的必要报酬率,然后用投资者要求的报酬率把未来预期现金流量贴现为现值即可。

一、债券估价

债券是发行者为筹集资金而向债权人发行的,在约定时间支付一定比例的利息,并在到期时偿还本金的一种有价证券。作为一种有价证券,其发行者和购买者之间的权利和义务是通过债权契约固定下来的。

(一)债券的基本要素

债券的基本要素包括以下几个方面:

票面价值:票面上标明的金额,是发行人约定到期偿还的本金。

票面利率:每年的利息与面值的比率,不论市场利率如何变动,票面利率是固定的,按票面利率支付利息。

到期日:票面标明的固定偿还期限。

市场利率:决定债券市场价格的主要因素。

(二)债券的特点

债券具有如下特征:

偿还性：债券必须规定到期日期限，由债务人按期向债权人支付利息并偿还本金。

收益性：债券能为投资者带来一定的收入，包括债券利息收入和在市场上买卖债券取得的资本收益。

流动性：债券能迅速转变为货币而又不会在价值上蒙受损失的能力，债券的流动性与发行者的信誉和到期期限密切相关。

安全性：债券的安全性是相对于债券价格下跌的风险性而言的，通常流动性高的债券安全性也较高。

（三）债券投资的优缺点

债券投资具有以下优点：

第一，收益稳定。债券票面标明了价值和利率，债券发行人有按时付息的法定义务。

第二，流动性强。债券一般都可以在金融市场上迅速出售，流动性较强。

第三，安全性高。债券投资与股票投资相比风险较小。如果公司破产，债券持有者可以凭借优先求偿权优先于股东分得公司资产。

债券投资具有以下缺点：

第一，购买力风险较大。如果投资期间内通货膨胀率较高，则本金和利息的购买力将受到影响。当通货膨胀率很高时，投资者名义上获得收益，实际上遭受损失。

第二，需要承受利率风险。利率随时间上下波动，利率的上升会导致流通在外的债券价格下降。

第三，没有经营管理权。投资于债券只是获得收益的一种手段，投资者并没有权利对债券发行单位施加影响和控制。

（四）债券的估价方法

债券估价是根据债券在持有期内的现金流入，以市场利率或要求的回报率进行贴现而得到的现值。对固定票面利率债券而言,债券产生的现金流是由固定利息加上到期偿还的本金组成的。对于浮动利率债券而言,利息随时间变化而变化。对零息债券而言,没有利息支付,只在债券到期时一次性支付面额。

二、股票估价

股票投资是证券投资的一个重要方面。股票是虚拟资本的一种形式,它本身没有价值,从本质上讲,股票仅仅是拥有某一所有权的凭证。股票之所以具有了价值,是因为股票持有人,即股东,不但可以参加股东大会,对股份公司的经营决策施加影响,还享有参与分红与派息的权利,从而获得相应的经济利益。股票投资是一种最具有挑战性的投资,其收益和风险都比较高。

股票有两种基本分类:普通股和优先股。优先股票是特殊股票中最主要的一种,在公司盈利和剩余财产的分配上享有优先权。二者的主要区别在于:

第一,普通股股东享有公司的经营参与权,而优先股股东一般不享有公司的经营参与权;

第二,普通股股东的收益要视公司的盈利状况而定,而优先股的收益是固定的;

第三,普通股股东不能退股,只能在二级市场上变现,而优先股股东可依照优先股股票上所附的赎回条款要求公司将股票赎回。

(一)股票的基本要素

股票的基本要素包括以下几个方面:

股票价值:也称股票内在价值。进行股票投资通常是为了在未来获得一定的现金流入,包括每期将获得的股利以及出售股票时得到的价格收入。

股票价格:股票在市场上进行交易时的价格,分为开盘价、收盘价、最高价、最低价等。股票价格波动性较大,影响因素十分复杂。

股利:股息和红利的总称,是股东所有权在分配上的体现。但是,只有当公司获得利润并且管理层愿意将利润分给股东而不是将其进行再投资时,股东才有可能获得股利。

（二）股票投资的优缺点

股票投资具有以下优点：

第一，投资收益高。虽然普通股票的价格变动频繁，但优质股票的价格总是呈上涨趋势。随着股份公司的发展，股东获得的股利也会不断增加。只要投资决策正确，股票投资收益是比较高的。

第二，能降低购买力风险。普通股票的股利是不固定的，随着股份公司收益的增长而提高。在通货膨胀时期，股份公司的收益增长率一般仍大于通货膨胀率，股东获得的股利可全部或部分抵消通货膨胀带来的购买力损失。

第三，流动性强。上市股票的流动性很强，投资者有闲散资金可随时买入，需要资金时又可随时卖出。这既有利于增强资产的流动性，又有利于提高其收益水平；

第四，拥有一定的经营控制权。投资者是股份公司的股东，有权参与或监督公司的生产经营活动。当投资者的投资额达到公司股本一定比例时，就能实现控制公司的目的。

股票投资具有以下缺点：

第一，普通股的收入不稳定。普通股股利的多少，视企业经营状况和财务状况而定，其有无、多少均无法律上的保证，风险远远大于固定收益证券。

第二，普通股价格波动频繁。普通股的价格受众多因素影响，如政治因素、经济因素、投资者心理因素、企业盈利状况等，使得股票价格很不稳定，风险也较大。

第三，普通股对公司资产和盈利的求偿权居于最后。公司破产时，股东的投资可能得不到全数补偿，甚至可能一无所有。

（三）股票的估价方法

股票有两种基本类别：普通股和优先股。两种股票的估价方法不同。

优先股是介于债券和普通股之间的一种混合证券。优先股的价值是其未来股利按投资者要求的报酬率贴现的现值。大多数优先股在各期间支付固定的股利,这一特点使其具有债权固定利息的特征。有到期期限的优先股价值计算可用如下公式表示:

$$V = D \times PVIFA_{r,n} + P \times PVIF_{r,n}$$

式中符号及其含义如下:

V——优先股价值;

D——优先股每年支付的股息;

r——贴现率,即股票投资者所要求的报酬率;

P——发行公司回购优先股的价格;

n——时间,单位为年。

第三章 企业筹资管理

第一节 企业筹资概述

一、筹集资金的概念

筹集资金是指企业根据其生产经营、对外投资和调整资本结构等活动对资金的需要,通过筹资渠道和资本市场,并运用筹资方式,经济、有效地筹集企业所需资金的财务活动。资金筹集管理是企业财务管理的一项重要内容。

二、筹集资金的原则

企业筹资管理的基本要求是在严格遵守国家法律法规的基础上,分析影响筹资的各种因素,权衡资金的性质、数量、成本和风险,合理选择筹资方式,提高筹集效果。

(一)遵循国家法律法规,合法筹措资金

企业无论选择何种方式筹资,都应遵守国家的相关法律法规,依照法律法规和投资合同约定责任,合法合规筹资,依法披露信息,维护各方的合法权益。

(二)分析生产经营情况,正确预测资金需要量

企业筹集资金,首先要合理预测资金的需要量。筹资规模与资金需要量应当匹配一致,既避免因筹资不足,资金链断裂,影响生产经营的正常进行,又要防止筹资过多,造成资金的闲置。

(三)合理安排筹资时间,适时取得资金

企业在筹集资金时要按照资金投放使用的时间来合理安排,使筹资与用资在时间上相衔接,既要避免资金滞后而贻误投资的有利时机,也要防止取得资金过早

而造成投放前的闲置。

（四）了解各种筹资渠道，选择资金来源

企业筹资可以采用的渠道和方式多种多样，不同渠道和方式的筹资难易程度、资本成本和财务风险各不一样。因此，需要对各种筹资方式进行分析、对比，选择经济可靠的筹资方式。

（五）研究各种筹资方式，优化资本结构

企业的资本结构一般是由权益资金和债务资金构成的。在筹集资金时要综合考虑股权资金与债务资金的关系、长期资金与短期资金的关系、内部筹资与外部筹资的关系，合理安排资本结构，保持适当的偿债能力，防范企业财务危机，提高筹资效益。

三、资金筹集规模的预测方法

企业在筹资之前，应当采用一定的方法预测资金需要量，这是确保企业合理筹集资金的一个必要的基础性环节。资金需要量的预测方法有定性预测法和定量预测法两种。企业在进行资金需要量预测时，可将定性预测法与定量预测法相结合，进行科学合理的预测。

（一）定性预测法

定性预测法主要是利用直观的材料，依靠个人的经验判断和分析，对未来的资金状况和需要数量做出预测。这种方法一般是在企业缺乏完备、准确的历史资料的情况下采用的。其预测过程是：首先由熟悉财务情况和生产经营情况的专家，根据过去所积累的经验，进行分析判断，提出预测的初步意见；然后通过召开座谈会或进行问卷调查等形式，对上述预测的初步意见进行修正补充。这样经过一次或数次循环后，得出预测的最终结果。常用的定性预测法主要有专家会议法和德尔菲法。

1. 专家会议法

专家会议法是由企业组织各方面的专家，组成预测小组，通过召开各种形式的

座谈会,共同讨论、研究、分析有关资料,运用集体智慧做出分析判断,最后预测结果。该方法具有集体讨论、结果更全面、可靠的特点,但由于可能会受到权威专家的影响,其客观性对比德尔菲法来说比较差。

2. 德尔菲法

德尔菲法是指主要通过信函方式向有关专家发出预测问题调查表,收集和征求意见,并经过多次反复、综合、整理、归纳各个专家的意见之后,做出预测判断。其主要特点是保密性强、多次反馈,预测结果具有一定的客观性。

(二)定量预测法

定量预测法是指以资金需要量与有关因素的关系为依据,在掌握大量历史资料的基础上,根据变量之间存在的数量关系(如时间关系、因果关系)建立数学模型来进行预测的方法。筹资规模预测的定量预测法常用的有销售百分比法和线性回归分析法。由于在上一章财务预测里已经做出相关介绍,在这里就不再赘述了。

第二节 资金需要量预测

企业在筹资之前,应当采用一定的方法预测资金需要量,只有这样,才能使筹集来的资金既能满足生产经营的需要,又不会有太多的闲置。本节介绍预测资金需要量常用的方法。

一、销售额比率法

(一)销售额比率法的基本假定

以资金与销售额的比率为基础,预测未来资金需要量的方法,叫作销售额比率法。应用销售额比率法预测资金需要量是建立在以下假定基础之上的:

1. 企业的部分资产和负债与销售额同比例变化

2. 企业各项资产、负债与所有者权益结构已达到最优

（二）销售额比率法的计算公式

$$对外筹资需要量 = \frac{A}{S_1} \cdot \Delta S - \frac{B}{S_1} \cdot \Delta S - P \cdot E \cdot S_2$$

式中，A 为随销售变化的资产（变动资产）；B 为随销售变化的负债（变动负债）；S_1 为基期销售额；S_2 为预测期销售额；ΔS 为销售的变动额；P 为销售净利率；E 为收益留存比率；A/S_1 为变动资产占基期销售额的百分比；B/S_1 为变动负债占基期销售额的百分比。

（三）销售额比率法的步骤

应用销售额比率法预测资金需要量通常需经过以下步骤：

1. 预计销售额增长率

2. 确定随销售额变动而变动的资产和负债项目

3. 确定需要增加的资金数额

4. 根据有关财务指标的约束确定对外筹资数额

二、资金习性预测法

资金习性预测法是指根据资金习性预测未来资金需要量的方法。按照资金习性，可以把资金区分为不变资金、变动资金和半变动资金。

不变资金是指在一定的产销量范围内，不受产销量变动的影响而保持固定不变的那部分资金。变动资金是指随产销量的变动而同比例变动的那部分资金。半变动资金是指虽然受产销量变化的影响，但不成同比例变动的资金，如一些辅助材料所占用的资金。半变动资金可采用一定的方法划分为不变资金和变动资金两部分。

资金习性预测法有两种形式：一种是根据资金占用总额同产销量的关系来预测资金需要量；另一种是采用先分项后汇总的方式预测资金需要量。

设产销量为自变量 x，资金占用量为因变量 y，它们之间的关系可用下式表示：

$$y = a + bx$$

式中，a 为不变资金；b 为单位产销量所需变动资金，其数值可采用高低点法或回归直线法求得。

第三节 筹资方式及评价

一、筹资渠道

筹资渠道是指筹措资金来源的方向与通道。目前我国企业筹资渠道主要有国家财政资金、银行信贷资金、非银行金融机构资金、其他法人资金、民间资本、企业自留资金和外商资金。

（一）国家财政资金

国家财政资金是指国家对企业的直接投资，是国有企业特别是国有独资企业获得资金的主要渠道之一。在国有企业资金来源中，大部分是由国家财政拨款形成的。

（二）银行信贷资金

我国企业最主要的借入资金来源即银行信贷。我国银行主要分为政策性银行和商业性银行。政策性银行主要有国家开发银行、中国进出口银行和中国农业发展银行；商业性银行主要有中国银行、中国工商银行、中国建设银行、中国农业银行、交通银行等。商业性银行是以营利为目的，从事信贷资金投放的金融机构，主要为企业提供商业贷款。政策性银行主要是为特定企业提供政策性贷款。

（三）非银行金融机构资金

非银行金融机构主要包括信托投资公司、保险公司、证券公司、租赁公司、企业集团的财务公司等。这些机构主要为企业和个人提供各种各样的金融服务，包括物资融通、信贷资金投放以及承销证券等。

（四）其他法人资金

法人是指以营利为目的的企业法人,这些企业或事业单位有可能存在一部分闲置资金。企业在生产经营过程中,为了让资金更多地增值,都会将资金进行对外投资。企业间的相互投资,使其他企业资金成为重要的资金来源。

（五）民间资本

民间个人也会用自己拥有的资金购买企业股票或企业债券,这种方式也是企业资金的重要来源之一。

（六）企业自留资金

企业自留资金又称为企业内部资金,是企业内部形成的资金,主要指计提的固定资产折旧、提取的盈余公积金以及未分配利润等。

（七）外商资金

外商资金是指包括外企、外国投资者的投资。

二、筹资方式

筹资方式是指企业筹集资金所采取的具体形式。筹资渠道是客观存在的,但筹资方式是企业主观的行为。如何选择合理的筹资方式是企业筹资管理的主要内容。通过了解筹资方式的各种类别和特点,选择适当的筹资方式,可以降低筹资成本,提高筹资效益。

目前企业采用的筹资方式主要有吸收直接投资、发行普通股、发行优先股、利用留存收益、向银行借款、利用商业信用、发行公司债券、融资租赁、发行可转换债券、发行认股权证等。前四种为权益资金筹集方式,中间四种为债务资金筹集方式,后两种为混合资金筹集方式。

一定的筹资方式可以适用于多种筹资渠道,也可能只适用于某一特定的筹资渠道;同一渠道的资金也可能采取不同的筹资方式取得。因此,企业筹集资金时,还需要将两者结合在一起,研究两者的合理配合。

三、权益资金筹集

权益资金是企业依法筹集并长期拥有、自主支配的资本。我国企业主权资金，包括实收资本、资本公积金、盈余公积金和未分配利润等，在会计中统称"所有者权益"。

发行权益资金有以下特点：

第一，权益资金的所有权归属所有者，所有者可以根据其持股比例参与企业经营管理决策，取得收益，并对企业的经营承担有限责任。当然，决策权与收益大小和持股比例呈正相关关系。

第二，权益资金属于企业长期占用的"永久性资本"，形成法人财产权，在企业经营期内，投资者除了依法转让外，不得以任何方式抽回资本，企业依法拥有财产支配权。

第三，权益资金没有还本付息的压力，因此它给企业带来的筹资风险很低。

第四，权益资金主要通过国家财政资金、其他法人资金、民间资本、外商资金等渠道获得，采用吸收直接投资、发行股票、留用利润等方式筹集形成。在这里，主要介绍吸收直接投资和发行股票。

（一）吸收直接投资

吸收直接投资是指非股份制企业按照"共同投资、共同经营、共担风险、共享利润"的原则，直接吸收国家、法人、个人、外商投入资金的一种筹资方式。吸收直接投资不以股票为媒介，因此无须公开发行证券。

1. 吸收直接投资的出资方式

（1）以现金出资

以现金出资是吸收直接投资中一种最主要的出资方式。我国《公司法》规定，公司全体股东或者发起人的货币出资额不得低于公司注册资金的30%。

（2）以实物出资

以实物出资是指投资者以厂房、建筑物、设备等固定资产和原材料、商品等流动资产所进行的投资。企业吸收的实物投资应符合如下条件：确为企业科研、生产、经营所需；技术性能比较好；作价公平合理等。实物出资所涉及的实物作价方法应按国家的有关规定执行。

（3）以工业产权出资

以工业产权出资是指投资者以专有技术、商标权、专利权等无形资产所进行的投资。企业吸收的工业产权投资应符合如下条件：能帮助企业研究和开发新的高科技产品；能帮助企业生产适销对路的高科技产品；能帮助企业改进产品质量，提高生产效率；能帮助企业大幅度降低各种能耗；作价比较合理。以工业产权投资，实际上是把有关技术予以资本化，把技术的价值固化。但是技术具有时效性，会因其不断老化而导致价值不断减少甚至完全丧失。因此吸收无形资产作为出资方式，风险较大，企业需要认真进行可行性分析。

（4）以土地使用权出资

土地使用权是指按有关法规和合同的规定使用土地的权利，投资者也可以用土地使用权来进行投资。企业吸收土地使用权投资应符合以下条件：适合企业科研、生产、经营、研发活动的需要；交通、地理条件比较适宜；作价公平合理。

2. 吸收直接投资的程序

（1）确定筹资数量

根据新建或扩建项目的资金需要以及企业生产经营规模等，来核定企业资金需求，确保筹资数量与资金需要相匹配。

（2）寻找投资单位

企业既要广泛了解投资者的资信、财力和投资意向，又要通过信息交流和宣传，使投资者了解企业的经营能力、财务状况以及未来预期，以便从中寻找最合适的合作伙伴。

（3）协商和签订投资协议

与合作伙伴进行具体协商，确定出资数额、出资方式和出资时间等事宜，必须签订投资协议或合同,以明确双方的权利和义务。

(4)取得筹集的资金

签订投资协议后,企业按协议规定有计划地取得资金。如果为实物资产、工业产权、非技术专利、土地使用权投资,必须核实有关资产。必要时可以聘请专业资产评估机构来评定,然后办理产权转移手续。

3. 吸收直接投资的优缺点

(1)优点:

①吸收直接投资形成自有资金有利于增强企业的信誉。与债务融资方式相比,吸收直接投资能够提高企业的资信程度和借款能力,有利于扩大企业的经营规模,壮大企业实力。

②吸收的非货币资金有利于尽快形成生产能力。吸收直接投资不仅可以取得一部分货币资金,而且通常能够直接获得企业所需要的先进设备和技术,有利于尽快形成生产能力。

③吸收直接投资形成的自有资金可供企业永久使用,财务风险较低。相对于债务融资方式而言,吸收直接投资没有固定的还本付息压力,可视企业经营状况向投资者支付报酬,财务风险比较小。

(2)缺点:

①资本成本较高。原因有两个:一个是该方式下向投资者支付的报酬需从税后净利中直接支付,无法体现节税效应,所以资本成本相对于债务资金利息而言较高;另一个是企业向投资者支付报酬的数额很大程度上取决于企业的经营状况,当经营状况较好和盈利能力较强时,需支付较高的报酬,此时负担较重。

②容易分散控制权。采用吸收直接投资方式融资,投资者作为企业所有者一般都要求获得与投资份额相当的经营管理权。如果吸收直接投资较多,则会稀释原有股东对企业的控制权。

（二）发行普通股

股票是股份公司为筹集主权资金而发行的有价证券,是持股人拥有公司股份的凭证,它表示了持股人在股份公司中拥有的权利和应承担的义务。股票作为一种所有权凭证,体现着股东对发行公司净资产的所有权具有永久性、流通性、风险性和参与性等特点。

1. 股票的特征

（1）不可偿还性

股票是一种无偿还期限的有价证券,投资者认购了股票后,就不能再要求退股,只能到二级市场卖给第三者。需要注意的是,股票的转让并不减少公司的资本。从期限上看,只要公司存在,它所发行的股票就存在,股票的期限等于公司存续的期限。

（2）参与性

股东有权出席参与股东大会,选举公司董事会,参与公司重大决策。股票持有者的投资意志和享有的经济利益,通常是通过行使股东参与权来实现的。股东参与公司决策的权利大小,取决于其所持有股份的多少。从实践来看,只要股东持有的股票数量达到左右决策结果所需的实际多数时,就能掌握公司的决策控制权。

（3）收益性

股东凭其持有的股票,有权从公司领取股息或红利,获取投资的收益,股息或红利的大小,主要取决于公司的盈利水平和公司的股利分配政策。股票的收益性还表现在股票投资者可以获得价差收入或实现资产保值增值。通过低价买入和高价卖出股票,投资者可以赚取价差利润。

（4）流通性

股票的流通性是指股票在不同投资者之间的可交易性,股票流通,使投资者可以在市场上买卖持有的股票,从而获取现金。流通性通常以可流通的股票数量、股票成交量以及股价对交易量的敏感度来衡量。可流通的股数越多,成交量越大,价格对成交量越不敏感,股票的流通性就越好,反之越差。通过股票的流通和股价的变动,可以看出人们对于相关行业和上市公司的发展前景和盈利潜力的判断。那些在流通市场上吸引大量投资者、股价不断上涨的行业和公司,可以通过增发股票,不断吸收大量资本进入生产经营活动,从而取得优化资源配置的效果。

(5)价格波动性和风险性

股票在交易市场上作为交易对象,同商品一样,有自己的市场行情和市场价格。由于股票价格要受到诸如公司经营状况、供求关系、银行利率、大众心理等多种因素的影响,具有很大的不确定性。正是这种不确定性,有可能使股票投资者遭受损失。价格波动的不确定性越大,投资风险也越大。因此,股票是一种高风险的金融产品。

2. 股票的种类

第一,按投资主体不同分为国家股、法人股、内部职工股和社会公众个人股。

第二,按股东权益和风险大小不同分为普通股、优先股、混合股。

第三,按投资者身份和上市地点不同分为境内上市内资股、境内上市外资股和境外上市外资股。

第四,按发行对象和上市地区不同分为A、B、H、S、N股。A股的正式名称是人民币普通股股票,它是由我国境内的公司发行,供境内机构、组织或个人(不含港、澳、台投资者)以人民币认购和交易的普通股股票;B股为人民币特种股票,它是指那些在中国内地注册、在中国内地上市的特种股票,它以人民币标明面值,但是只能以外币进行认购和交易;H股为国企股,是指国有企业在香港上市的股票;S股是指那些主要生产或经营等核心业务在中国内地、而企业的注册地在新加坡或其他国家和地区,但是在新加坡交易所上市挂牌的企业股票;N股是指那些在中国内地注册、在纽约上市的外资股票。

3. 股票上市

股票上市是指股份有限公司公开发行的股票经批准在证券交易所挂牌交易。

我国《中华人民共和国证券法》(以下简称《证券法》)规定,股份有限公司申请股票上市,应当符合以下条件:股票经中国证监会核准已公开发行;公司股本总额不少于人民币5 000万元(这里所称公司股本总额,是指公司公开发行股票后的股本总额,而非股票发行前的股本总额);开业时间在3年以上,最近3年连续盈利;公司发行的股份达到公司股份总数的25%以上;公司股本总额超过人民币4亿元,其向社会公开发行股份的比例为15%以上;公司最近3年无重大违法行为,财务会计报告无虚假记载。当上市公司出现经营恶化,存在重大违法违规行为或其他原因导致不符合上市条件时,就可能停止或终止上市。

(1)股票上市的有利影响

股票上市后资本大众化,有利于分散风险;有利于提高公司知名度;有利于利用股票市场客观评价企业;有利于用股票激励员工;有利于利用股票收购其他公司。

(2)股票上市的不利影响

公开上市不仅需要很高的费用,而且使公司失去隐私权,也限制了经营人员操作的自由度。

4.普通股发行

(1)普通股发行方式与销售方式

股票发行方式有公开间接发行和不公开直接发行两种。公开间接发行是指通过中介机构,公开向社会公众发行股票的方式。其优点在于:发行范围广、对象多,易于足额筹集资本;股票变现性强,流通性好,有助于提高公司的知名度。其不足之处在于手续繁杂,发行成本高。不公开直接发行是指不需要经中介机构承销,只向少数特定的对象直接发行股票的方式。其优点是弹性较大,发行成本低;不足之处主要是发行范围小,股票变现性差。

股票销售方式有自销和承销两种。自销方式是指发行公司自己直接将股票销售给认购者。承销方式是指公司将股票业务委托给证券经营机构代理。股票承销又分为包销和代销。

（2）发行普通股的一般程序

①发起人认足股份、缴付股资；

②提出公开募集股份的声请；

③公告招股说明书，签订承销协议；

④招认股份，缴纳股款；

⑤召开创立大会，选举董事会、监事会；

⑥办理公司设立登记，交割股票。

5. 普通股股东的权利

普通股股东有四项基本权利，分别是经营决策参与权、盈余分配权、剩余资产分配权、优先认股权。

（1）经营决策参与权

普通股股东有权参加股东大会，在股东大会上可以就公司的财务报表和经营状况进行审议，对公司的投资计划和经营决策有发言权、建议权，有权选举董事和监事，对公司的财务预决算方案、利润分配方案、增资减资决议、合并、解散及修改公司章程等具有广泛的表决权。

（2）盈余分配权

普通股股东可以从公司的利润分配中得到股息。普通股票的股息收益是不确定的，股息的多少完全取决于公司盈利的多少及其公司的股利分配政策。

（3）剩余资产分配权

当公司破产或清算时，若公司的资产在偿付债权人和优先股股东后还有剩余，普通股票股东有权按持股比例取得剩余资产。

（4）优先认股权

公司现有股东有权保持对公司所有权的持有比例，如果公司需要再筹集资金而增发普通股股票时，现有股东有权按低于市价的某一特定价格及其持股比例购买一定数量的新发行的股票,以维持其在公司的权益。

6.发行普通股的优缺点

(1)普通股的优点

①无固定股利支付负担。

②无固定到期日,无须还本。

③普通股筹资风险较小。

④能增强公司信誉,增强公司偿债和举债能力。

⑤股价对市场变动,在一定程度上可以抵消部分通货膨胀的影响。

(2)普通股的缺点

①资金成本较高。由于普通股股利是税后支付,因此股利不能像债券利息那样具有抵税作用;而且相对于债务资金,普通股的投资风险较高,投资者要求的报酬率相对也比较高。

②新股东的增加会分散和削弱原股东对公司控股权,同时股票上市会增加公司被收购的风险。

③增加了公司保护商业秘密的难度。

(三)发行优先股

优先股是股份公司发行的具有一定优先权的股票,这里的"优先权"包括优先分配股利和优先分配公司剩余财产的权利。它既具有普通股的某些特征,又与债券有相似之处。

1.优先股的特征

(1)优先股是一种具有双重性质的证券,它虽属自有资金,却兼有债券性质。

(2)在法律上,优先股是企业自有资金的一部分。

(3)优先股股东所拥有的权利与普通股股东近似,但一般无表决权。

(4)优先股的股利不能像债务利息那样从税前扣除,而必须从净利润中支付。

(5)优先股类似于债券,有固定的股利并且对盈利的分配和剩余资产的求偿具有优先权。

2. 优先股的优缺点

（1）优先股的优点

①没有固定的到期日，不用偿还本金。

②股利支付率虽然固定，但无约定性。当公司财务状况不佳时，也可暂不支付，不像债券到期无力偿还本息有破产风险。

③优先股属于自有资金，能增强公司信誉及借款能力。

④能保持原普通股股东对公司的控制权。

（2）优先股的缺点

①资金成本高。优先股成本虽然低于普通股，却高于债券，且优先股股利要从税后利润中支付，股利支付虽无约定性且可以延时，但终究是一种较重的财务负担。

②优先股较普通股限制条款多。

四、债务筹资

债务筹资是指企业以负债方式借入并到期偿还资金的筹资方式，包括向银行借款、利用商业信用、发行公司债券、融资租赁等。

（一）银行借款

向银行借款是指企业向银行或其他非金融机构借入的、需要还本付息的款项。包括偿还期限超过1年的长期借款和不足1年的短期借款，主要用于企业构建固定资产和满足流动资金周转的需要。

1. 银行借款的种类

（1）按借款期限长短分为短期借款、中期借款和长期借款

短期借款是指借款期限在1年以内（含1年）的借款。

中期借款是指期限在1年以上5年以下（含5年）的借款。

长期借款是指期限在5年以上的借款。

（2）按借款担保条件分为信用借款、担保借款和票据贴现

信用借款是指以借款人的信誉为依据而借入的款项，无须以某种财产作为抵押，也称为无担保借款。

担保借款是指以一定的财产或一定的保证人作为担保而借入的款项。

票据贴现是指企业以持有未到期的商业票据向银行贴付一定的利息而借入的款项。

（3）按偿还方式可以分为一次偿还借款和分期偿还借款

（4）按借款的用途可分为基本建设借款、专项借款和流动资金借款

基本建设借款是指以扩大生产能力为主要目的的新建、扩建工程等，因自筹资金不足，需要向银行申请的借款。

专项借款是指企业因为专门用途而向银行申请借入的款项，主要用于更新改造设备、大修理、科研开发等的借款。

流动资金借款是指企业为满足流动资金的需要而向银行借入的款项，包括流动资金借款、生产周转借款、临时借款、结算借款和卖方借款等。

（5）按提供贷款的机构可以分为政策性银行贷款和商业性银行贷款

政策性银行贷款一般是指执行国家政策性贷款业务的银行向企业发放的贷款。

商业性银行贷款是指商业银行向企业提供的贷款，主要满足企业生产经营的资金需要。

2. 银行借款的程序

（1）企业提出借款申请

企业根据筹资需求向银行提出书面申请，按银行要求的条件和内容填写借款申请书。

（2）银行进行审查

银行按照有关政策和贷款条件，对借款企业进行信用审查，依据审批权限，核

准公司申请的贷款金额和用款计划。银行审查的主要内容是：公司的财务状况、信用情况、盈利的稳定性、发展前景、借款投资项目的可行性、抵押品和担保情况等。

（3）签订借款合同

借款申请获准后，银行与企业进一步协商贷款的具体条件，签订正式的借款合同，规定贷款的数额、利率、期限和一些约束性条款。

（4）企业取得借款

借款合同签订后，企业在核定的贷款指标范围内，根据用款计划和实际需要，一次或分次将贷款转入公司的存款结算账户，以便使用。

3. 银行借款的条款

（1）基本条款

主要包括借款种类、借款用途、借款金额、借款利率、借款期限、还款资金来源及还款方式、保证条款、违约责任等。

（2）一般性限制条款

这类条款是对企业资产的流动性及偿债能力等方面的要求条款，其应用于大多数借款合同，主要包括：①保持企业的资产流动性，其目的在于保持借款企业资金的流动性和偿债能力，一般规定了企业必须保持的最低营运资金数额和最低流动比率数值；②限制企业非经营性支出，例如限制支付现金股利、职工加薪等，其目的在于限制现金外流；③限制企业资本支出的规模，其目的在于降低企业日后不得不变卖固定资产以偿还贷款的可能性；④限制公司再举债规模，其目的是防止其他债权人取得对公司资产的优先求偿权；⑤限制公司的长期投资，例如规定公司不准投资于短期内不能收回资金的项目，不能未经银行等债权人同意而与其他公司合并等。

（3）例行性限制条款

这类条款作为例行常规，在大多数合同中都会出现，主要包括：①定期向提供贷款的金融机构提交公司财务报表，以使债权人随时掌握公司的财务状况和经营成果；②保持存货储备量，不准在正常情况下出售较多的非产成品存货，以保持企业正常生产经营能力;③及时清偿债务,包括到期清偿应缴纳税金和其他债务,以防被罚款而造成不必要的现金流失;④不准以资产作其他承诺的担保或抵押;⑤不准贴现应收票据或出售应收账款,以避免或有负债等。

(4)特殊性保护条款

这类条款是针对特殊情况而出现在部分借款合同中的条款,只有在特殊情况下才能生效。主要包括要求公司的主要领导人购买人身保险,借款的用途不得改变,违约惩罚条款等。

4.银行借款的信用条件

(1)信贷额度

信贷额度是指借款人与银行在协议中规定的允许借款人从银行取得的最高贷款数额。

(2)周转信贷协定

周转信贷协定是指银行与企业签订的最高贷款额度的协定。在协定的有效期内,只要企业借款总额未超过最高额度,银行必须满足企业任何时候提出的借款要求。而企业通常要对贷款限额的未使用部分向银行支付承诺费。

(3)补偿性余额

补偿性余额是指银行为了降低贷款风险,要求借款企业在银行中保留按借款限额或实际借用额的一定百分比(通常为10%~20%)计算的最低存款余额。补偿性余额使得企业实际得到的借款额减少,但利息并未因此而少付,银行的主要目的是降低贷款风险,补偿遭受的损失,因此补偿性余额在降低银行贷款风险的同时,提高了借款企业的实际利率,加重了企业的实际负担。实际利率的计算公式为

$$实际利率 = \frac{名义利率}{1-补偿性余额比例} \times 100\%$$

(4)借款抵押

银行向信誉不好、财务风险较大的企业发放贷款时,为了降低贷款风险,通常

要求企业有抵押品作担保。借款的抵押品通常是借款企业的房地产、机器设备、股票、债券等。银行接受抵押品后,将根据抵押品账面价值决定贷款金额,一般为抵押品账面价值的 30% ~ 50%。企业接受抵押贷款后,其抵押财产的使用及将来的借款能力会受到限制。

5. 银行利息的支付方法

通常,借款人可采用以下几种方法支付银行贷款利息:

(1)利随本清法,又称为收款法,即在借款到期时向银行一次性支付利息和本金。采用这种方法的名义利率等于实际利率。计算公式如下:

$$实际利率 = \frac{贷款额 \times 名义利率}{贷款额} = 名义利率$$

(2)贴现法是银行向企业发放贷款时,先从本金中扣除利息部分,而到期时借款企业再偿还全部本金的一种方法。

采用这种方法,企业可以利用的贷款只有本金扣除利息后的差额部分。贷款的实际利率高于名义利率,其计算公式如下:

$$贴息贷款实际利率 = 本金 \times 名义利率 \div 实际借款额$$
$$= 本金 \times 名义利率 + (本金 - 利息)$$

6. 银行借款的优缺点

(1)银行借款的优点

①筹资速度快。银行对企业进行全面调查分析后,将企业的银行借款报贷款审核部门审议,通过后立即可以办理贷款手续,获取贷款。

②筹资弹性大。与其他筹资方式相比,企业在需要资金时可与银行商定借入的时间、数量和条件等,在资金充裕时提前还本付息,变更偿还时间,灵活性较强。

③借款成本低。就目前我国的情况来看,利用银行借款所支付的利息比发行债券所支付的利息低。另外,也无须支付大量的发行费用。

④可以发挥财务杠杆作用。借款筹集的资金属于债务资金,具有财务杠杆作

用,在企业经营状况较好时,债务资金可以为企业带来利润率超过利息率的差额收益,从而提高自有资金收益水平,增加股东财富。

(2)银行借款的缺点

①筹资风险大。借款需要还本付息,在筹资数额较大的情况下,企业资金调度不周,就有可能无力按期偿付本金和利息,甚至导致破产。

②限制条款较多。企业与银行签订的借款合同中,一般都会有一些限制性条款,这些条款可能会限制企业的经营活动。

③筹资数量有限。银行一般不愿借出巨额长期借款,在企业需要大量资金时,采用这种方法可能达不到筹资目的。

(二)发行债券

1. 债券的分类

第一,按照是否记名分为记名债券和无记名债券。记名债券在转让时,持有人需要在债券上背书和在公司债权人名册上更换债权人姓名(名称),记名债券丢失后,可以挂失,比较安全。无记名债券在发行时不需要注明债权人姓名或名称,转让方便,但是不安全。

第二,按照是否存在抵押担保分为信用债券、抵押债券、担保债券。信用债券是无抵押品担保,全凭公司良好的信誉而发行的债券,但是企业发行信用债券往往具有较多的限制性条款;抵押债券可以是不动产抵押,可以是动产抵押,也可以是证券抵押;担保债券是指由一定保证人作担保而发行的债券。

第三,按照是否可以转换分为可转换债券和不可转换债券。

第四,按照计息标准分为固定利率债券和浮动利率债券。固定利率债券是债券的利息率在债券的期限内保持固定;浮动利率债券则是利息率随基本利率变动而变动的债券。

第五,按照偿还方式分为定期偿还债券和不定期偿还债券。定期偿还债券是在到期时还本付息(包括分期偿还)的债券;不定期偿还债券是期中或延期偿还本息的债券。

2. 债券的发行条件

（1）根据《证券法》《公司法》《公司债券发行试点办法》的有关规定，发行公司债券，应当符合下列条件：

①股份有限公司的净资产不低于人民币3 000万元，有限责任公司的净资产不低于人民币6 000万元；

②本次发行后累计公司债券余额不超过最近一期期末净资产额的40%，金融类公司的累计公司债券余额按金融企业的有关规定计算；

③公司的生产经营符合法律、行政法规和公司章程的规定，募集的资金投向符合国家产业政策；

④最近3个会计年度实现的年均可分配利润不少于公司债券1年的利息；

⑤债券的利率不超过国务院规定的利率水平；

⑥公司内部控制制度健全，内部控制制度的完整性、合理性、有效性不存在重大缺陷；

⑦经资信评估机构评级，债券信用级别良好。

（2）公司存在下列情形的不得发行公司债券：

①前一次公开发行的公司债券尚未募足；

②对已发行的公司债券或其他债务有违约或者迟延支付本息的事实，仍处于继续状态；

③违反规定，改变公开募集公司债券所募资金的用途；

④最近36个月内公司财务会计文件存在虚假记载，或公司存在其他重大违法行为；

⑤本次发行申请文件存在虚假记载、误导性陈述或重大遗漏；

⑥严重损害投资者合法权益和社会公共利益的其他情形。

3. 债券的发行程序

第一,由发行公司做出发行债券的决议。

第二,发行债券的申请与批准。发行公司向国务院证券监督管理机构或者国务院授权的部门提出发行债券申请,经核准后方可发行。未经依法核准,任何单位和个人不得公开发行债券。

第三,制定募集办法并予以公告。发行公司债券的申请被批准后,应由发行公司制定公司债券的募集办法。募集办法应载明下列主要事项:公司名称;债券募集资金的用途;债券总额和债券的票面金额;债券利率的确定方式;还本付息的期限和方式;债券担保情况;债券的发行价格、发行的起止日期;公司净资产额;已发行的尚未到期的公司债券总额;公司债券的承销机构。

第四,募集借款。公司发出债券募集公告后,开始在公告所定的期限内募集借款。公司债券的发行方式一般包括由公司直接向社会发行(私募发行)和由证券经营机构承销发行(公募发行)两种。在我国,根据有关法规,公司发行债券须与证券经营机构签订承销合同,由其承销。

4. 债券的发行价格

公司债券的发行价格是发行公司(或其承销机构)发行债券时的价格,即投资者向发行公司认购其所发行债券时实际支付的价格。

决定债券发行价格的因素如下:

债券面额——最基本的因素;

票面利率——利率越高,发行价格越高;

市场利率——市场利率越高,发行价格越低;

债券期限——债券期限越长,发行价格越高。

5. 债券筹资的优缺点

(1) 债券筹资的优点

①资本成本较低。与股票的股利相比,债券的利息允许在税前支付,具有抵税

的作用,所以公司实际负担的债券成本一般低于股票成本。

②可以起到财务杠杆的作用。无论发行公司的盈利为多少,持券者一般只收取固定的利息,若公司用资后收益丰厚,增加的收益大于支付的债息额,则会增加股东财富和公司价值。

③保障公司控制权。持券者一般无权参与发行公司的管理决策,因此发行债券一般不会分散公司的控制权。

(2)债券筹资的缺点

①财务风险较高。债券通常有固定的到期日,需要定期还本付息,财务上始终有压力。在公司不景气时,还本付息将成为公司严重的财务负担,有可能导致公司破产。

②限制条件多。发行债券的限制条件较长期借款、融资租赁的限制条件多且严格,从而限制了公司对债券融资的使用,甚至会影响公司以后的筹资能力。

③筹资规模受制约。公司利用债券筹资一般受一定额度的限制,尤其当公司资产负债率超过了一定程度后,债券筹资的成本会迅速上升,有时甚至会发行不出去。

(三)融资租赁

融资租赁又称财务租赁、资本租赁。它是由租赁公司按照承租单位的要求融资购买设备,并在契约或合同规定的较长期限内将设备提供给承租企业使用的租赁方式。它是以融物为形式,融资为实质的经济行为,是出租人为承租人提供信贷的信用业务。

1. 融资租赁的特点

(1)承租企业提出申请,租赁公司融资购进设备,租赁给承租企业,因此融资租赁至少由三方构成:出租方、承租方和供货方。

(2)租赁期限较长,大多为设备使用寿命的一半以上,因此融资租赁一般为长期租赁。

（3）租赁合同比较稳定，在租期内未经双方同意，不能中途解约。

（4）承租企业负责设备日常的维修保养和保险，但无权自行拆卸改装。

（5）租赁期满时，按事先约定办法处置设备，一般由承租人出资购买。

（6）一般来说在承租期间，设备的风险和报酬都转移给了承租企业。

2. 融资租赁的形式

（1）直接租赁

直接租赁是指承租人直接向出租人租入所需要的资产，并支付租金，这是融资租赁中最为普遍的一种。

（2）售后租回

售后租回是指承租人先把其拥有主权的资产出售给出租人，然后再将该项资产租回的租赁。采用这种方式既使承租人通过出售资产获得一笔资金，以改善其财务状况，满足企业对资金的需要，又使承租人通过回租而保留了企业对该项资产的使用权。

（3）杠杆租赁

杠杆租赁是由资金出借人为出租人提供部分购买资产的资金，再由出租人购入资产租给承租人的方式。因此杠杆租赁一般涉及四方当事人：承租人、出租人、供货方和贷款人。在这种租赁方式下，出租人只支付所购买资产的部分资金，其余部分以该资产为担保向贷款人借资支付，租赁公司既是出租人又是借款人，因此既要收取租金又要偿还债务；但是对承租人来讲，杠杆租赁与其他融资租赁形式并没有区别。这种融资租赁形式，由于租赁收益一般大于借款成本支出，出租人借款购买资产出租可获得财务杠杆利益，故称为杠杆租赁。

3. 融资租赁的程序

第一，做出租赁决策。

第二，选择租赁公司。首先需要了解各家租赁公司的经营范围、业务能力、资信情况，以及与其他金融机构如银行的关系，取得租赁公司的融资条件和租金费率等资料,加以分析,从中择优。

第三,办理租赁委托。在选定租赁公司后,承租企业需要填写租赁申请书,说明所需设备的具体要求,同时还要向租赁公司提供财产状况文件,包括资产负债表、利润表和现金流量表等资料。

第四,签订购货协议。由承租企业与租赁公司的一方或双方合作组织选定设备供应厂商,并与其进行技术和商务谈判,在此基础上签订购货协议。

第五,签订租赁合同。租赁合同由承租企业与租赁公司签订。它是租赁业务的重要文件,具有法律效力。融资租赁合同的内容可分为一般条款和特殊条款两部分。

第六,办理验货及投保。承租企业按购货协议收到租赁设备时,要进行验收,验收合格后签发交货及验货证书,并提交租赁公司,租赁公司据以向供应厂商支付设备价款。同时,承租企业向保险公司办理投保事宜。

第七,交付租金。承租企业在租期内按合同规定的租金数额、支付方式等,向租赁公司支付租金。

第八,租赁期满的设备处理。融资租赁合同期满时,承租企业根据合同约定,对设备退租、续租或留购。

4. 融资租赁租金的计算

(1) 租金的构成

融资租赁的租金包括设备价款和租息两部分,租息又可以分为租赁公司的融资成本、租赁手续费等。

(2) 租金的支付方式

按支付时间间隔长短,分为年付、半年付、季付和月付等方式;按支付时期先后,分为先付租金和后付租金;按每期支付金额,分为等额支付和不等额支付。

(3) 租金的计算方法

我国融资租赁实物中,租金的计算大多采用等额年金法。等额年金法下,通常要根据利率和租赁手续费确定一个租赁费率,作为折现率。

5.融资租赁的优缺点

(1)融资租赁的优点

①融资租赁的实质是融资,能帮助企业解决资金短缺和想要扩大生产的问题,从而减轻购置资产的现金流量压力。

②可以减少设备陈旧过时的风险。随着科学技术的不断进步,设备陈旧过时的风险很高,融资租赁方式下,当租赁期满后,如果承租方选择退租,则可免遭这种风险。

③迅速获得所需资产,融资与融物相结合,比起先筹措资金再购置设备节省了时间,可尽快形成生产能力。

④财务风险较小。全部租金通常在整个租期内分期支付,不用到期归还大量本金,可适当降低不能偿付到期债务的风险。

⑤具有杠杆作用。租金费用可在所得税前扣除,承租企业能享受税收方面的利益,从而提高每股收益。

(2)融资租赁的缺点

①资金成本高。一般来说,融资租赁的租金要比银行借款和发行债券所负担的利息高。因此当公司经营不景气时也会形成一项沉重的财务负担。

②租期很长,且一般不可撤销,企业资金运用受到制约。

(四)商业信用

商业信用是指商品交易中的延期付款、预收货款或延期交货而形成的借贷关系,是企业之间的直接信用行为。

1.商业信用的形式

(1)应付账款

应付账款是卖方向买方提供信用,允许买方收到商品后不立即付款,可延续一定时间,即赊购商品形成的欠款。

（2）应付票据

应付票据是指企业在对外经济往来中，通过延期付款进行商品交易时开具的反映债权债务关系的票据。应付票据主要是商业汇票，其利率一般比银行借款的利率低，筹资成本也低于银行借款成本。但到期必须归还，否则要支付高昂的罚金，因此具有一定的风险。

（3）预收账款

预收账款是指卖方按照合同或协议的规定，在发出商品之前向买方预收的部分或全部货款的信用行为。在这种信用条件下，销货单位可以得到暂时的资金来源，购货单位则要预先垫支一笔资金。

2. 信用条件

信用条件是销货企业要求赊购客户支付货款的条件。包括信用期限、折扣期限和现金折扣。信用期限是企业为顾客规定的最长付款时间，折扣期限是为顾客规定的可享受现金折扣的付款时间，现金折扣是在顾客提前付款时给予的优惠，其目的在于鼓励顾客提前还款。

3. 商业信用的优缺点

（1）商业信用的优点：

筹资简单方便及时、无实际成本、约束和限制少。

（2）商业信用的缺点：

①受商品数量和规模影响，信用融资规模有限；

②受商品流转方向限制，信用方向一般是卖方提供给买方；

③受生产和商品流转周期限制，融资期限较短，一般只能是短期信用；

④融资范围局限于企业；

⑤放弃现金折扣的资本成本很高。

第四节　资本成本

在市场经济条件下,企业筹集和使用资金,往往要付出代价。资本成本是在商品经济条件下,资金所有权与资金使用权分离的产物。资本成本是资金使用者对资金所有者转让资金使用权利的价值补偿。不同的筹资方式可能面临不同的资本成本,在筹资过程中,企业需要对多种筹资方式进行比较,以降低筹资成本,规避筹资风险,优化资本结构,达到企业财务管理的目标。

一、资本成本的概念

企业不能无偿地使用资金,必须向资金提供者支付一定数量的费用作为补偿。资本成本是指企业筹集和使用资金而付出的代价,通常包括筹资费用和占用费用。

(一)筹资费用

筹资费用是指企业在筹集资金过程中为取得资金而发生的各项费用,如银行借款手续费,发行股票、债券等有价证券而支付的印刷费、评估费、公证费、宣传费及承销费等。筹资费用在企业筹集资金时一次性发生,在资金使用过程中不再发生,因此,可作为筹资额的一项扣除。

(二)用资费用

用资费用是指企业在生产经营过程中因使用资金而支付的费用,如向股东支付的股利、向银行支付的利息、向债券持有者支付的债息等。用资费用在企业使用资金过程中经常发生,其数额会因使用资金的数量多少和时间长短而不同,它是资金成本的主要内容。

广义的资本成本包括短期资本成本和长期资本成本,狭义的资本成本仅指长期资本成本。由于短期资金规模较小、时间较短、游离程度较高,其成本的高低对企业财务决策影响不大,因此,通常意义上的资金成本主要指狭义资金成本,即长期资本成本。

二、资本成本的作用

资本成本是财务管理中的重要概念,对于企业筹资和投资管理,乃至整个经营管理都具有重要的意义。

第一,对于企业筹资来说,筹资方式多种多样,每一种的筹资费用和用资费用各不相同,资本成本是企业选择资金来源、确定筹资方案的重要依据。通过资本成本的比较,将成本按照高低进行排序,从中选出成本较低的筹资方式。若企业的长期资本通过多种筹资方式组合而成,则应计算加权平均资本成本,从中选出资本成本最低的筹资组合。

第二,对于企业投资来说,资本成本是评价投资项目可行性、决定投资项目取舍的重要尺度。资本成本还可以用作衡量企业经营成果的尺度,即经营利润率应当高于资本成本,否则表明业绩欠佳。因此,通常来说资本成本是企业项目投资的"最低收益率",或者是判断项目可行性的"取舍率"。

三、资本成本计算的基本模式

(一)一般模式

资金成本可用资金成本额和资金成本率两种形式表达。资金成本额是绝对数,但当筹资额不同时,可比性较差;资金成本率是指资金成本与筹资额的比率,是相对数,其计算公式为

$$资金成本率 = \frac{年用资费用}{筹资总额 - 筹资费用} \times 100\%$$

$$= \frac{年用资费用}{筹资总额 \times (1 - 筹资费率)} \times 100\%$$

式中 $筹资费率 = \frac{筹资费用}{筹资总额} \times 100\%$

可以用符号表示:

$$K = \frac{D}{(P-F)} \times 100\%$$
$$= \frac{D}{P(1-f)} \times 100\%$$

其中：K——资本成本，以百分率表示；

D——用资费用；

P——筹资总额；

F——筹资费用；

f——筹资费用率，即筹资费用与筹资数额的比率。

（二）折现模式

对于筹资额大，时间超过一年的长期资金，更准确一些的资金成本计算方式是折现模型，即将债务未来还本付息或股权未来现金流量（股利分红和未来出售价款）的折现值与目前筹资净额相等时的折现率作为资金成本率。

根据：

$$目前筹资净额 = 未来资金清偿额现金流量现值$$

得出：

$$资金成本率 = 所采用的折现率$$

四、债务成本

债务成本主要是长期借款的成本和债券成本。按照国际惯例和各国所得税法的规定，债务的利息一般允许在企业所得税前支付，因此，企业实际负担的利息为：利息×（1-企业所得税税率）。

（一）计算长期借款的资本成本

企业长期借款的成本主要包括借款利息和筹资费用。其中借款利息在税前支付，具有减税效应。

长期借款成本的计算公式为

$$K = \frac{I_L(1-T)}{L-F} \times 100\%$$

$$= \frac{L \times i \times (1-T)}{L(1-f)} \times 100\%$$

$$= \frac{i \times (1-T)}{(1-f)} \times 100\%$$

其中：K——长期借款成本；

I_L——长期借款年利息；

T——企业所得税税率；

L——长期借款总额，即借款本金；

i——借款年利率；

F——筹资费用；

f——筹资费用率。

（二）计算债券的资本成本

债券成本与长期借款成本一样，也包括债券利息和筹资费用，其中债券利息的计算也在所得税前支付。但是债券的筹资费用一般比较高，不可以在计算资本成本时忽略不计。债券的筹资费用即债券发行费用，这类费用主要包括申请发行债券的手续费、债券注册费、印刷费、上市费以及推销费用等。

债券资本成本的计算公式为

$$K_b = \frac{I_b(1-T)}{B(1-f_b)}$$

$$= \frac{B_0 \times i_b \times (1-T)}{B(1-f_b)}$$

其中：K_b——债券资本成本；

I_b——债券年利息；

i_b——债券的票面利率；

B——债券的面值；

B_0——债券筹资总额，按发行价格确定；

T——企业所得税税率；

f_b——债券筹资费用率。

（三）计算融资租赁的资本成本

融资租赁各期的租金中，包含本金的各期偿还和各期手续费用。其资金成本率按折现模式计算。即：

目前筹资净额＝未来资金清偿额现金流量现值。

一般来说，对于融资租赁而言，筹资净额即设备现在的价值－残值的现值，未来资金清偿现金流量值即每年租金的现值之和，其中折现率即融资租赁的资本成本。

五、权益成本

权益成本主要有优先股成本、普通股成本、留存收益成本等。各种权益形式的权益责任不同，计算方法也不同。需要注意的是，权益资金的资本成本是税后支付，因此不具有抵税作用，计算方法也不同于债务资本。

（一）计算优先股成本

公司发行优先股需要支付发行费用，且优先股的股息通常是固定的，因此其计算公式为

$$K_P = \frac{D_P}{P_P(1-f)} \times 100\%$$

其中：K_P——优先股成本；

D_P——优先股年股息，等于优先股面额乘固定股息率；

P_P——优先股筹资总额，按预计的发行价格计算。

（二）计算普通股的资本成本

发行普通股融资的成本包括每年支付的股利和发生的融资费用。由于企业的发展前景存在不确定性，因此，股东对普通股股票的风险报酬的要求也难以准确测定。普通股资本成本的计算，存在多种不同的方法，主要有股利折现模型和资本资

产定价模型。

1. 股利折现模型

股利折现模型是一种将未来期望股利收益折为现值,以确定其成本率的方法。其原理为:从投资者的角度看,股票投资价值等于各年股利收益的折现值,因此股票的收益现值必须大于现在购买时的股票成本(即股价),才有利可图。其公式为

$$P=\sum_{t=1}^{n}\frac{D_t}{(1+K)^t}$$

其中:P——普通股筹资净额,即发行价格扣除发行费用;

D_t——普通股第 t 年的股利;

K——折现率,即普通股资金成本率。

在普通股发行价格已知的条件下,如果能确定普通股每年股利,就可以反求出普通股成本,而普通股年股利数额会因公司具体股利政策而有所不同。

(1)如果公司采用固定股利政策,即每年分派现金股利相等,则普通股资金成本率公式为

$$普通股资金成本率=\frac{每年固定股利}{普通股发行价格\times(1-筹资费率)}\times100\%$$

用字母表示,记为

$$K_E=\frac{D}{P_E(1-f)}\times100\%$$

其中:K_E——普通股的成本;

D——每年固定的股利;

P_E——普通股的发行价格;

f——筹资费率。

(2)如果公司采用固定股利增长率的政策,即每年现金股利都会逐年成同比例递增,则其成本率计算公式为

普通股资金成本率=$\dfrac{\text{第一年预期股利}}{\text{普通股发行价格}\times(1-\text{筹资费率})}\times 100\%+\text{股利固定增长率}$

用字母表示,记为

$$K_E = \frac{D_1}{P_E(1-f)} \times 100\% + g$$

其中:K_E——普通股的成本;

D_1——第一年预期的股利;

P_E——普通股的发行价格;

g——普通股股利预计年增长率;

f——筹资费用率。

2. 资本资产定价模型

根据风险与收益的一般关系,普通股投资的必要报酬率等于无风险报酬率加上风险报酬率,其中风险报酬率又取决于股票的系统性风险程度与市场风险溢价的乘积。投资者要求的报酬率相对于筹资者而言就是其付出的资本成本,因此普通股成本可用资本资产定价模型确定。其计算公式为

$$R_s = R_f + \beta \times (R_m - R_f)$$

其中:R_s——普通股资本成本率;

R_f——无风险报酬率;

R_m——市场组合收益率;

$R_m - R_f$——市场风险溢价;

β——某股票的系统性风险程度。

(三)计算留存收益成本

留存收益是企业税后未分配利润,实质是普通股股东对企业的追加投资。所以一般留存收益的成本参照普通股股东的期望收益,即普通股资本成本。但是需要注意的是,留存收益本身就是企业的自有资金,因此一般不会发生筹资费用。

1. 如果公司采用固定股利政策,则留存收益资金成本率公式为

$$K_r = \frac{D}{V_0} \times 100\%$$

其中:K_r——留存收益的资本成本;

D——每年支付的股利;

V_0——普通股现值,即股票的发行价格。

上述各种资金来源中,普通股与留存收益都属于所有者权益,股利的支付不固定。企业破产后,股东的求偿权位于最后,与其他投资者相比,普通股股东所承担的风险最大,因此普通股的报酬也最高。根据风险收益对等的观念,在一般情况下,各筹资方式的资本成本由小到大依次是国库券、银行借款、抵押债券、信用债券、优先股、普通股等。

六、计算综合资本成本

在实际工作中,由于受到多种因素的影响,企业不可能只使用某种单一的筹资方式,往往需要通过多种方式筹集所需资金。在比较和选择综合的筹资方案时,就需要计算综合资本成本,也就是加权平均资本成本。它是以各项个别资本在企业全部资本中所占比重为权数,对个别资本成本率进行加权平均而得到的总资金成本率。其计算公式为

$$K_w = \sum_{j=1}^{n} K_j W_j$$

其中:K_w——综合资本成本(加权平均资本成本);

K_j——第 j 种资本的个别资本成本;

W_j——第 j 种资本占全部资本的比重(权数)。

七、降低资本成本的途径

能否降低资本成本,取决于企业自身的筹资决策,例如筹资期限安排是否得

当,筹资效率是否较高,信用等级状况是否较好,资产抵押或担保工作是否做得很好等;同时,更取决于投资项目的未来风险状况以及市场环境,特别是通货膨胀状况、市场利率变动趋势等。总的来说,降低资本成本的方法主要有以下几种:

(一)合理安排筹资期限

筹资期限应当服从投资年限,服从资本预算。投资年限越长,筹资期限也要求越长。但是,由于投资是分阶段、分时期进行的,因此企业在筹资时,可按照投资的进度来合理安排筹资期限,既减少资本成本,又减少资金不必要的闲置。

(二)合理的利率预期

资本市场利率多变,因此合理的利率预期对负债筹资意义重大。比如,同样是利用债券筹资 100 万元,筹资期限为 10 年。如果筹资时预期未来利率将由现时的 10% 上升到 12%,则按现时 10% 的利率发行 10 年期的债券,对企业有利。如果发行一段时间后未来利率由 10% 下降到 8%,则企业仍需要按现在的 10% 利率支付利息,这对企业就不利了。因此,合理预计未来利率的走向对企业有重要意义。

(三)提高企业信誉,积极参与信用等级评估

提高信用等级,首先必须积极参与等级评估,让市场了解企业,也让企业走向市场,只有这样,才能为以后的资本市场筹资提供便利,才能增强投资者的信心,才能积极有效地取得资金,降低资本成本。

(四)积极利用负债经营

在投资收益率大于债务成本率的前提下,积极利用负债经营,取得财务杠杆效应,降低资本成本,提高投资效益。

第五节 资本结构

一、资本结构的概念

资本结构是指企业各种资本的构成及其比例关系。广义资本结构是指全部资

本的来源,包括长期资本和短期负债。狭义资本结构是指长期资本的构成及其比例关系,本书只涉及狭义资本结构。

资本结构是企业筹资的核心,不同的资本结构会给企业带来不同的结果。权益资本虽然财务风险比较低(因为没有必须还本付息的压力),但是其资本成本非常高;债务筹资资本成本相较于权益资本来说比较低,且由于固定资金成本的存在,还可以充分利用财务杠杆效应,但是过量的负债也会给企业带来严重的财务负担。因此,企业必须权衡财务风险和资本成本的关系,确定最优资本结构。

二、最优资本结构

最优资本结构是指公司在一定时期内,使其加权平均资本成本最低,公司价值最大时的资本结构。人们可以在理论上推导出最优资本结构。但在现实生活中,最优往往是一种理想状态,可以接近但是很难实现。因而,本书所说的最优资本结构,就是通过公司理财,努力接近的一个目标。资本结构中,大体包括两大部分:自有资本和借入资本,其判断标准有三个:

第一,有利于最大限度地增加所有者财富,能使企业价值最大化;

第二,企业的加权平均资本成本最低;

第三,资产保持适宜的流动,并使资本结构具有弹性。

根据现代资本结构理论,企业确实存在最优资本结构。在资本结构的最优点上,企业的加权平均资本成本最低,而企业的市场价值最大。资本结构确定的任务在于从众多的筹资方案中,根据企业具体情况进行比较、分析和选样,确定适合企业资本结构的筹资方案。常用的方法有以下两种。

1. 比较加权平均资本成本法

比较加权平均资本成本法是通过计算不同资本结构(或筹资方案)的加权平均资本成本,进行比较和分析,加以确定企业最优资本结构的一种方法。该法认为在众多资本结构方案中,加权平均资本成本最低的方案为最优。其决策步骤如下:

第一步:计算各备选方案的个别资本成本率;

第二步：计算各备选方案不同筹资方式的资本权重；

第三步：计算加权平均资本成本,比较各备选方案的加权平均资本成本率,选择最优资本结构。

比较加权平均资本成本法的优点是计算简便,通俗易懂,缺点是仅限于几种备选方案的比较,可能遗漏最优方案。

2. 每股收益无差别点分析法

企业财务管理目标即股东财富最大化,而股东财富通常用每股收益(EPS)来表示。每股收益无差别点是指两种或两种以上筹资方式下普通股每股收益相等时的息税前利润点或销售收入点。每股收益无差别点分析法是通过每股收益无差别点来进行资本结构决策的方法,其适用于解决在某一特定预期盈利水平下的融资方式选择问题,特别是在长期债务和普通股融资之间进行选择时,即可利用这种方法。其计算步骤如下：

第一步,列出不同筹资方式下的每股收益计算式：

$$EPS = \frac{(EBIT - I) \times (1 - T)}{N}$$

其中：N——普通股股数；

EPS——每股收益。

第二步,令两种筹资方式的每股收益相等,式中息税前利润设为未知数。

$$\frac{(EPS - I_1) \times (1 - T)}{N_1} = \frac{(EBIT - I_2) \times (1 - T)}{N_2}$$

第三步,求出上式,即在每股收益相等时的息税前利润 EBIT,这就是每股收益无差别点。

第四步,做出筹资方案的选择。

(1)当实际或预计息税前利润大于每股收益无差别点时,应当选择债务资本进行筹资,通过这种筹资方式可以获得较高的每股收益。

（2）当实际或预计息税前利润小于每股收益无差别点时，应当选择权益资本进行筹资，通过这种筹资方式可以获得较高的每股收益。

（3）当实际或预计息税前利润等于每股收益无差别点时，选择债务资本或权益资本进行筹资，将获得相同的每股收益，此时两种方式无差别，均可选择。

第六节 杠杆效应

一、杠杆效应

阿基米德曾说过："给我一个支点，我将可以撬起地球。"这就是杠杆效应。自然界中的杠杆效应，是指在合适的支点上，通过使用杠杆，可以用很小的力量移动较重物体的现象。财务管理中的杠杆效应，是指由于固定费用（例如固定成本或固定利息）的存在，导致某一财务变量以较小幅度变动时，会导致另一相关变量以较大幅度产生变动的现象。杠杆原理包括经营杠杆、财务杠杆和总杠杆三种形式。企业在取得杠杆利益的同时，也加大了收益波动的风险性，因此，在资本结构决策中，企业必须权衡杠杆利益及其相关的风险，进行合理的规划与决策。

二、成本习性

成本习性是指成本总额与业务量（x）之间在数量上的依存关系。根据成本习性可把全部成本划分为固定成本、变动成本和混合成本。

第一，固定成本是指其总额在一定时期和一定业务量（销售量或产量）范围内不随业务量发生变动的那部分成本。如固定资产按直线法计提的折旧费、管理人员的工资、财产的保险费、广告费、办公费等，均属于固定成本。其基本特征是：成本总额不随业务量的变动而变动，单位固定成本与业务量的增减呈反方向变动。

第二，变动成本是指其总额在一定时期和一定业务量范围内随业务量呈正比例变动的那部分成本。例如，直接材料、直接人工、按销售量支付的推销员佣金、包装费等。其基本特征是：成本总额与业务量的变动之间成正比例关系，但是单位变动成本保持不变。

第三，混合成本是指兼有固定成本与变动成本两种性质的成本。其基本特征是：有一个初始量保持固定不变，在初始量的基础上，随业务量的变动而变动。

综上所述，成本习性可归结为下列模型：

$$y = a + bx$$

其中：y——总成本；

a——固定成本；

b——单位变动成本；

x——产销量。

三、边际贡献

边际贡献是指销售收入减去变动成本后的余额。其计算公式为

边际贡献总额 = 销售收入 − 变动成本

= （销售单价 − 单位变动成本）× 产销量

= 单位边际贡献 × 产销量

或 $M = px - bx = (p - b)x = mx$

其中：M——边际贡献总额；

p——单价；

m——单位边际贡献

四、息税前利润

息税前利润是指企业支付利息和缴纳所得税之前的利润。计算公式为

$$EBIT = px - bx - a = (p - b)x - a = M - a$$

息税前利润也可以用利润总额加上利息费用求得。

五、经营杠杆

(一)经营杠杆的含义

经营杠杆是指由于固定成本的存在,而使得企业的息税前利润变动率大于业务量变动率的现象。经营杠杆反映了资产报酬的波动性,可以用来评价企业的经营风险。在一定营业收入范围内,固定成本总额不变,随着收入增加,单价不变的情况下产量必然增加,此时每单位产品分摊的单位固定成本就会降低,从而单位产品利润提高,EBIT 的增长率将会大于营业收入的增长率。相反,收入下降,产销量下降,引起单位固定成本增大,EBIT 下降率也将大于收入的下降率。这就是经营杠杆的效应。但是,当不存在固定成本时,息税前利润变动率与产销业务的变动率一致。所以,固定成本就像杠杆的支点,只要企业存在固定成本,就存在经营杠杆效应。

(二)经营杠杆的计算

经营杠杆效应的大小可以用经营杠杆系数(简称 DOL)来表示,它是企业息税前利润的变动率与产销量(或销售收入)变动率的比率。

$$DOL = \frac{\Delta EBIT / EBIT}{\Delta x / x}$$

其中:DOL——经营杠杆系数;

$\Delta EBIT$——息税前利润的变动额;

Δx——产销量的变动数。

对上式加以简化得到如下公式:

$$经营杠杆系数 = \frac{基期边际贡献}{基期边际贡献 - 基期固定成本}$$

$$DOL = \frac{基期M}{基期EBIT} = \frac{基期M}{基期M - a}$$

（三）经营杠杆与经营风险的关系

经营风险是指企业由于生产经营上的原因而导致资产报酬率波动的风险。产品的市场需求、价格、成本等因素的不确定性是影响资产报酬波动的主要原因，经营杠杆本身并不是资产报酬不稳定的根源，只是其表现。但是，经营杠杆放大了市场和生产等因素变化对利润波动的影响。经营杠杆系数越高，表明利润波动程度越大，经营风险也就越大。

由于边际贡献 $M=EBIT+a$，因此经营杠杆的公式还可以写成：

$$DOL = \frac{EBIT+a}{EBIT} = 1 + \frac{a}{EBIT}$$

上述分析可以看出，影响经营杠杆的因素包括企业销售量、销售价格、成本水平等，企业成本越高，销售量和销售价格水平越低，经营杠杆系数越大；反之，经营杠杆系数越小。此外，在企业不发生经营性亏损、息税前利润为正的前提下，经营杠杆系数最低为1，只要有固定经营性成本存在，经营杠杆系数总是大于1，固定成本比例越高，经营杠杆系数越大。

总而言之，经营杠杆具有放大企业收入变化对息税前利润变动的程度，这种影响程度是经营风险的一种测度，其大小与经营风险成正比例关系。

六、财务杠杆

（一）财务杠杆的含义

财务杠杆是指由于固定性资金成本的存在，而使得企业的普通股收益（或每股收益）变动率大于息税前利润变动率的现象。财务杠杆反映了股权资金报酬的波动性，用以评价企业的财务风险。

在一定的息税前利润范围内，债务融资的利息成本是不变的，随着息税前利润的增加，每单位息税前利润所负担的固定性利息费用就会相对减少，从而单位利润可供股东分配的部分会相应增加，普通股股东每股收益的增长率将大于息税前利润的增长率。当不存在固定利息、股息等固定资金成本时，息税前利润就是利润总额,此时利润总额变动率与息税前利润变动率完全一致,每股收益当然也将呈现出一致变化。

这种在某一固定的债务与权益融资结构下由于息税前利润的变动引起每股收益产生更大程度变动的现象被称为财务杠杆效应。固定性融资成本是引发财务杠杆效应的根源。

(二)财务杠杆系数的计算

财务杠杆系数是测算财务杠杆效应常用的指标,它等于每股收益变动率与息税前利润变动率的比。其计算公式为

$$财务杠杆系数 = \frac{每股收益变动率}{息税前利润变动率}$$

或

$$DFL = \frac{\Delta EPS / EPS}{\Delta EBIT / EBIT}$$

其中:DFL——财务杠杆系数;

EPS——每股收益;

ΔEPS——每股收益的变动额。

(三)财务杠杆与财务风险的关系

财务风险是指由于企业运用了债务筹资方式,其产生的固定资金成本负担导致普通股每股收益波动,甚至导致企业丧失偿付能力的风险。引起企业财务风险的主要原因是息税前利润的不利变化和固定资金成本的负担。由于财务杠杆的作用,当企业的息税前利润下降时,企业仍然需要支付固定资金成本,从而导致普通股收益以更快的速度下降。

综上所述,财务杠杆效应具有放大企业息税前利润的变化对每股收益变动的影响程度,这种影响程度是财务风险的一种测度。财务杠杆系数越大,表明财务杠杆作用越大,财务风险也就越大;财务杠杆系数越小,表明财务杠杆作用越小,财务风险也就越小。

七、综合杠杆

（一）综合杠杆的含义

综合杠杆又称总杠杆，是由经营杠杆和财务杠杆共同形成的杠杆。总杠杆是指由于固定性经营成本与固定性资金成本的存在，导致普通股每股收益变动率大于产销业务量变动率的现象。总杠杆可以用来评价企业的整体风险水平。

由于固定性经营成本的存在，产生经营杠杆效应，导致息税前利润的变动大于产销业务量的变动幅度；同时由于固定性资金成本的存在，产生了财务杠杆效应，导致每股收益的变动幅度大于息税前利润的变动幅度。两种杠杆共同作用导致产销量的变动引起普通股每股收益产生更大的变动，即为总杠杆效应。

（二）综合杠杆的计算

综合杠杆系数是经营杠杆系数与财务杠杆系数的乘积，是指每股利润变动率与产销业务量变动率的比率。其计算公式为

$$综合杠杆系数 = 经营杠杆系数 \times 财务杠杆系数$$

$$= \frac{普通股每股收益利润率}{产销业务量变动率}$$

或 $DCL = DOL \times DFL$

$$= \frac{\Delta EPS / EPS}{\Delta x / x}$$

经过整理，上述公式也可以简化为

$$DCL = \frac{M}{EBIT - I}$$

（三）综合杠杆与公司风险的关系

公司风险包括企业的经营风险和财务风险。综合杠杆系数反映了经营杠杆和财务杠杆之间的关系，可以用来评价企业的整体风险水平。在其他因素不变的情况下，企业综合杠杆系数越大，每股利润的波动幅度越大，综合风险越大；综合杠杆系数越小，综合风险越小。

因此一般来说，资金密集型企业固定资产比重较大，经营杠杆系数高，经营风险大，企业筹资主要依靠权益资金，以保持较小的财务杠杆系数和财务风险；劳动密集型企业变动成本比重较大，经营杠杆系数低，经营风险小，企业筹资主要依靠债务资金，以保持较大的财务杠杆系数，达到企业经营目的。

第四章 企业运营资金管理

第一节 运营资金概述

一、营运资金的概念

营运资金是指企业生产经营活动中占用在流动资产上的资金。营运资金有广义和狭义之分,广义营运资金是指一个企业的流动资产总额;本书指的是狭义的营运资金,又称净营运资金,是企业的流动资产总额减去各类流动负债后的余额,其计算公式为

$$营运资金 = 流动资产 - 流动负债$$

营运资金管理并不是对流动资产减流动负债后的余额进行管理。营运资金管理有三层含义:一是对形成营运资金的重要组成部分,即流动资产的管理;二是对形成流动资产的资金来源,即流动负债的管理;三是对流动资产与流动负债相互关系的管理。

营运资金管理重在解决流动资产合理、有效使用,从对利润贡献的角度来看,其重点解决的问题在于提高使用效率和效果,使流动资产结构、使用效率即周转速度、持有量合理。营运资金管理同时是为了解决流动资金的正常循环、周转的问题。流动资金就使用而言,形成流动资产;就形成的基本来源而言,主要表现为负债。资金从哪来,用到哪去,永远是资金循环、周转的基本思考。流动资产与流动负债的不同相互关系,形成不同的营运资金管理政策。

(一)流动资产

流动资产是指企业可以在一年内或超过一年的一个营业周期内变现或者运用的资产,具有占用时间短、周转快、易变现等特点,属于生产经营过程中短期置存的

资产,是企业资产的重要组成部分。

流动资产在企业的再生产过程中以各种不同的形态同时存在,这些不同的存在形态就是流动资产的组成内容。具体项目包括:

1. 现金

现金是指企业在再生产过程中由于种种原因而持有的、停留在货币形态的资金,包括库存现金、存入银行的各种存款和其他货币资金,是流动资产中流动性最强的资产,可以直接支用,也可以立即投入流通。

2. 应收及预付款项

应收及预付款项是指在商业信用条件下企业延期收回和预先支付的款项,如应收票据、应收账款、其他应收款等。

3. 存货

存货是指企业在再生产过程中为销售或者耗用而储备的物资,包括原材料、燃料、包装物、低值易耗品、修理用备件、在产品、自制半成品、产成品、外购商品等。存货在流动资产中多占比重较大。其管理与控制,是财务管理的一项重要内容。

4. 交易性金融资产

交易性金融资产主要是指企业为了近期内出售而持有的金融资产。例如,企业以赚取差价为目的从二级市场购入的股票、债券、基金。企业持有交易性金融资产的目的是短期性的,在初次确认时即确定其持有目的是短期获利。一般此处的短期也应该是不超过一年(包括一年);该资产具有活跃市场,公允价值能通过活跃市场获取。

(二)流动负债

流动负债是指将在1年(含1年)或者超过1年的一个营业周期内偿还的债务。企业可以向银行、非银行金融机构、其他企业(或单位)及其他债权人等吸收资金,在一年内使用并归还,具有使用时间短、周转速度快、灵活性强等特点,是形成企业流动资产的最重要的组成部分。

流动负债是以不同的形式表现在企业经营过程中的,主要有:

1. 银行短期借款

银行短期借款是指企业从银行或其他金融机构借入的偿还期在一年以内(特殊情况下在长于一年的一个营业周期以内)的款项。企业取得短期借款而发生的利息费用,一般应作为财务费用处理,计入当期损益。

2. 应付账款

应付账款主要指企业应付未付的货款。

3. 应付票据

应付票据是指企业采用商业汇票结算方式延期付款购入货物应付的票据款。在我国,商业汇票的付款期限最长为六个月,因而应付票据是短期应付票据,一般是指商业汇票。商业汇票按承兑人的不同,分为银行承兑汇票和商业承兑汇票;按票面是否注明利率,分为带息票据和不带息票据。

确认流动负债的目的,主要是将其与流动资产进行比较,反映企业的短期偿债能力。短期偿期能力是短期债权人非常关心的财务指标,在资产负债表上必须将流动负债与非流动负债分别列示。

二、营运资金周转

(一)营运资金的来源灵活多样

企业筹集长期资本的方式比较固定,一般有吸收直接投资、发行股票、发行债券、银行长期借款等。企业筹集营运资金的方式却较为灵活多样,通常有银行短期借款、短期融资券、商业信用、应交税金、应交利润、应付工资、应付费用、预收货款、票据贴现等。

(二)营运资金数量波动不定

流动资产的数量会随企业内无条件的变化而变化,时高时低,波动很大。特别是对于季节性企业,随着企业内外部条件的变动,流动负债的数量也会相应发生变动。财务人员应有效地预测和控制这种波动,以防止其影响企业正常的经营活动。

对于流动资产管理来说，要尽量使流动资产的数量变动与企业生产经营波动保持一致，满足企业需要。

（三）营运资金周转期限短

企业占用在流动资产上的资本，周转一次所需时间较短，通常会在1年或1个营业周期内收回，对企业影响的时间比较短，根据这一特点，营运资本可通过商业信用、银行短期借款等短期筹资方式来解决。

（四）营运资金实物形态易变动、易变现

企业营运资本的实物形态经常变化，营运资金每次循环都要经过采购、生产、销售过程，并表现为现金、材料、在产品、产成品、应收账款等具体形态。

交易性金融资产、应收账款、存货等流动资产一般具有较强的变现能力，如果遇到意外情况，企业出现资金周转不灵、现金短缺时，便可以迅速变卖这些资产，以获取现金。这对财务上应付临时性资金需求具有重要意义。

三、营运资金的管理原则

企业的营运资金在全部资金中占有相当大的比例，而且是维系企业生产经营活动、为企业提供利润的重要支撑。其具有周转期短、形态易变的特点，是企业财务管理工作的重要内容。营运资金的管理既要保证有足够的资金满足生产经营的需要，又要保证能偿还各种到期债务。企业营运资金管理应遵循如下原则：

（一）提高资金使用效率

营运资金周转是指企业营运资金从现金投入生产经营活动开始，到最终转化为现金的过程。加速资金周转是提高资金使用效率最重要的手段，因此，企业应加强企业内部责任管理，使营销手段多元化，适度加速存货周转，缩短应收账款的收款周期，以改进资金的利用效果。

（二）节约资金使用成本

在企业运作过程中，营运资金的数量取决于生产经营规模和流动资产的周转速度，当企业产销两旺时，流动资产和流动负债会相应增加；而当企业产销量不断

减少时,流动资产和流动负债会相应减少。因此,企业应综合考虑各种因素,合理确定营运资金的需要量,既保证企业生产经营的需要,又不因资金过量而浪费。同时,充分运用筹资手段,权衡需要与资金成本,避免盲目筹资带来的资金成本拖累。

(三)保持足够的短期偿债能力

根据公司经营特点合理安排营运资金结构,即流动资金与流动负债之间的比例关系,提高公司的短期偿债能力。根据公司性质和经理人能力确定不同的营运资金筹资与投资策略,最大限度地减少或避免营运资金风险。

第二节 流动资产管理

企业流动资产主要包括现金、应收账款、存货等。它的配置和管理是企业财务管理的重要组成部分。如果流动资产过多,会增加企业的财务负担,从而影响企业的盈利能力;相反,流动资产不足,则其财务周转不灵,会影响企业正常经营。企业在生产经营中恰好存在着此类问题,理应及时、合理地对流动资产进行管理,结合自身的发展特点,制定出符合自身要求的管理体系。

一、流动资产概述

(一)流动资产的概念

所谓流动资产,是指可以在1年内或长于1年的一个营业周期内变现的资产。按照流动资产的变现速度(速度越快,流动性越高,反之亦然)划分,流动性最高的资产属货币资金;其次是短期投资;再次是应收账款;最后是存货。同样地,流动负债是指需要在1年或者超过1年的一个营业周期内偿还的债务,又称短期融资,主要包括以下几类项目:短期借款、应付账款、应付工资、应交税金及应付利润(股利)等。

（二）流动资产的分类

流动资产所包含的具体内容多种多样，根据不同的标准可以将其分为不同的种类。根据资产的占用形态分类，可将流动资产分为现金、各种银行存款、应收及预付款和库存等。

1. 现金、各种银行存款

现金、各种银行存款是指企业的库存现金或外币现钞，以及存入境内外的人民币存款和外币存款。在流动资产中，它流动性最强，可直接支用，也是其他流动资产的最终转换对象。

2. 应收及预付款项

应收及预付款项是指企业在生产经营过程中所形成的应收而未收的或预先支付的款项，包括应收账款、应收票据、其他应收款和预付货款。企业为了加强市场竞争能力，通常采取赊销或预先支付一笔款项的做法。

3. 库存

库存是指企业在生产经营过程中为销售或者耗用而储存的各种资产，包括商品产成品、半成品、在产品原材料、辅助材料、低值易耗品、包装物等。库存具有较大的流动性，且其占用分布于各经营环节，故在流动资产中占有较大的比重。

二、现金管理

现金，是在企业生产经营过程中以货币形态存在的资金，广义上包括库存现金、银行存款和其他现金。现金是企业变现能力最强的资产，代表着企业的直接支付能力和应变能力。企业进行现金管理，其重要内容便是保持合理的现金水平，使企业持有的现金数额既能满足生产经营开支的各种需要，又能及时偿还贷款和预防不时之需。

（一）企业现金的持有动机

企业持有现金，主要来源于三种动机，即交易性动机、预防性动机和投机性动机，具体如表4-1所示。

表 4-1　企业持有现金的动机

现金动机	现金持有目的	适用的业务活动
交易性动机	为了维持企业日常周转及生产经营活动需要而持有的现金	购买材料、支付工资、缴纳税款、支付股利等
预防性动机	为了应对意外或突发事件而需持有的现金	客户违约、生产事故等导致的突发性偿付
投机性动机	为了把握市场价格波动带来的投资机会,从而使企业获得收益而需持有的现金	股票投资等

一般情况下,企业的现金持有量小于表4-1中三种需求下的现金持有量之和。企业可以根据自身实际情况确定三种需求下的现金数额,力求做到既能保证企业交易所需现金,降低风险,又能从暂时闲置的现金中增加收益。

(二)现金持有成本分析

企业持有现金或在现金与有价证券之间进行转换都是有成本的。一般来说,与现金相关的成本包括表4-2中的几个项目。

表 4-2　企业现金持有成本

机会成本	企业因持有一定现金余额而丧失的再投资收益,与现金持有量呈正相关关系
管理成本	因持有一定数量的现金而发生的管理费用,与现金持有量无比例关系
短缺成本	因现金持有量不足,又无法及时通过有价证券变现加以补充给企业所造成的损失,与现金持有量负相关
交易成本	企业用现金购入有价证券以及用有价证券换取现金时所需付出的交易费用,与现金持有量成反比

(三)最佳现金余额确定

最佳现金余额,又称最佳现金持有量,是指现金满足生产经营的需要,又是现金使用的效率和效益最高时的现金最低持有量,确定最佳现金余额对企业生产经营和财务管理来说具有重要意义。当实际现金余额与最佳现金余额不一致时,企业可采用短缺融资(出现现金短缺时)、归还借款和投资有价证券(出现现金多余时)等策略来使现金余额达到合理水平。

(四)现金的日常管理

企业在确定了最佳现金持有量后,还应采取各种措施,加强对现金的日常管理,以保证现金的安全、完整,最大限度地发挥其效用。现金日常管理的基本内容主要包括两个方面,即现金支出管理和现金回收管理。

1. 现金回收管理

企业在日常的生产经营活动中,应及时回收应收账款,使企业支付能力增强。为了加速现金的回收,就必须尽可能缩短应收账款的平均收现期。企业在制定销售政策和赊销政策时,要权衡增加应收账款投资和延长收账期乃至发生坏账的利弊,采取合理的现金折扣政策;采用适当的信用标准、信用条件、信用额度,建立销售回款责任制,制定合理的信用政策;另一方面是加速收款与票据交换,尽量避免由于票据传递而延误收取货款的时间。具体可采用以下方法。

(1)邮政信箱法

邮政信箱法又称锁箱法,是西方企业加速现金流转的一种常用方法。企业可以在客户分布地区的邮局设置加锁信箱,让客户将支票汇至当地的这种信箱,然后由当地指定的银行每天数次收取信箱中的支票并存入特别的活期账户。由银行将这些支票在当地交换后以电汇方式存入该企业的银行账户。这种方法的优点是不但缩短了票据邮寄时间,还免除了公司办理收账、货款存入银行等手续,因而缩短了票据邮寄在企业的停留时间。但采用这种方法成本较高,因为被授权开启邮箱的当地银行除了要求扣除相应的补偿性余额外,还要收取额外服务的劳务费,导致现金成本增加。因此,是否采用邮政信箱法,需视提前回笼现金产生的收益与增加的成本的大小而定。

(2)银行业务集中法

银行业务集中法即在客户较为集中的若干地区分设"收款中心",并指定一个收款中心的开户银行(通常是企业总部所在地)为"集中银行"。各收款中心的客户在收到付款通知后,就近将货款交至收款中心;收款中心每天将收到的款项存入指定的当地银行；当地银行在进行票据交换后立即转给企业总部所在银行。这种方法可以缩短客户邮寄票据所需的时间和票据托收所需时间，但是采用这种方法须设立多个收账中心，从而增加了相应的费用支出。因此，企业应在权衡利弊得失的基础上，做出是否采用银行业务集中法的决策。

除上述方法外，还可以采取电汇、大额款项专人处理、企业内部往来多边结算、集中轧抵、减少不必要的银行账户等方法加快现金回收。

2. 现金支出管理

现金管理的其中一个方面是决定如何使用现金，企业应根据风险与收益权衡原则选用适当方法延期支付账款，现金支出管理的主要任务是尽可能延缓现金的支出时间，延缓支付账款的方法一般有以下几种。

（1）使用汇票付款

在使用支票付款时，只要受票人将支票存入银行，付款人就要无条件地付款。但汇票不一定是"见票即付"的付款方式，在受票人将汇票送达银行后，银行要将汇票送交付款人承兑，并由付款人将一笔相当于汇票金额的资金存入银行，银行才会付款给受票人，这样就有可能合法地延期付款。

（2）推迟应付款的支付

企业在不影响自身信誉的前提下，应尽可能推迟应付款的支付期限。这样可以最大限度地使用债权人的资金进行经营。在享受现金折扣优惠政策时，可在折扣期的最后一天付款，如果急需现金而放弃折扣优惠，可选择在信用期限的最后一天付款。此外，企业还可选择商业汇票等结算方式来推迟款项的支付。

（3）合理使用现金"浮游量"

现金的浮游量是指，由于未达账项，企业银行日记账账户上现金余额与银行账户上所示的存款余额之间的差额。有时，企业账户上的现金余额已为零或负数，而银行账上的该企业的现金余额还有很多。这是因为有些企业已经开出的付款票据尚处在传递中，银行尚未付款出账。如果能正确预测浮游量并加以利用，可节约大量现金。使用现金浮游量，会使得企业向银行开出从存款账户中提取款项的总金额超过了其存款账户上结存的金额。准确地估计出现金浮游量，就可减少银行存款的余额，将腾出的资金用于其他收益更加可观的投资项目。但是，企业使用现金浮游量，一定要准确估计其数额及控制使用时间，否则会产生银行存款透支的情况。

三、应收账款管理

应收账款，是指企业因对外销售产品、材料，提供劳务及其他原因，应向购货单位或接受劳务单位收取的款项，包括应收销售款、其他应收款、应收票据等。随着商业竞争的日益激烈，企业出于扩大销售的竞争需要，不得不以赊销方式招揽客户，这就产生了应收账款。赊销方式产生的应收账款实际上是一种商业信用，因此，企业的应收账款管理，本质上属于商业信用管理。

（一）应收账款的成本

企业为扩大销售而持有应收账款，也是需要付出一定代价的。应收账款的成本主要有机会成本、管理成本和坏账成本，具体如表 4-3 所示。

表 4-3　应收账款成本计量

应收账款成本	内涵	计算公式
机会成本	企业因资金被应收账款占用而放弃其他投资所带来的收益	应收账款机会成本 = 应收账款占用资金 × 资本成本 = 日销售额 × 平均收现期 × 变动成本率 × 资本成本
管理成本	企业进行应收账款管理时所需的费用	应收账款管理成本 = 客户信用调查费用 + 信息收集费用 + 账簿记录费用 + 收账费用 + 数据处理费用 + 相关管理人员成本等
坏账成本	应收账款因故可能无法收回而发生的损失	应收账款坏账成本 = 赊销额 × 预计坏账损失率

（二）应收账款的管理政策

应收账款的管理政策，又称信用政策，是指通过权衡收益、成本与风险，对应收账款投资水平进行规划和控制的原则性规定。一般包括信用标准、信用条件和收款政策三个方面。

1. 信用标准

信用标准,是指顾客获得企业的交易信用所应具备的条件。如果顾客达不到信用标准,便不能享受企业的信用或只能享受较低的信用优惠。

企业在设定某一顾客的信用标准时,往往先要评估其赖账的可能性。这可以通过"5C"系统来进行。所谓"5C"系统,是评估顾客信用品质的五个方面,即:品质(character)、能力(capacity)、资本(capital)、抵押(collateral)和条件(conditions)。

(1) 品质

品质指顾客的信誉,即履行偿债义务的可能性。企业必须设法了解顾客过去的付款记录,看其是否有按期如数付款的一贯做法,及与其他供货企业的关系是否良好。这一点经常被视为评价顾客信用的首要因素。

(2) 能力

能力指顾客的偿债能力,即其流动资产的数量和质量以及与流动负债的比例。顾客的流动资产越多,其转换为现金支付款项的能力越强。同时,还应注意顾客流动资产的质量,看是否有存货过多、过时或质量下降,影响其变现能力和支付能力的情况。

(3) 资本

资本指顾客的财务实力和财务状况,表明顾客可能偿还债务的背景。

(4) 抵押

抵押指顾客拒付款项或无力支付款项时能被用作抵押的资产。这对于不知底细或信用状况有争议的顾客尤为重要。一旦收不到这些顾客的款项,便以抵押品抵补。如果这些顾客提供足够的抵押,就可以考虑向他们提供相应的信用。

(5) 条件

条件指可能影响顾客付款能力的经济环境。比如,万一出现经济不景气。会对顾客的付款产生什么影响，顾客会如何做等，这需要了解顾客在过去困难时期的付款历史。

2. 信用条件

信用条件是公司要求客户支付赊销款项的若干规定，包括信用期限、折扣期限和现金折扣等。信用期限是公司给客户规定的最长付款期限；折扣期限是为客户规定的可享受现金折扣的付款时间；现金折扣是鼓励客户及早付款给予的优惠，如"2/10, n/30"，是指如果客户在10天内付款，可享受2%的折扣，如果不想取得现金折扣，必须在30天内付清。提供比较优惠的信用条件有利于增加销售量，但也会带来额外的负担，比如会增加应收账款机会成本、坏账损失、现金折扣成本等。因此，公司必须仔细权衡利弊，针对客户的具体情况，在交易时给予客户灵活的信用条件，这样既可扩大销售，又能降低优惠信用条件产生的成本。

3. 收款政策

收款政策是指公司向客户收取过期账款所应遵循的程序和方法。积极的收款政策可能会减少应收账款的机会成本，减少坏账损失，但同时也会增加收账费用；反之，消极的收款政策虽然可以减少收账费用，但会增加应收账款机会成本，增加坏账损失。因此，公司制定收款政策时，必须将可能减少的坏账损失与需要支出的收款费用相比较，采用合理的收款政策。

通过以上分析，公司要制定合理的信用政策，应把信用标准、信用条件和收款政策三者结合起来，根据公司的产销情况和市场竞争的激烈程度，综合考虑三者的变化对销售额、应收账款机会成本、坏账损失和收款费用的影响，决策的原则仍是总收益大于因赊销而带来的总成本。既要通过具体数字的测算比较进行数量分析，也要依靠管理经验和主观判断来决定。

四、存货管理

存货，是指企业在生产经营活动中为销售或者耗用而储备的物资，包括各类材料、燃料、低值易耗品、在产品、半成品、产成品、商品以及包装物等。存货是企业进行生产经营活动的基础,存货管理水平直接影响着企业生产经营活动能否顺利进行,并最终影响企业的收益。所以,存货管理也是财务管理的一项重要内容。

(一)存货成本

企业为保证生产或销售的正常经营,总是需要储存一定的存货,并因此占用或多或少的资金。也就是说,企业持有一定数量的存货,必须会有一定的成本支出。

(二)存货管理决策

企业进行存货管理,往往会涉及四项决策,即决定进货项目、选择供应单位、决定进货时间和决定进货批量。其中,前两项决策一般由企业销售部、采购部和生产部门共同负责,而后两项决策则需要企业财务部参与。通过确定合理的进货批量和进货时间,可使企业存货的总成本降到最低水平。

目前大多数企业采用经济订货批量模型(Economic Order Quantity, EOQ)来确定经济订货量,进而找出最适宜的进货时间。经济订货批量,是指使订货成本和储存成本总和最低的存货采购批量。根据经济订货批量模型,企业按照经济订货批量来订货时,可实现订货成本和储存成本之和最小化。存货相关成本指标的计算公式如下:

$$经济订货批量 = \sqrt{\frac{2 \times 存货年需要量 \times 每次订货成本}{单位储存成本}}$$

$$每年最佳订货次数 = \sqrt{\frac{存货年需要量 \times 单位储存成本}{2 \times 每次订货成本}}$$

$$每年最佳订货周期 = \frac{1}{每年最佳订货次数}$$

$$经济订货批量占用资金 = \frac{经济订货批量}{2} \times 存货单价$$

经济订货批量模型是建立在一系列假设基础上的,而实际中企业存货管理则是一个比较复杂的问题,并不能满足经济订货批量模型的所有假设。为使经济订货批量模型更接近于实际情况,在存货管理实践中,往往对该模型进行一些扩展,使其具有更高的实用性。

(三)存货日常管理

存货日常管理的目标是在保证企业生产经营正常进行的前提下减少库存,防止挤压。库存日常管理方法主要有ABC分类法等。

企业库存品种繁多,尤其是大中型企业多达上万种甚至数千万种。这些库存中,有的尽管占全部品种数量比例很少,但金额巨大,有的虽然占比大,但金额微小。在库存管理中,如果主次不分,面面俱到,对每一种库存都用同样的精力实施管理,严格控制,就抓不住重点,库存管理工作的成本远大于效益。ABC分类管理正是基于这一考虑而提出的,其目的在于使企业分清主次,突出重点,兼顾一般,舍弃细节,提高库存资金管理的整体效果。

所谓ABC分类管理就是按照一定的标准,将企业的库存划分为A、B、C三类,分别实行按品种重点管理,按类别一般控制和按总额灵活掌握的库存管理方法。

1. 库存ABC分类的标准

分类的标准主要有两个:一是金额标准,二是品种数量标准。其中金额标准是最基本的,品种数量标准仅作为参考。

A类库存的特点是金额巨大,但品种数量较少;B类库存金额一般,品种数量相对较多;C类库存品种数量繁多,但价值金额却很小。一般而言,三类库存的金额比重大致为A∶B∶C=7∶2∶1,而品种数量比重大致为1∶2∶7。可见,A类库存占用着企业绝大多数的资金,应给予重点管理。B类库存金额相对较小,可以通过划分类别的方式进行大类管理。C类库存尽管品种数量繁多,但其所占金额却很小,可进行一般管理。

2. ABC三类库存的具体划分

该方法的具体实施步骤是:

(1)列示企业全部库存的明细表,并计算出每种库存的价值总额及占全部库存金额的百分比。

（2）按照金额标志由大到小进行排序并累加金额百分比。

（3）当金额百分比累加到70%左右时，以上库存视为A类库存；介于70%~90%之间的库存作为B类库存，其余则为C类库存。

第三节　流动负债管理

一、流动负债筹资的特点

流动负债是指企业将在1年（含1年）或者超过1年的一个营业周期内偿还的债务，包括短期借款、应付票据、应付账款、应付职工薪酬、应缴税费、应付股利、应付利息、其他应付款等。流动负债可以使企业获得短期资金，因此也被称为短期筹资。对流动负债的管理，对于改善企业财务状况、增强企业的财务弹性具有重要作用。流动负债筹资具有如下特点：

第一，筹资速度快。企业申请短期借款往往比较容易，与长期借款相比，贷出长期借款对于贷出方而言风险大，流程相对要长，因此，企业在急需资金时，首先寻求短期借款。

第二，筹资弹性大。短期贷款给债务人比较大的灵活性。短期借款在契约中限制条件一般较少，使公司有很大的自由。

第三，筹资成本较低。短期负债筹资发生的利息支出低于长期负债筹资的利息支出，流动负债中的应付账款、应缴税费等均无利息负担。

第四，筹资风险较大。流动负债都要求在短期内偿还，因此要求企业在资金的营运方面需要有效地控制。如果偿还期限已到，而无法及时归还流动负债，可能会陷入财务危机。

二、短期借款管理

企业的借款通常按其流动性或偿还时间的长短，划分为短期借款和长期借款。

短期借款是指企业从银行或其他金融机构借入的期限在1年（含1年）以下的各种借款。在流动负债筹资中,短期借款是企业较常见的方式。短期借款可以随企业的需要随时安排,便于灵活使用,且取得亦较简便。但其突出的缺点是短期内要归还,特别是在带有诸多附加条件的情况下更使风险加剧。

（一）短期借款的种类

我国目前的短期借款按照目的和用途分为若干种,主要有生产周期借款、临时借款、结算借款等。按照国际惯例,短期借款还可以按照偿还方式的不同,分为一次性偿还借款和分期偿还借款；依利息支付方式不同,分为收款法借款、贴现法借款和加息法借款；依有无担保,分为抵押借款和信用借款。

企业在申请借款时,应根据各种借款的条件和需要加以选择。

（二）短期借款的取得

企业举借短期借款,必须首先提出申请,经审查同意后借贷双方签订借款合同,注明借款的用途、金额、利率、期限、还款方式、违约责任等；企业然后根据借款合同办理借款手续；借款手续完毕,企业便可取得借款。

（三）短期借款的信用条件

按照国际通行做法,银行发放短期借款往往带有一些信用条件,主要有：

1. 信贷额度

信贷额度亦即贷款限额,是借款企业与银行在协议中规定的借款最高限额,信贷额度的有效期限通常为1年。一般情况下,在信贷额度内,企业可以随时按需要支用借款,但是银行并不承担必须贷款的义务。如果企业信誉恶化,即使银行曾同意过按信贷限额提供贷款,企业也可能得不到借款。此时,银行不会承担法律责任。

2. 周转信贷协定

周转信贷协定是银行具有法律义务地承诺提供不超过某一最高限额的贷款协定。在协定的有效期内,只要企业借款总额未超过最高限额,银行必须满足企业任何时候提出的借款要求。企业要享用周转信贷协定,通常要对贷款限额的未使用部分付给银行一笔承诺费用。

3. 补偿性余额

补偿性余额是银行要求借款企业在银行中保持按贷款限额或实际借用额一定百分比(一般为10%~20%)的最低存款余额。对于银行来说,补偿性余额有助于降低贷款风险,补偿可能遭受的贷款损失;对借款企业来说,补偿性余额则提高了借款的实际利率,加重了企业的负担。

(四)短期借款利息的支付方法

一般来讲,借款企业可以用三种方法支付银行贷款利息。

1. 收款法

收款法是在借款到期时向银行支付利息的方法。银行向工商企业发放的贷款大都采用这种方法收息。

2. 贴现法

贴现法是银行向企业发放贷款时先从本金中扣除利息,到期时偿还全部本金。采用这种方法,企业可以利用的贷款额只有本金扣除利息后的差额部分,从而提高了贷款的实际利率。

3. 加息法

加息法是银行将根据名义利率计算的利息加到贷款本金上,计算出贷款的本息和,要求借款人在贷款期内分期偿还本息之和的金额。由于贷款分期等额偿还,借款企业实际上平均使用了贷款本金的半数,却支付全额利息。这样,企业所负担的实际利率高于名义利率的一倍。

(五)借款银行的选择

企业在短期借款筹资过程中,一项重要的工作就是选择银行。选择银行时,重要的是要选用适宜的借款种类、借款成本和借款条件,此外还应考虑下列有关因素:

1. 银行对贷款风险的政策

通常,银行对其贷款风险有着不同的政策,有的保守,只愿承担较小的贷款风险;有的富于开拓性,敢于承担较大的贷款风险。

2. 银行对企业的态度

不同银行对企业的态度各不一样。有的银行积极地为企业提供建议,帮助分析企业潜在的财务问题,有着良好的服务,乐于为具有发展潜力的企业发放大量贷款,在企业遇到困难时帮助其渡过难关;也有的银行很少提供咨询服务,在企业遇到困难时一味地为清偿贷款而施加压力。

3. 贷款的专业化程度

一些大银行设有不同的专业部门,分别处理不同类型、不同行业的贷款。企业与这些拥有丰富专业化贷款经验的银行合作,会更多地受益。

4. 银行的稳定性

稳定的银行可以保证企业的借款不致中途发生变故。银行的稳定性取决于它的资本规模、存款水平波动程度和存款结构。一般来讲,资本雄厚、存款水平波动小、定期存款比重大的银行稳定性好;反之则稳定性差。

三、商业信用筹资管理

商业信用是指企业在商品交易中由于延期付款或预收货款而形成的企业间的借贷关系。商业信用产生于商品交换之中,是一种"自发性筹资"。虽然按照惯例,经常将它们归于自发性负债,但严格说来它是企业主动选择的一种筹资行为,并非完全不可控的自发行为。商业信用运用广泛,在短期负债筹资中占有相当大的比重。

商业信用筹资的最大优越性在于容易取得。首先,对于多数企业来说,商业信用是一种持续性的信贷形式,且无须正式办理筹资手续。其次,如果没有现金折扣或使用不带息票据,商业信用筹资不负担成本。其缺点在于商业信用的期限短,还款压力大,对企业现金流量管理的要求很高。如果长期和经常性地拖欠账款,会造成企业的信誉恶化。

商业信用的具体形式有应付账款、应付票据、预收账款等。

（一）应付账款

应付账款是企业购买货物暂未付款而欠对方的款项,即卖方允许买方在购买货物后一定时期内支付货款的一种形式。卖方利用这种方式促销,而对买方来说延期付款则等于向卖方借用资金购进商品,可以满足短期的资金需要。

与应收账款相对应,应付账款也有信用期、折扣期等信用条件。商业信用条件常包括以下两种：第一,有信用期,但无现金折扣。如"n/30"表示30天内按发票金额全数付款。第二,有信用期和现金折扣,如"1/10,n/30"表示10天内付款享受现金折扣1%,若买方放弃折扣,30天内必须付清款项。

卖方企业在信用条件中规定有现金折扣,目的主要在于加速资金回收。买方企业在决定是否享受现金折扣时,应仔细考虑。通常,放弃现金折扣的成本是高昂的。

1. 应付账款的成本

如果卖方企业不提供现金折扣,买方在信用期限内支付货款,或者买方企业购买货物后在卖方规定的折扣期内付款,享受了现金折扣,这种情况下企业均不需支付任何费用,没有商业信用成本,属于"免费"筹资。只有在卖方提供了现金折扣而买方放弃现金折扣时,商业信用才有成本,属于有代价的筹资。一般而言,放弃现金折扣的成本可由下式求得：

$$放弃现金折扣成本 = \frac{现金折扣率}{1-现金折扣率} \times \frac{360}{信用期-折扣期}$$

从公式可以看出,放弃现金折扣的成本与现金折扣率、折扣期的长短同方向变化,与信用期的长短反方向变化。可见,如果买方企业放弃现金折扣而获得信用,其代价是较高的。然而,企业在放弃折扣的情况下,推迟付款的时间越长,其成本就会越小。比如上例中,如果企业延至50天付款,则成本为：

$$\frac{2\%}{1-2\%}\times\frac{360}{60-10}=14.7\%$$

2. 利用现金折扣的信用决策

在附有信用条件的情况下,因为获得不同信用要负担不同的代价,买方企业便要在利用哪种信用之间做出决策。企业放弃应付账款现金折扣的原因,可能是暂时资金缺乏,也可能是基于将支付应付账款的资金用于临时性短期投资,以获得更高的投资收益。一般而言,如果企业能以低于放弃现金折扣的隐含利息成本的利率借入资金,便应在现金折扣期内用借入的资金支付货款而利用现金折扣。如果企业在折扣期内将应付账款额用于短期投资,所得的投资报酬率高于放弃折扣的信用成本,则应放弃现金折扣而去追求更高的收益。

(二)应付票据

应付票据是企业进行延期付款商品交易时开具的反映债权债务关系的票据。根据承兑人的不同,应付票据分为商业承兑汇票和银行承兑汇票两种。支付期最长不超过6个月。应付票据可以带息,也可以不带息。应付票据的利率一般比银行借款的利率低,且不用保持相应的补偿性余额和支付协议费,所以应付票据的筹资成本低于银行借款成本,但是应付票据到期必须归还,如若延期便要支付罚金,因而风险较大。

(三)预收账款

预收账款是卖方企业在交付货物之前向买方预先收取部分或全部货款的信用形式。对于卖方企业来说,预收账款相当于向买方企业借用资金后用货物抵偿。预收货款一般用于生产周期长、资金需要量大的货物销售。

此外,企业往往还存在一些在非商品交易中产生但亦为自发性筹资的应付费用,如应付职工薪酬、应交税费、其他应付款等。应付费用使企业受益在前、费用支付在后,相对于享用了收款方的借款,一定程度上缓解了企业的资金需要。应付费用的期限具有强制性,不能由企业自由使用,但通常不需付出代价。

第五章 财务管理信息化

第一节 会计核算信息化

一、会计电算化

(一)会计电算化的主要内容

1. 会计基础数据管理。

2. 总账管理。

3. 固定资产及折旧。

4. 存货管理。

5. 应收应付管理。

6. 现金(银行)日记账。

(二)系统的核心功能

第一,总账模块是会计电算化系统的核心模块,账务系统包含账套及其操作人员的权限管理;会计科目和辅助核算,如往来单位、部门、职员、项目等的增加、修改、设置等属性管理;各种会计凭证的增加、修改、删除、复核、记账等业务处理;账册查询、预算管理、期末结账等业务;自动进行通用转账和损益结转、收支结转管理;数据的"导入导出"管理(包括自动导入、批量导入);数据备份恢复管理等功能。

第二,会计科目设置能够实现动态科目级次;无论科目是否具有期初或发生数据,系统均提供科目拆分和科目合并功能,并自动对相关数据进行调整;支持多币种核算、数量核算;对一个科目可以同时提供单位、部门、职员、统计、项目五种辅助核算，结合科目的编码分配，实际上极大扩充了科目的辅助核算数量；提供科目成批复制功能，可以使用数字和字母两种形式定义科目编码。

第三，凭证管理可以通过凭证模板设计凭证录入或打印格式，对于金额数据可以语音报数；凭证输入时提供智能计算器，可直接在借贷方金额栏目内输入数字和运算符，系统自动进行计算并将计算结果直接填入当前栏目；摘要和科目在给定的宽度打印不下时，将自动缩小变成多行，打印输出时还可自动进行缩放打印；系统提供凭证冲销功能，可以自动生成冲销凭证，可以对凭证进行编号查询；提供分录复制、凭证复制、样板凭证功能，方便用户快速录入；支持审核时对错误凭证的标记功能；输入凭证时往来科目可立即进行往来核销；现金或现金等价物科目可直接进行现金流量分配；对于系统自动生成的凭证（如工资凭证、固资凭证、采购销售库存凭证等）可直接查看相应的业务资料，支持凭证分册的功能。

第四，通用转账系统还提供了通用转账功能，可以根据自己的业务模型定义转账公式，自动生成通用转账凭证。公式取数范围涉及所有业务，包括总账、明细账、应收账、应付账、现金银行、工资、固资等，甚至可以直接从金算盘的电子表格文件中提取数据自动生成凭证，这样就可以自动处理一些综合费用的归集、分摊等工作；在设置公式时可以任意设置条件，确定数据类型（金额或数量）、币别；公式可以任意进行组合。

第五，期末结账系统提供向导进行期末结账，具有账务系统独立结账能力，自动提供结账报告，其中包括资产负债及所有者权益的总数，经营结果，记账凭证情况，自动检查凭证编号是否连续，自动检查期末是否计提折旧，自动检查期末是否调汇，自动检查是否进行损益结转，自动进行数据备份。

第六，现金／银行管理系统支持多货币，统一处理有关货币资金的收款、付款业务，能自动生成收支凭证，定期进行银行对账，同时还提供了对企业票据的管理。系统预制了收付款汇总／明细表、现金／银行日记账、已领用未报销票据明细表、银行对账单等。

第七，应收应付是企业控制资金流的主要环节，同时也是维护企业信誉，保证企业低成本采购的一个有力手段。应收应付款管理主要处理应收应付业务，通过向导指导用户利用已有的各种应收应付单据生成往来凭证。

第八，工资管理系统主要处理员工的工资计算、工资发放、代扣个人所得税、费用计提、统计分析等业务，提供各种工资报表。

第九，固定资产管理系统主要处理固定资产的增减变动核算、固定资产的折旧计提以及登记固定资产卡片等业务。固定资产管理提供固定资产批量变动，对批量录入的数据批量生成变动卡片，提供各种固定资产账册和报表。

（三）手工会计核算与信息化会计核算的区别

1. 数据处理的起点和终点不同

在手工环境下，会计业务的处理起点为原始会计凭证；在IT环境下，会计业务的处理起点可以是记账凭证、原始凭证或机制凭证。

2. 数据处理方式不同

在手工环境下，记账凭证由不同财会人员按照选定的会计核算组织程序分别登记到不同的账簿中，完成数据处理；在IT环境下，数据间的运算与归集由计算机自动完成。

3. 数据存储方式不同

手工环境下，会计数据存储在凭证、日记账、明细账等纸张中；IT环境下，会计数据存储在数据库中，需要时通过查询或打印机输出。

4. 对账方式不同

在手工环境下，财会人员定期将总分类账、日记账与明细账中的数据进行核对；IT环境下，总账子系统采用预先编制好的记账程序自动、准确地完成记账过程，明细与汇总数据同时产生并核对。

5. 会计资料的查询统计方式不同

在手工环境下，财会人员为编制急需的数据统计表，要付出很多劳动，财会人员只需要通过查询功能便能快速完成查询统计工作。

二、财务业务一体化

财务业务一体化是会计电算化发展的必然阶段,是20世纪90年代国内财务软件厂商提出的一个概念,也是中国财务软件行业特有的一个概念。财务业务一体化的实质是ERP,也就是说信息系统中业务模块的数据要能传递到财务模块中,自动生成相关的会计凭证,这样就大大提高了会计工作的效率,节省了大量的会计人员的工作。这个概念在国外传统的ERP理论中有一个基本要求。财务业务一体化的概念代表了国内财务软件的发展方向。国内财务软件厂商纷纷开发进、销、存等业务模块。目前,国内财务软件厂商的ERP转型之路仍然在继续。

国外成熟ERP厂商的业务模块和财务模块都进行了非常紧密的集成,业务模块数据发生后,自动在财务模块上生成财务凭证,并且多数情况下财务模块的数据不能进行调整,数据的调整必须从业务模块开始。主要包括以下内容:①财务管理的结构;②业务与财务一体化的系统结构;③财务业务一体化的处理流程;④采购、库存、应付账款及总账模块;⑤应付账款模块与固定资产管理模块等。

三、会计集中核算

会计需要进行集中核算,业务框架的关键点包括:

1. 多公司、多行业、多组织会计。

2. 财务对业务的实时监控。

3. 财务系统与业务系统数据的共享与安全。

4. 各核算主体财务数据的共享与安全。

5. 科目结构能满足各层级单位的需求。

第二节 报表合并信息化

一、报表合并的挑战

合并财务报表作为集团企业规定编制的正式会计报表，是反映企业集团整体财务状况、经营成果和现金流量的财务报表，也是投资者判断企业集团投资价值的重要依据之一。

（一）财务报表合并的主要过程

企业集团合并财务报表是把以母公司和子公司组成的企业集团视为一个单独的会计主体，以母公司和子公司单独编制的个别会计报表为基础，由母公司编制的综合反映企业集团财务状况、经营成果和现金流量的会计报表。报表合并过程主要可分为建模、数据收集、对账调整、发布披露四个环节。建模阶段是根据集团管理特点和披露要求指定报表合并的组织结构，定义报表模板，需要抵消的科目，以及合并过程中的相关计算关系。数据收集阶段，需自下向上地报送各级子公司的个别报表数据和用于合并抵消或满足管理、披露要求的明细数据，这一阶段是决定报表合并过程的质量和效率的重要阶段，也是报表合并过程控制的重要阶段。

对账和调整环节主要是针对报表合并过程的数据校验和手工调整，这一过程必须留下可审计的调整痕迹，是报表合并过程的控制重点环节。发布披露环节是指将报表合并的结果对内或对外发布输出，使用者可以对报表进行打印、查询和分析工作。

（二）合并财务报表面临的四大问题

1. 集团各下属公司手工处理合并报表标准不统一，财务人员水平存在差异

集团公司各实体分别编制各自报表，报表格式、内容、统计口径以及抵消规则等的不统一给财务合并和分析工作带来多种不便，部分合并实体财务人员的企业合并报表的编制能力还不够。

2. 集团合并工作量大,耗时费力

集团的下属公司往往数量众多,如果拥有内地/海外上市公司,财务信息披露的质量要求和频率更高,需要同时满足国际和国内多套不同的会计准则。

3. 传统报表及分析工具(Excel)的功能不够强大并且难以追溯

财务人员通过 Excel 方式进行报表合并(包括格式检查、逻辑检查、准确性检查、分析性检查、准则调整、审计口径调整、汇率转换、合并汇总)需要耗费大量的时间和精力。传统的 Excel 报表是文件式存储数据,导致公司对历史信息的比较与查询十分困难。

4. 分析资源利用不尽合理

由于报表分析人员投入大量时间进行数据整理和报表制作,使得真正对报表进行分析的时间少之又少。

(三)财务报表工作有四个目标

1. 规范化

规范统一集团会计科目;规范统一集团法定合并和事业部合并方法和流程,实现合并的自动化;逐步实现集团财务作为对内对外财务信息的发布中心。

2. 透明化

实现财务数据的共享整合,初步消除集团层面财务信息孤岛,提高财务数据的透明程度;提高数据的利用程度,使用同一套数据产生不同角度的决策信息以满足不同使用者的需求;实现对报表信息的查询和提取。

3. 全球化

推动集团财务的整体管理,进而加强对子公司、合资公司尤其是海外公司的财务管理;满足集团股权、法人架构和管理架构不断变化的要求;支持多准则的合并。

4. 实时化

提高信息传输和反馈的效率,缩短合并周期,为管理决策提供及时准确的财务信息。

二、报表合并系统的功能特点

（一）报表合并系统框架结构

报表合并系统的框架结构主要依靠用户按照企业集团的合并范围可以分为多级，既包括基层的最小会计核算主体，也包括中间层级的合并主体和集团总部用户。

基层主体的主要操作包括：从核算系统、ERP系统抽取报表合并所需的系统数据；手工输入系统外数据和其他补充数据；对数据进行加载、计算和校验；将校验正确的报表数据提交到上一级合并主体。

中间层级的合并主体的主要操作包括：审阅下级主体的报表及相关数据；对下级主体的数据进行调整；审批下级主体的报表数据；进行本级的抵消、币种转换、合并等相关计算。

总部层级的主要操作包括：审阅下级主体的报表及相关数据；对下级主体的数据进行调整；审批下级主体的报表数据；进行本级的抵消、币种转换、准则转换、合并等相关计算。

（二）合并报表系统流程

利用系统进行报表合并工作，提交的数据包括报表数据和内部交易的明细数据。上级主体对下级主体的调整数据通过调整分录的方式存储在系统中。系统会按照不同币种、准则计算多套报表数据存储在系统中。

（三）合并报表软件系统8项最主要的功能特点

第一，币种转换。报表合并系统能够对不同币种汇率进行维护。

不同币种汇率的维护：记录相关历史汇率，维护本期的期末汇率和平均汇率，建立与待折算的相关币种报表的关系。

第二，公司间内部交易的对账和抵消。建立抵消关系是对账和抵消的第一步工作，通过建立抵消科目表来表示往来科目与差异科目。

系统预置的抵消规则是找到交易双方的第一个公共项进行抵消。内部交易抵消模板的准备工作是：分权益类抵消关系和业务交易类抵消关系；根据用户的内部交易具体种类设置和维护(增减或修改)抵消关系。

第三，调整或抵消的分录。

第四，持股比例计算。

第五，组织关系和投资关系调整。

第六，国际会计准则(IAS)、中国会计准则和其他本地化的会计准则转换。

第七，支持报表的流程管理和审计追踪。

第八，支持逐级合并或一步合并的应用。

第三节　财务分析信息化

一、财务分析的目的

企业管理者要对企业运营中的各项活动以及企业的经营成果和财务状况进行有效的管理与控制，财务分析是一个必不可少的工具。财务分析可以帮助企业管理者加深对企业运营状况的了解，从而增加决策的科学性。

相对于企业外部人员来讲，譬如债权人、客户或投资者等，企业管理者拥有更多了解企业的信息渠道和监控企业的方法，但是财务信息仍然是一个十分重要的信息来源，财务分析仍然是一种非常重要的监控方法。企业管理者作为企业内部的分析主体，所掌握的财务信息更加全面，并能够与企业运营中的非财务信息相结合，因此，企业管理者所进行的财务分析更加深入，财务分析的目的也就更加多样化。

第一，企业管理者对企业的日常经营活动进行管理，就需要通过财务分析及时地发现企业经营中的问题，并找出对策，以适应瞬息万变的经营环境。

第二，企业管理者还要通过财务分析，全面掌握企业的财务状况、经营成果和现金流量状况等，从而做出科学的筹资、投资等重大决策。

第三,企业管理者为了提高企业内部的活力和企业整体的效益,还需要借助财务分析对企业内部的各个部门和员工等进行业绩考评,并为今后的生产经营编制科学的规划等。

二、财务分析的内容

财务分析的内容与财务分析的目的有着密切的关系。分析目的不同,分析内容的侧重点也会有差别。通常来说,财务分析有如下内容。

(一)偿债能力分析

偿债能力包括短期偿债能力和长期偿债能力。短期偿债能力一般与企业的流动性相关。流动性是指企业资源满足短期现金需要的能力。企业的短期现金需要通常包括支付日常生产经营开支的需要和偿还短期债务的需要。企业的流动性越强,日常支付能力和短期偿债能力就越强,企业的日常生产经营就越顺畅,短期债务就越安全。企业的流动性与短期偿债能力直接关系着企业的短期经营安全和短期债务安全,而安全是企业生存和发展的前提。因此,企业管理者、股权投资者等都会关注对企业流动性和短期偿债能力的分析。

长期偿债能力一般与财务风险相关。狭义的财务风险又叫筹资风险,是指企业与筹资活动有关的风险,也就是企业债务偿还的不确定性。因此,企业的财务风险与长期的偿债能力密不可分。如果企业不能如期偿还到期的长期债务,必然会影响企业的长期投资安排和经营活动。而我们知道,风险与报酬存在着同增同减的关系。企业如何通过资本结构和财务杠杆的安排,使风险与报酬达到最佳的平衡,就成为长期债权人、企业管理者以及股权投资者等分析主体关注的问题。

(二)营运能力分析

资产是能为企业带来未来经济利益的经济资源,同时又是对负债和所有者权益的保障。因此,企业的资产管理水平直接影响着企业获取经济利益的能力以及企业资本的安全。资产管理主要包括资产结构管理和资产效率管理等内容。对企业的资产利用效率通常称为营运能力。

企业的资产管理水平与营运能力从深层次影响着企业的安全性和营利性,因而是企业债权人、股权投资者和管理者等分析主体都应当关注的内容。

(三)盈利能力分析

投资报酬是反映投入产出关系的指标,它指投入的资金所获得的报酬。由于投入资金有不同的范畴,而报酬有不同的层次,因此投资报酬有不同的具体含义。直接影响投入报酬的是企业的盈利能力。在投资规模一定的情况下,企业获取利润的能力越强,投资报酬就应当越高。

盈利能力的高低首先体现为收入与成本相抵后的会计收益上,因此通过分析企业的营业收入,可以了解企业盈利能力的稳定性和持续性。在资料许可的情况下,可以对企业的成本费用进行本—量—利分析和成本费用分析等。本—量—利分析能够找出企业利润的关键影响因素,成本费用分析则能够为企业从内部挖掘利润潜力找到方向。

丰厚而稳定的利润不仅是投资报酬和盈利能力的体现,也是企业偿还债务的保障。一个不能盈利的企业是没有真正的安全可言的。因此,包括股权投资者、企业管理者和债权人等在内的众多分析主体对投资报酬与盈利能力都十分关注。

(四)其他能力分析

传统的财务分析是从静态角度出发分析企业的财务状况和经营成果,只强调偿债能力、盈利能力和营运能力的分析。面对日益激烈的市场竞争,静态的财务分析是不够全面的。首先,企业价值主要取决于未来的获利能力以及竞争能力,取决于企业销售收入、收益以及股利在未来的增长、企业在市场中的竞争地位和竞争能力。其次,增强企业的盈利能力、资产营运效率和偿债能力,都是为了未来的生存和发展的需要,是为了提高企业的发展和竞争能力。所以要全面衡量一个企业的价值,不仅要从静态角度分析其经营能力,还应从动态角度出发分析和预测企业发展能力、竞争能力以及防御风险能力。

(五)综合分析

综合分析就是对企业的各个方面进行系统、全面的分析,从而对企业的财务状况和经营成果做出整体的评价与判断。由于企业是一个不可分割的主体,各个方面有着千丝万缕的联系,因此各分析主体在对上述相关内容进行侧重分析后,还应将这些内容融合起来,对企业的总体状况作一定的了解。尤其对企业管理者而言,就必须全面把握企业的方方面面,并找到其间的各种关联,为企业管理指明方向。最为经典的企业财务综合分析方法是杜邦公司开发的杜邦分析体系。

需要注意的是,在进行综合分析时,要注意财务分析与非财务分析的结合,结果指标和驱动指标的结合。

三、财务分析方法

(一)趋势分析法

趋势分析法是将企业连续几个阶段的财务数据进行对比,以查看相关项目变动情况,得出企业财务状况和经营成果变化趋势的一种分析方法。趋势分析法有助于预测企业未来的财务状况和经营成果。

(二)结构分析法

结构分析法是将相关项目金额与同期相应的合计金额、总计金额或特定项目金额进行对比,以查看相关项目的结构百分比,得出企业各项结构的一种分析方法。

结构分析法通常运用到会计报表的分析中。在对会计报表进行结构分析时,各个报表项目以结构百分比列示。这种以各项目的结构百分比列示的会计报表称为结构百分比会计报表,因此,结构分析又常常被称作结构百分比会计报表分析。

(三)比率分析法

比率分析法就是指将相关的财务项目进行对比,计算出具有特定经济意义的相对财务比率,据以评价企业财务状况和经营成果的一种分析方法。常见的财务比率有趋势比率、构成比率、效率比率和相关比率。

趋势比率是反映某个经济项目的不同期间数据之间关系的财务比率,如当期净利润与上期净利润相除得到的比率、当期资产总额与五年以前的资产总额相除得到的比率,等等。

构成比率是反映某个经济项目的各组成部分与总体之间关系的财务比率,如流动资产除以总资产得到的比率、流动负债除以总负债得到的比率,等等。

效率比率是反映投入与产出关系的财务比率,如净利润除以平均股东权益得到的比率、净利润除以费用总额得到的比率,等等。

相关比率指的是除趋势比率、构成比率和效率比率之外的反映两个相关项目之间关系的财务比率,如流动资产与流动负债相除得到的比率、主营业务收入与平均资产总额相除得到的比率,等等。

(四)比较分析法

比较分析法是将相关数据进行比较,揭示差异并寻找差异原因的分析方法。要评判优劣就必须经过比较,要比较就必须有比较的标准。比较的标准也就是跟什么相比。常见的比较标准有历史标准、行业标准、预算标准、经验标准等。

四、财务分析程序

财务分析是一项比较复杂的工作,必须按科学的程序进行,才能保证分析的效率和效果。财务分析的基本程序包括以下几个步骤。

(一)明确分析目的

财务分析的目的是财务分析的出发点。只有明确了分析目的,才能决定分析范围的大小、搜集信息的内容和多少、分析方法的选用等一系列问题。所以,在财务分析中必须首先明确分析目的。

(二)确定分析范围

财务分析的内容很多,但并不是每一次财务分析都必须完成所有的内容。只有根据不同的分析目的确定不同的分析范围,才能提高财务分析的效率,也才能更好地符合成本效益原则。针对企业的哪个方面或哪些方面展开分析,分析的重点放在哪里,这些问题必须在开始搜集信息之前确定下来。

(三)搜集相关信息

明确分析目的、确定分析范围后,接下来就应有针对性地搜集相关信息。财务分析所依据的最主要的资料是以企业对外报出的会计报表及附注为代表的财务信息。除此以外,企业内部供产销各方面的有关资料以及企业外部的审计、市场、行业等方面的信息都可能与财务分析息息相关。财务分析中应搜集充分的信息,但并不是越多越好。搜集多少信息,应完全服从于分析的目的和范围。对搜集到的相关信息,还应对其进行鉴别和整理。对不真实的信息要予以剔除,对不规范的信息要进行调整。

(四)选择分析方法

不同的财务分析方法各有特点,没有绝对的优劣之分,最适合分析目的、分析内容和所搜集信息的方法就是最好的方法。财务分析的目的不一样,财务分析的内容范围不相同,为财务分析所搜集的资料不一样,所选用的分析方法也会有所差别。在财务分析中,既可以选择某一种分析方法,也可以综合运用多种方法。

(五)得出分析结论

搜集到相关信息并选定分析方法之后,分析主体利用所选定的方法对相关信息进行细致的分析,对企业相关的经营成果和财务状况做出评判,为相应的经济决策提供依据。如果是企业内部的管理者,还可以进一步总结出管理中的经验教训,发现经营中存在的问题,并探寻问题的原因,找出相应的对策,最终实现公司的战略目标。

五、财务分析指标

综合性的财务分析要求建立由集团层层下钻到各利润点、由综合指标下钻到具体报表的框架体系。在这个体系下,以仪表盘、趋势图和警示图等图形化界面为监控层,反映集团层面的财务分析结果,分为集团、事业部、成员单位三层结构,将监控层的监控指标结果通过各层结构,形成可以追踪至原始数据的财务分析体系。

将财务分析指标与财务报表体系、财务核算系统、数据库等相联系，可以做到实时计算财务指标，提高财务分析的及时性。

监控模式特别适用于综合性的财务分析体系，譬如，当企业构建指标体系后，就可将监控指标与预算报表、会计科目等建立联系，从而将监控指标与最基本的数据库相连接，形成实时、动态、可调整的综合财务分析体系。

六、财务分析的信息化

传统手工环境下的财务分析往往存在数据不精确、财务数据难以与非财务数据集合、财务数据难以追溯到源头等弊端，而财务分析的信息化可以很好地解决这些问题。不仅如此，财务分析的信息化还可以使得财务分析结果更加简明扼要，以图形化、菜单化的界面展示出来，更容易对企业的整体运行进行监控，也有利于对某些重点问题进行深入分析。

财务分析的信息化是以商业智能为基础的，商业智能基本架构包括数据和应用的集成、分析处理、信息发布和展示界面。

商业智能能够支持多维度的财务分析，维度最多可达 12~20 个，并能保持适当的效率；这样的数据存储与表格式完全无关，能够很好地适应需求的变化，如组织、业务等的变化。因此，以商业智能技术建立起来的多维度数据系统，能够为财务分析提供多角度的切入，譬如，对于同一收入数据可从时间、产品线、地区、部门等角度进行分析，从而进一步推进了财务分析的深度和广度。

从不同维度，可以提供同一数据的不同含义，从而为财务分析提供不同的切入点。同时，数据的多维化的互动分析工具和多样化的报表，能够实现追溯分析、图形化。商业智能使财务分析更加直观丰富：完全个性化的交互仪表板；基于功能和角色；主动式的智能预警；提供分析指引，提供最佳实践环境；功能强大，操作简单。每个层级的用户都能关注自己所在层面不同层级的界面，且关注的内容以图形化界面展示。不仅如此，各个层面之间还存在严密的数据逻辑关系。

第四节 全面预算信息化

一、全面预算管理概述

预算,是一套综合管理工具,也是一套系统的管理方法。它从公司战略出发,通过合理分配人力、物力和财力等资源,对公司的经营活动进行整体规划和动态控制,以监控战略目标的实施进度。

二、全面预算管理的八大成功要素

全面预算管理的八大成功要素具体包括以下内容:①将战略、业务计划与预算高度整合;②建立健全预算组织体系;③上下互动:引导+主动;④分析和建立合理的责任中心及考核体系;⑤设计合理的预算体系,为设计合理的预算体系,可以多角度编制预算,将预算细化,例如,某企业的销售收入预算,分项细化改进前只有产品,改进后则有产品、时间两项,区域、部门、客户、销售员、渠道和时间多项;⑥设计预算控制体系;⑦建立动态的预算管理体系;⑧建立深层次的预算分析跟踪体系。

三、全面预算管理的技术难点及解决方案

(一)全面预算管理普遍的技术难题

企业每年从10月份到第二年的3月份进行全面预算管理,其中仅是收齐各部门的预算就需要两个月的时间。所以容易产生以下问题:

初次汇总的结果中,资本开支往往超过集团规定的合理范围,运营开支也一般都会高于保证公司预算指标完成的上限。

财务部门对具体业务需求应该分配多少资源不易判断,预算调整经常花费了大量时间依然不能取得令人满意的效果。

预算编制以及差异分析等工作没有信息系统支持,手工操作耗费大量人力,且不能及时发现业务运行中的问题。

各个业务部门都要为自己部门开展工作争取到足够的资源,财务部门与业务

部门都是平级部门,横向的协调耗费精力。

市场变化太快,在上一年10月份要预测到下一年的年底真的很困难。这是因为:

1. 静态的预算流程

预算编制工作量大,效率低下;预算不能及时适应条件的变化。

2. 协作困难

没有统一的、数据共享的工作平台;缺乏有效的协调工具。

3. 控制能力差

缺乏有效的手段进行预算执行的事前控制;分析、调整能力不足;实际数据分散,难于集中获取;预算分析周期过长,不能及时做出调整。

(二)EXCEL解决问题的可能性

EXCEL解决不了企业全面预算管理的问题,这是因为EXCEL有如下问题:

1. 不足之处

难以有效地协调和管理整个组织,使其共同参与预算;缺乏权限控制和管理,难以有效管理和控制下属单位的预算模式,使各部门在一个平台上共同参与预算。

2. 预算编制工作量大

需要大量的公式(复杂易出错)设置、表格定义和手工预算汇总,工作量大;无法与财务系统有效整合,预算分析费时费力;无法自动获取实际数据,需要大量的公式设置;预算报表展现比较乱;无法多角度、灵活、立体地反映预算数据,为了满足从不同角度展现预算数据的要求,需要编制多张预算表格;无法实现预算的快速调整和滚动预测。

基于信息技术,构建多维的信息化全面预算管理体系。

(1)构建与企业实际情况相适应的全面预算管理模型

预算管理模型必须与企业的财务系统、计划系统、销售系统、采购系统、生产系统等和预算管理体系密切相关的子系统相匹配,并结合企业自身的情况,应用业务流程重组等先进的理论和方法来设计信息化的全面预算。

（2）构建信息化下的全面预算编制系统

预算编制系统是建立在预算管理模型基础之上的一个相对静态的系统，主要在每年期末编制第二年预算时使用。可分为经营预算、投资预算和财务预算。

（3）构建信息化下的全面预算管理控制系统

对预算进行控制和管理包括：责任中心考核体系的建立与管理、预算指标体系的控制与调整、预算对比与分析、经理查询等几个部分。信息化条件下构建全面预算管理体系要特别突出系统对信息处理量大、处理速度快和数据集中处理的特点，使工作重点由简单的记录、统计转向预测、监控、分析等管理方面，真正实现信息流、资金流和业务流程的集成统一。

（4）建立对信息化下全面预算管理体系负责的专职部门在信息系统中要使预算管理体系能发挥其作用，还要对组织机构的职能部门进行结构重组，建立负责新的全面预算管理体系的专职部门，赋予相应权力并实施新的预算管理制度。

（三）全面预算管理信息化的条件

（1）明确的战略目标，坚持正确的战略导向，这是构建信息化全面预算管理体系的基础和依据。

（2）企业的信息化建设，如相关的硬件和软件基础，是企业能够实现信息化全面预算管理的技术保障和基础。

（3）基础数据要准确、全面，历史资料应尽可能齐全。

（4）建立一个专门的高效的预算管理组织职能机构和一套行之有效的科学管理体系。

（5）企业领导的示范作用。

四、全面预算管理的信息化

全面预算管理信息化具有三个基本要求：一是多维数据；二是广泛接口；三是有效监控。

（一）多维数据——支持多维度的预算编制和分析

预算编制、分析的本质是从多个维度描述、分析业务、财务数据的过程，系统应该通过多维模型来存储和管理数据。

预算管理过程当中经常需要快速回答类似下面的问题：

今年各地区的销售收入是如何分布的？今年各月实际销售额与预算之间的差异是多少？今年3月份预算损益与实际损益的对比情况如何？今年各产品大类实际销售量的变化趋势怎样？

预算分析的本质是一个多维分析过程，系统应该支持多维数据分析才能满足快速变化的分析需求。

（二）广泛接口——避免信息孤岛

实际数据分散在财务、ERP、人力资源等多个系统中，从这些系统中提取数据耗费大量的工作时间。系统应该提供数据接口工具，具有整合不同业务系统中数据的能力。

（三）有效监控——实现事前、事中、事后的动态控制

根据预算信息对实际的费用支出及资金支付进行事前、实时控制；支持基于工作流的电子审批；能够与预算、核算系统紧密衔接；为管理决策层提供直观的、仪表盘式的关键数据展示；能够动态显示预算的关键性指标数据及指标的实际执行情况；能够针对特点指标钻取到明细的业务、财务数据。

第五节 精细化成本信息化

一、成本管理的目的及内容

（一）成本管理的目的

传统的成本管理是以企业是否节约为依据，从降低成本乃至力求避免某些费用的发生入手，强调节约和节省。传统成本管理的目的可简单地归纳为减少支出、

降低成本。

现代企业的成本管理观念与传统观念相比,已经发生了很大的变化。企业的成本管理活动应以成本效益观念作为支配思想,从"投入"与"产出"的对比分析来看待"投入"(成本)的必要性、合理性,即努力以尽可能少的成本付出,为企业获取更多的经济效益。现代成本管理的目的可以归纳为提高成本投入的投入产出效率。

在现代市场经济环境下的企业日常成本管理中,应对比"产出"看"投入",研究成本增减与收益增减的关系,以确定最有利于提高效益的成本预测和决策方案。

(二)成本管理的内容

先进的成本管理突破了以往只注重产品物料成本的管理,强化包括产品成本、质量成本等生产过程中的全方位成本分析与控制。

成本管理的范畴在企业价值链上不断延伸,向前延伸至市场、销售和研发环节,向后延伸到售后服务环节。这些成本包括营销成本、物流成本、研发成本、售后成本等。企业开始对物质成本更加关注,譬如人力资源成本、产权成本等。

综合起来,成本管理的对象包括产品生产成本、质量成本、效率成本、资金占用成本、采购成本、销售或客户成本、风险成本、人力资源成本、环保成本、安全成本等。利用成本管理所提供的成本信息,譬如产品成本、营销成本等,企业可以进行如下的经营决策:产品的盈利分析和产品组合决策;销售活动中运用成本信息进行定价决策;生产活动中运用成本信息进行自制或外包决策。

从成本管理的过程来看,成本管理可以分为两大部分:成本核算与成本控制。成本核算是成本控制的基础,没有准确的成本核算信息,成本控制无从谈起;成本控制的目的是提高成本投入的产出效率。

(三)典型的成本管理方法

成本管理方法包括战略性、策略性和经营性三个大类,具体有以下方法:

第一,价值链分析法是为了解成本的特性和导致差异的根源,将价值链从原材料到最终客户分解为与战略相关联的各种经营活动的方法。

第二，目标成本法是一种在设计和开发新产品或提供服务时首先要采用的方法。目的是保证产品和服务在成本上的竞争力，在其生命周期中达到预期的利润。该方法有时也指现有产品和服务的成本降低目标。

第三，产品周期成本法用来确定一种产品、品牌或服务从新产品开发到退出市场的整个期间的总成本和盈利能力。

第四，成本动因分析法是一种通过确定影响作业成本的因素并对其进行排序的系统方法。该方法可以运用于各种层面的成本管理中。

第五，对象成本法是一种根据作业清单（或流程清单）计算各"成本对象"（如品牌、产品、客户）的技术。

第六，作业成本管理法是一项新的管理方法，在企业的内部改进和价值评估方面具有重要的作用。它是利用作业成本法提供的成本信息，面向全流程的系统化、动态化和前瞻性的成本控制方法。作业成本管理把管理的重心深入到作业层次上，包括了作业的管理、分析和改进。

二、成本核算信息化

（一）成本核算为什么要信息化

在传统的手工管理模式下，企业的成本控制受诸多因素的影响，往往不易也不可能实现各个环节的最优控制。而且随着生产自动化程度的提高以及产品种类越来越复杂，这种强调人力劳动因素的粗放型计算方法已经不能满足企业现代管理的需要。

现代成本管理需要一个能协调、计划、监控和管理企业各种成本发生的全面集成化系统，从而协助企业的各项业务活动都面向市场来进行运作。ERP除了提供全套的物流解决方案、监控和优化企业的整个生产流程外，也为企业成本管理领域提供了强大的控制和丰富的分析功能。

实施成本管理信息化是中国企业顺应历史潮流、走向全球市场的必然趋势，也是中国企业由传统管理向信息化管理转型的必然选择,更是中国企业提升网络经营能力和市场竞争力的必然要求。

(二)成本核算信息化的主要内容

1. 成本中心核算

成本核算信息化要支持成本预算、标准成本与实际成本之间的差异对比、成本报告与分析等,有关成本发生都记录到相应的成本中心分别核算,有关数据则同时或定期成批地传送到产品成本模块以及获利分析模块中进行进一步处理。

第一,管理会计模块从财务会计中收到它的基本数据和总分类的科目记账。同时,记账凭证中的科目指定条款被扩大到不同的辅助科目指定。例如,科目可赋给创建的成本中心,或赋给一个任务。如果一下指定了多个目标科目,则管理会计模块就使用检查规则来确保只有一个影响到成本的对象被记账,其余的则作统计管理。

第二,除了初级成本之外,也能够记录相关的条目性质(数量、时间、单位等)。

第三,使用外部会计系统,所有记账业务流程同它们的初级成本要素一起都能通过数据接口传送到管理会计模块中。

第四,结果是一个数据组包含了项目层次上与管理会计有关的所有信息。用这种方式,数据就可以独立保存,而与总分类账和明细分类账的归档期间无关。在保存的期间内,管理会计模块中的信息系统可以获取财务模块中的原始凭证。

2. 订单和项目成本核算

成本系统能够进行订单成本和项目成本的归集和核算,其功能的发挥需要企业供应链上下游厂商的协调配合。该系统收集、过滤成本信息,用计划与实际结果之间的对比来协助对订单与项目的监控。而且系统还提供了备选的成本核算及成本分析方案,有助于优化企业对其业务活动的计划与执行。

生产成本管理是企业面向生产和作业程序的一个职能。成本核算的方法,尤其是制造业公司中的成本核算方法,是由系统模块中的基础数据和程序确定的。通用成本对象包括:

第一,物料、加工订单、成本对象层次结构。

第二,物料、进程计划表、成本对象层次结构。

第三,物料、生产订单。

第四,销售订单、生产订单。

第五,方案、网络、订单。

3. 产品成本核算

它不仅有成本核算与成本分摊功能,还包括收集有关物流与技术方面的数据,并能对单个产品和服务进行结果分析。产品成本核算模块还能对成本结构、成本要素以及生产运营过程进行监控,对单个对象或整段时期进行预测,另外,基于价值或数量的成本模拟估算所得出的信息能对企业运营过程进行优化。将生产成本核算定义为一个产品的成本核算。产品可以是有形货物,也可以是无形产品(服务)。生产成本核算的目的是:

(1)确定产品的制造成本和销售成本。

(2)由比较成本核算来优化产品的制造成本。

(3)确定产品的定价基础。

(4)为存货评估提供产品的制造成本核算。

(5)提供成本对象控制中的差异核算。

(6)计算边际会计收益(与获利能力分析集成)。

4. 成本收益分析

此模块能帮助一些问题顺利找到答案,例如哪类产品或市场会产生最好的效益,一个特定订单的成本和利润的构成分配等。该模块在对这些问题进行分析的同时,销售、市场、产品管理、战略经营计划等模块则根据其分析所提供的第一手面向市场的信息来进行进步的分析处理,公司因而能判断它目前在现存市场中的位置,并对新市场的潜力进行评估。

5. 利润中心会计

它提供了一个方案,面向那些需要对其战略经营进行定期获利能力分析的企业。该系统使用会计技术来收集业务活动成本、运营费用及结果分析等信息,以确定每一业务领域的获利效能。

6. 附有管理决策的执行信息系统

决策过程中所用的信息的质量直接取决于收集与准备数据的系统的能力。执行信息系统(EIS)为管理部门提供了一个软件方案,它有自己的数据库,能从企业的不同部收集包括成本发生在内的各方面的数据,进行加工汇总使之成为可服务于企业决策的格式。

7. 标准成本

针对现有的留置于库存中的产品进行标准成本估计。这适用于指定计划期间(通常是一个会计年度)。它确定制造产品的计划成本和销售产品的计划成本,而不考虑客户何时、以什么频率订购这些产品。

在标准成本估计中,直接物料成本由投料量进行核算。直接物料的成本通过以相应的计划价格评估计划数量来取得。然后将物料的间接费用以附加费的方式加以运用。生产成本的成本核算以在成本计划期间内确定的作业类型和相应作业价格的方式进行。

为此,必须为所有操作建立产品的计划数量。这通常要在一个工作流程中完成。生产的间接成本在证明其不包括在作业价格中后,可以通过基于生产成本中的附加费确定。管理费用和运输保险费用与制造产品的计划成本相关,这是通过以百分比的方式表达的计划手续费率来实现的。

三、成本控制信息化

成本核算的目的是为了进行分析和进行有效的成本控制。

(一)流程化的成本控制

流程化的成本控制,在缺乏信息系统支撑的情况下,成本的控制标准和控制流

程是脱节的,在控制流程中,不能及时获取控制标准与执行情况的差异数据。成本控制面临的主要困难如下:

1. 没有统一的、数据共享的成本管理平台。

2. 缺乏有效的流程管理工具。

3. 控制标准、定额、预算缺乏有效的载体。

4. 控制过程执行人工操作,效率低下。

5. 成本执行结果没有分析监控工具。

(二)成本控制协同工作平台

第一,建立全面的基于 Web 的成本和费用控制解决方案,任何时候、任何地方都可访问系统。

第二,建立落实到员工层面的费用控制方案。

第三,不需维护的客户端,软件的升级更新不涉及客户端的改变。

第四,用户在熟悉的界面上操作,容易学习和使用。

(三)成本费用控制的具体需求

第一,实现费用、资金支出按标准事前实时控制。

第二,多维度费用控制,如按照部门、科目性质、科目属性、费用大类、费用小类、当月预算、累计预算、费用标准等要素进行控制。

第三,按照费用类别进行控制,一类应严格按照标准执行,另一类可以不受预算的硬性约束,但需要说明超预算的原因。

第四,可以设置预算控制到哪一层级,即预算可以按费用小类编制,也可以按费用大类控制。

第五,根据费用性质、金额大小等灵活设置审批流程。

(四)成本费用控制思路

成本费用控制系统通过将预算控制和日常审批流程相结合,在业务活动发生前进行相应的审批过程,从而达到事前控制的目标。在审批流程中,业务活动发起人和审批人能够从系统中实时得到该事项的预算信息(预算数、预算已经执行数、预算余额),并据其做出业务活动能否发生的判断。

(五)预算控制方案

系统支持对预算控制过程使用到的单据、功能、流程进行定制。

单据可根据企业具体要求设置。

各系统功能的控制逻辑可以根据企业要求设计实现。

系统支持分科目多级设置审批机构,审批上报限额,月度、季度、年度超支比例,以及超支后的控制方式("手工""警告""禁止")。用户还可以自由增加控制的维度和量度,以达到灵活控制预算执行的力度。系统对每一笔费用的申请都可以有个性化的控制逻辑和控制流程。

审批流程可根据企业不同业务灵活定义。系统支持灵活的审批流程定义,可根据企业组织架构、科目类别等多种角度来定义不同的审批流程;还可以定义多人审批模式,当第一审批人不具备网络环境时,其他审批人可代为行使审批权。

利用该功能,可以实现集团、子公司、业务类别、科目等不同层级的预算控制规则,在不同层级采用不同的控制流程,不同的审批级次和审批额度,满足资金支付和预算控制的分级次管理的需求。

系统可以对预算控制、审批方式等进行设置,包括签字方式、会计期间、审批期限、是否日期替换、超支控制等信息进行维护。

四、作业成本法

(一)传统成本方法的困难

1. 管理层关注重点

随着市场竞争日趋激烈,企业内部管理越来越需要强化。成本信息的准确性、及时性、可控性也就更加重要,企业内部的战略层面、策略层面和经营层面对成本信息的需求也越来越复杂。

(1)战略层面关注成本信息的出发点是为了能科学地进行战略决策,其利用成本信息需要解决的问题是：

①与供应商和客户建立什么样的关系？

②专注的市场和产品应是什么？

③如何制订有竞争力的价格？

④和竞争者比较处于何种地位？

⑤如何提高现在的产品或市场组合的盈利能力？

（2）策略层面关注成本信息的出发点是为了能高效地开发和培育企业的资源，其利用成本信息需要解决的策略问题是：

①企业有什么资源？资源的利用率如何？如何有效地利用资源？

②自行生产还是向外采购？

③产品和服务的价格合理吗？

④如何在不影响产品或服务质量的前提下节约成本？

（3）经营层面关注成本信息的出发点是为了能有效地利用资源，其利用成本信息需要解决的经营问题是：

①什么是成本的驱动因素？

②如何控制成本？

③怎样改进流程？

④如何衡量工作的效率？

⑤如何决定预算？

⑥如何认定预算超支的责任？

⑦采用什么成本基准来衡量目标？

⑧绩效系统如何影响业绩？

目前传统成本的核算和管理方法远远不能达到上述企业的要求。

2. 传统成本分摊方法面临的问题

（1）传统成本方法的局限性

传统的成本计算方法有着很大的局限性,例如:成本信息不能准确、及时提供;不能实现成本过程的关注和控制;只能按照成本费用科目提供账面成本信息;成本报表内容与格式单一,不能满足多层面的成本管理需要;不能提供详尽和准确的产品、客户成本信息;成本查询、成本分析和成本规划费时费力。

(2)局限性在现代化经营的特点中扩大

随着科学技术的快速发展,以 MRP 为核心的管理信息系统(MIS)的广泛应用,以及集成制造(CIMS)的兴起,传统成本方法的局限性越来越严重,产品成本信息与现实脱节,成本扭曲普遍存在,且扭曲程度令人吃惊。信息的使用者根据这次扭曲的成本信息做出决策时会感到不安甚至会怀疑其公司报表的真实性。这些问题严重影响到公司的盈利能力和战略决策。

但是传统成本核算中的这些局限性是与生俱来的,全球性竞争的加剧又促进了这些局限性形成的因素。公司及其生产经营环境发生了巨大的变化,生产经营中成本费用的比重和类型也有了很大的差别。

①固定制造费用比重增大,直接人工比重下降,结果是制造费用分配率很大,容易造成产品成本失真。

②随着与工时无关费用的快速增加,不具因果关系地直接人工去分配这些费用,必定会产生虚假成本信息。

这些问题掩盖了成本发生的实质,造成不同产品之间的成本转移,使某些产品成本被低估,某些产品成本被高估,从而影响决策的准确性。

(二)作业成本法与作业成本管理

作业成本法(Activity Based Costing, ABC)是一种先进的成本核算和控制方法,目前,ABC 的应用地区已由最初的美国、加拿大、英国迅速地向大洋洲、亚洲、美洲以及欧洲国家扩展。在行业领域方面,也由最初的制造行业扩展到商品批发、金融、保险机构、医疗卫生等公用事业部门,以及会计师事务所、咨询类社会中介机构,等等。

ABC作业成本法能够提供有效的成本管理,能够深入地分析成本形成的过程,能够反映作业消耗资源的效率,可以及时控制无效或低效的作业,从而使成本能够在过程中得到有效的控制。对于满足企业中各层次管理者对成本信息和决策的需求,可以做到以下几点:

1. 能提供准确的成本信息。

2. 能同时为企业内外部不同层面提供成本信息。

3. 能从不同的角度提供详细的、多层次的成本信息。

4. 能方便适时地进行成本查询、成本分析。

5. 能够对未来成本进行预测和成本规划。

6. 能针对成本信息的用途,按照不同的分类标准提供成本信息。如定价需要区分变动与固定成本,考核需要区分可控与不可控成本,评估资源能力时需要区分闲置与非闲置成本。

作业成本管理(Activity Based Costing Management, ABCM)是以提高客户价值、增加企业利润为目的,基于作业成本法的新型集中化管理方法。它通过对作业及作业成本的确认、计量,最终计算产品成本,同时将成本计算深入到作业层次,进行成本链分析,包括动因分析、作业分析等,为企业决策提供准确信息,指导企业有效地执行必要的作业,消除和精简不能创造价值的作业,从而达到降低成本,提高效率的目的。

五、作业成本管理的信息化

ABCM应用软件是基于作业成本管理的管理信息系统,具有强大的复杂数据处理功能,其主要功能在于按照作业成本管理思想对资源、动因和作业进行分析,同时按照"资源—动因—作业"对发生的各项成本进行归集、汇总,并及时报告各项作业信息,因此,与作业成本管理思想的整合是ABCM应用软件最突出的功能特征。

ABCM系统可以作为一个综合性的成本管理软件独立实施,也可以在现有管理模块中协调应用。比如用户如果已经全面实施了 ERP 系统,则 ABCM 软件系统通常会作为一个成本管理的功能完善的子模块嵌入 ERP 系统。

无论 ABCM 软件单独实施,还是作为一个功能模块与其他管理系统协调实施,在开发和应用过程中,除了满足企业对作业成本管理的需要,还必须辐射出一些其他子模块,进行系统化的管理。

ABC 法在 ERP 系统中的实施分为如下几个步骤:

1. 确定以价值链分析为基础的作业中心。

2. 设置成本项目,选择成本动因,确定成本率。

3. 建立模拟成本模型。在制订下一个会计年度的标准成本之前,把修订的成本项输入模拟成本系统,经过反复模拟比较,最终形成模拟成本模型。

4. 计算产品标准成本。ABC 法通过作业中心的确定,去除非增值作业,按照理想的定额标准,即可得到产品标准成本。

5. 产品实际成本结转与差异分析。

(一)基于 ABC 的精细化成本核算系统主要分为基础数据、成本计算和成本分析等模块

基础数据包括系统配置、业务设置、ABC 设置、业务和 ABC 模型对应设置。

成本计算包括数据采集、作业计算、成本标的计算、成本过程的计算和查询等。

成本分析包括成本和作业过程的分析、成本规划和成本查询等,可以分层次、分过程地进行分析和查询。

根据业务具体情况可以定义基础数据,包括对活动的设置、作业的设置、作业中心的设置、作业库的设置、产品的分类与设置、成本的设置等。

根据 ABC 的基本原理,设置成本费用、成本科目、活动信息、资源、动因、成本标的等。业务数据和 ABC 数据的设立是 ABC 模型成立的基础。

按照业务基础数据和 ABC 基础数据的对应关系,可以进行 ABC 模型设置,ABC 模型设置实际上是把业务的流程和数据用 ABC 的方法表现出来,包括科目—

资源关系、科目—活动关系、资源—活动关系、作业—资源关系、作业—资源—活动关系、科目—作业—活动关系等,配置完成后,系统还可以进行设置检查。系统可以根据业务的具体情况进行适用的模型设置。

ABC 成本管理系统本身需要和业务系统结合使用,所以,它的数据采集和数据接口都是非常灵活和方便的。系统的数据可以来源于企业的信息系统,也可以直接手工输入。可以与企业的业务系统直接通过数据转换工具实现,也可以通过数据的导入导出实现,数据的采集方式非常方便,有利于 ABC 系统对业务系统的控制。系统可以自动与 ERP 系统的财务、库存、生产等模块对接,获取成本计算、分析所需的数据。

通过上述 ABC 模型的建立和数据的采集,系统就可以实现成本的计算功能了,这里的成本核算与传统的成本核算是不同的,它可以提供过程成本,可以计算作业成本和成本标的成本(产品成本是成本标的成本的一种),也可以根据企业的具体情况进行多层面、多角度的成本计算。此外,系统还支持辅助部门费用的交互分配模型。

系统还可以根据成本信息进行成本分析和查询,例如产品成本查询、项目成本查询、成本趋势分析、成本规划、盈利分析、沉淀成本查询和分析、闲置资源成本查询和分析、不需用的作业成本查询和分析,并且系统还可以根据成本的具体情况进行报价分析和决策。

系统支持灵活的多维度分析,可以按产品、产品分类、订单、客户、工序、成本中心等多个维度进行任意组合的查询和分析。

由于作业成本系统将成本核算细化到了作业(工序),因此可以提供分环节的成本结构信息,系统支持按照工艺路线查询、分析产品成本结构变化的过程。

利用历史的成本信息对新产品、订单等成本对象的成本进行模拟,可以帮助企业更好地进行新产品和项目的定价决策。作业成本系统能给企业带来的收益包括:

1. 提供更为精确的产品成本。

2. 为定价策略提供相应的成本信息。

3. 加强对成本的有效管理和控制。

4. 坚持改善市场营销策略。

5. 提高产品的营利性。

6. 确保可标识的成本动因。

7. 产品赢利性的有效分析。

8. 改善成本控制。

9. 提供准确的业绩指标。

(二)作业成本信息化案例

1. 公司面临的成本困境

JL公司是某大型企业集团下属专业子公司,它承担着集团国内陆上物流平台的重要作用。2015年1月,公司开始全面运营快运业务,即汽车运输网的搭建和运营工作。该业务主要利用公路运输网为客户提供保证时限的门到门的零担运输(Less than Truck Load,LTL)服务。

作为集团的全资子公司,其一直依托集团丰富的财务管理经验和强大的财务信息化平台,在成本管理方面已经形成了一定的基础。但是,全新的运营模式对既有的成本管理方法和工具提出了新的挑战。

2. 物流企业成本管理的"顽症"

物流的概念从20世纪80年代进入中国。经过多年的发展,目前已经形成了一批有实力的物流企业,也逐渐形成了一个蓬勃发展的行业。但是中国物流行业的整体效率仍然比较落后。

随着第三方物流的概念被生产企业更广泛地接受,越来越多的生产企业将企业的有效资源集中用于培养本企业的核心能力上,而将生产前原材料、零部件准备阶段的生产供应物流,以及生产后成品销售阶段的销售配送物流委托给独立的第三方物流企业完成。国内物流总额的高增长,带来了物流业的加速发展,同时也带来了物流企业间的残酷竞争。物流行业的竞争归根结底是运输服务质量和运营成本的竞争,而只有把成本管理这个基础打牢打稳,才是立足于竞争激烈的物流行业的硬道理。因此,物流企业的管理者越来越关注成本管理。如何准确计算依靠服务网络完成的不同物流服务产品的成本?如何给物流服务产品定价?如何有效降低企业的运营成本?这些问题也越来越受到物流企业的经营决策者的重视。

物流企业的成本管理受到物流行业自身特征的影响,主要可以归纳为以下几个特点:

(1)产品复杂多样。客户、运作方式、运输路线、货物类型和运输时限都是对产品分类有影响的重要因素。

(2)高额的间接费用。除了包装材料可以直接追溯外,基本上所有的费用都是间接费用。

(3)物流企业属于网络型企业,物流公司的运作需要一个庞大的服务网络支撑。针对一项特定的业务,其物流活动一般是由两个以上服务网点分工协作完成的。

(4)服务外包程度很高。干线运输、仓储服务、超范围递送都有可能分包给协作单位完成。

(5)物流企业的运作对信息系统有着很强的依赖。货物状态的跟踪与监控、运输设备所处位置的定位、客户查询与投诉的记录都需要信息系统作为工具。

基于上述特征,物流企业成本管理的重点在于进行盈利能力分析、产品定价决策、路由优化分析、资源产能分析和作业流程优化。国内大量物流企业所采用的传统成本核算方法,其信息的准确性和详细程度远远不能满足企业需求。问题的症结主要在于:

(1)传统的平均分配观无法解决如何把高额的间接费用准确分配到复杂多样的产品的问题。

（2）因为忽略成本发生的具体过程，传统成本方法无法把网点成本、外包成本串联为产品的成本。

3. JL公司的问题

快运业务作为一个全新的业务，采用的是和以往其他业务完全不同的运作模式。它强调网络化运作，强调网络的整体运行效率而不是单纯计较某地区或某线路的盈利能力。这就导致这个产品的成本结构和其他产品有很大的差异，由此带来成本控制和管理上的难题，主要集中在以下几点：

（1）如何考核站点收益

业务的完成需要多个城市的网点协同完成。每个网点既会替其他作业点中转或派送，也会让对方为其提供同样的服务。由于货物在不同方向上流量本身的不平衡性，这种交叉性的服务造成了各网点收入与成本的不对称，即收入由一个站点实现而成本由不同的站点承担。为了考核网点的盈利情况，需要进行内部结算。通常内部结算采用的是回归成本的方式，实现收入的网点需要承担所有的成本。为此，准确核算其他站点为收入站点承担的成本成为内部结算的关键。原有的成本核算方法根本无法完成此项工作，成本回归成了内部结算的难题。

（2）间接费用如何合理分配

快运这个产品，除了包装材料可以直接追溯到具体的一票货物上之外，其他所有的费用基本上都是间接费用，所以间接成本分配的准确性直接影响成本核算的结果。现有的间接成本分配由于实行的是平均分配做法，不能真实反映实际成本的归属，影响企业准确考核各网点的绩效情况。

（3）产品盈利如何分析

因为产品的复杂性与多样性，需要从客户、运作模式、货物类型等多维度进行盈利分析。多维盈利分析要求收入和成本按照这些维度进行分配。现有的成本核算方法，除了间接成本分配结果的准确性无法保证外，产品成本也无法计算出来，不利于产品的盈利差异性分析，影响到企业对客户、产品的管理。

(4)外包和自有的价值如何衡量

服务外包程度很高,干线运输、仓储服务、超范围递送都有可能分包给协作单位完成。然而,现有的成本核算方法间接费用分配不准确、复杂产品成本无法计算等都给科学预测分包服务的成本造成了困难。缺乏有效的成本信息支持,企业管理层不可能准确衡量外包与自有哪个对企业价值贡献更大,从而做出科学的决策。

(5)产品价格如何制订

价格对于成本的敏感系数大。零担业务的成本和货物的票数、件数、重量、路线、时限要求、结算方式等因素密切相关。原有的成本核算方法无法提供详细的成本信息供成本预测使用。成本预测是制订价格的重要前提。由于缺乏数据支持,制订产品价格就变成了一项难度很大的工作。

(6)最优路由如何选择

物流企业对线路规划有着很强的依赖性。对于物流行业来说,产品的分类、价格的制订等都要受到运输路线的制约。然而,传统的成本核算方法受到物流行业网络复杂的限制,只能简单核算某种产品的成本,对于产品在某条线路上的成本就束手无策了。这样企业无法根据线路的成本信息,选择最优的路由方案,合理配置资源,实现企业的价值最大化。

作为一个基于网络进行运作的业务,整个网络利益的最大化,无疑是首先必须满足的。但在满足这个条件的同时,怎样在具体业务过程中,对于各区域之间的成本控制进行平衡,寻找一个非常精确的计算方法,而这个方法又必须能得到有效的数据支持,并做出准确计算,是解决问题的关键。

4. 作业成本法解困

能否选择适用的成本管理方法将直接影响"企业价值最大化"目标的实现,这是 JL 公司迎接的第一个挑战。改革迫在眉睫,作业成本法由此引入。

作业成本法是近年来成本管理理论发展的主要方向和成果。作业成本法的核心思想就是,首先将企业耗费的资源分配到作业上,再将作业的成本分配到成本对象上。由于引入了"作业"这一载体进行成本分配,作业成本法相对于传统的成本分配方法更客观地描述了资源与成本对象之间的关系,使成本核算的结果更加精细、准确。与传统成本方法相比,作业成本法采用了更加符合实际的成本分配观。这种分配观主张的原则是:作业耗用资源、产品耗用作业,多用多分、少用少分、不用不分。从而避免了平均分配导致的成本扭曲,提高了成本核算的准确性。

另外,作业成本法是以作业为核心,以成本发生的过程为主线展开成本计算和作业管理的方法。注重因果的分配观解决了物流企业准确分配高额间接费用的需求,注重过程的分析观解决了物流企业串联分散的网点活动成本为某一成本对象成本的需求。

为了实现作业成本法在快运业务的运用,JL公司引进"外脑"——咨询。

咨询顾问们进驻JL公司后,首先从各业务部门详细了解各个网点的经营情况,理清企业的成本流动过程、引发成本发生的各种因素以及各个部门对成本的责任,为设计企业成本控制体系做好准备。之后,在对企业的运作进行充分了解与分析的基础上,开始设计企业的作业成本核算模型。

5. 构建ABC模型

(1)模型框架

根据调研信息,顾问们把快运的成本费用归集为五大类:主营业务成本、管理费用、营业费用、操作费用和其他(包括财务费用、主营业务税金和营业外支出),费用归集的最小部门是站点(SC)。应用ABC的主要任务就是要在坚持成本效益原则的前提下,把这五类成本费用合理、准确地分配到产品中去,为快运的产品定价、绩效考核和成本管理工作提供真实的基础数据。

(2)定义各要素

在确定模型的框架后,开始进入搭建过程。首先,结合快运的实际情况,定义科目、资源、活动、产品各环节的要素,包括:

定义科目:将快运的实际科目数据,分为营业费用、管理费用、操作费用等,与相应的资源对应。

定义资源类别：与科目对应，分为营业类资源、管理类资源、操作类资源等类别。

定义活动类别：对应资源的类别以及业务的实际情况，把活动分成综合管理、财务、销售市场、取货与配送等。

定义产品：从网络、项目、始发站、终点站、时限、运输方式等维度定义产品。

（3）建立分配依据

科目与资源的对应关系：建立科目与资源的对应关系是为了把成本科目的发生额分配到相应的资源当中。科目与资源的对应关系的设置分为两个步骤，第一个步骤为建立科目与资源类别之间的匹配关系，第二个步骤为确定成本科目的发生额分配到资源的依据。

资源与活动的对应关系：建立资源与活动的对应关系也包含两层内涵，一层为匹配资源与活动；另一层为确定资源消耗分配到不同活动所需要的比例，即确定资源动因，如时间比例。

活动与产品的对应关系：也分为两个步骤，第一个步骤为建立活动与产品之间的匹配关系；第二个步骤为确定活动成本分配到产品的依据，即确定活动动因，按照活动动因把活动的成本分配到产品，如提货重量或体积、货物数量等。

6. 实施信息化

物流企业业务数据庞大，要实现作业成本法的应用，没有信息化工具几乎是不可能完成的。

在本案例中，根据设计的 ABC 模型，确定系统主要包括基础数据、模型设置、数据采集、成本计算、成本分析、成本预测等几个主要模块。连接作业成本分析系统与企业现有的业务系统。作业成本分析系统中的业务基础数据定期从物流业务系统进行更新。每个月在进行成本计算前，作业成本系统通过自动化的数据接口从物流业务系统中获取当期的作业动因数据，并以同样方式从财务核算系统获取当期的成本费用数据。系统支持对计算得到的精细化成本数据从产品、客户、作业、资源、科目、成本中心等多个维度进行综合查询分析。利用历史加权平均的单位作业成本,可以进行路由成本预测、项目成本预测等成本预测分析,并可依据各产品的收入站点设置自动进行成本中心间的成本回归。

7. 取得的阶段性成果

经过四个月的努力,崭新的作业成本法管理系统投入使用,开始逐步解决快运业务遇到的成本管理难题。

(1) 使成本的深入分析成为可能

使用作业成本法后,物流操作可以分解为取件、派件、操作、运输、仓储、接受查询与投诉、结算和拜访客户等不同的作业。由于不同作业有不同的动因,间接费用可以按照相关的动因得到线性的分配,成本分配的准确性有了保障。此外,各个网点和外协单位为项目、客户、路由提供的活动经组合后可得到相应维度的成本信息。基于此,企业的盈亏情况可以从多个角度进行透视。

(2) 为企业提供产品定价依据

它可以很清晰地揭示出作业成本与驱动因素之间的因果关系。成本测算对象的作业动因数量确定后,根据历史单位动因成本就可对未来成本进行推测。

在为产品定价预测成本时,无论客户的需求如何变化,只要把客户的需求分解为相应的作业,即可预测出产品的成本。为优化路由而进行的成本测算同样如此。只要在公司网络可覆盖范围之内,确定了物流的起始地、中转地和目的地,不同路由的成本都可得到预测。这样一来,运营部门可以根据成本信息,结合其他方面的考虑选择最优的派送路径,节约成本,利用剩余的资源为企业创造更多的价值。

(3) 为企业提供各级分支机构、作业、资源及路线的业绩和效率信息

引入作业成本法后,各个作业点的成本可以按作业进行分解,以项目或路线为主线就可以把整个系统属于该项目或路线的成本归集起来。通过这种成本归集,把属于该产品的取货站点的成本、周转站点的成本和配送站点的成本加在一起,形

成了产品的完整成本。这解决了某一站点收取快运收入,而另外的站点承担快运成本的不合理现象,即解决了机构内部成本回归难的问题;同时,也为对不同产品的营利性分析提供了数据支持,帮助企业管理层对产品进行管理及市场决策。此外,作业成本系统可以为决策者提供各级分支机构的作业单位成本,以及资源的利用效率的信息,这些信息对企业进行资源合理配置,优化作业流程具有非常重要的价值。

8. 实施经验总结

JL公司通过引入作业成本法改进成本管理的过程本身,就是对企业既有的管理方式进行大的调整的过程。它对于从根本上优化企业资源、提高企业的运营效率将起到很大的支持作用,进而推进整个企业流程的再造,最终将实现企业价值的提升。

在实施作业成本法的过程中,我们遇到了各种影响成功实施的困难。我们将这些困难总结为以下四点,以供其他物流企业在推进作业成本法时参考:

(1)必须取得企业最高管理层的支持

作业成本法在企业的推广应用不是仅靠财务人员就能完成的工作,它尤其需要企业领导的高度重视和积极参与,需要领导层从企业竞争战略高度去看待成本问题,解决成本问题。这是成功应用这一先进原理的先决条件。ABC的具体核算和管理系统必须同企业的总体管理体系相互协调,才能取得管理层的支持,也才能发挥足够的效用。

(2)切忌过分求全而舍本逐末

在实施初期,如果过于追求信息的精确,反倒会带来实施的困难。如动因的选择不必太细、太全,而应找到最重要的、与企业主要成本相关性最大的因素,因为在某个独立的作业中,不可能所有的耗费(成本)都与同一个成本动因呈正比例变化,或保持密切关系。如果选取动因太多,这个作业中心的成本核算工作就会无从开展。

确定动因的数量后,选择动因时,还往往会遇到动因的数据不容易取得的问题,如数据没有被记录,或是没有可以利用的资源从现有的 IT 系统中提取这个动因数据。虽然 ABC 对成本的反映更加深入细致,但也不是说"动因选择得越细越好",而应该有目的、有重点地选取成本动因,以保证最大的可操作性。

因此,在实施中,最好的方法是,先抓重点实现,再逐步调整和改进。也就是说,企业在推行作业成本法的过程中,始终要有一个明确的目标作为指引,必须做好准确性和复杂程度之间的权衡,根据既定的目标做出成本信息精确程度的选择。成本信息越细致精确,作业成本系统就会越复杂,为此搭建和维护系统所需的成本也就越高。如果控制成本的做法反而提高了成本就得不偿失了。

(3)明确推行的范围和推行的手段

作为网络型企业,作业成本法的价值只有在所有网点推行才能体现。但是,网点众多是物流企业的一大特点,如何高效率低成本地推行作业成本法是企业在实施作业成本法之前必须考虑清楚的问题。

物流企业业务数据庞大,实施作业成本法必须依靠有效软件工具的支持。同时,业务系统的数据质量直接影响作业成本法实施的效果。

(4)成本管理是长期、动态的过程

成本管理不是短期内满足某一具体成本"基准目标",因为如果仅考虑满足短期目标,那就意味着要找出所有的流程、所有的成本因素及所有适当的支出项目并予以分配,才能实现。同时,管理本身是一个动态的过程,成本管理也不可能例外。JL 公司的管理层看到了作业成本法的应用给公司带来的新气象,但是也清楚地知道,从根本上优化企业资源,提高企业的运营效率还是一个长期的过程,需要根据成本控制的要求对企业业务流程进行大的调整,将改革进行到底。

9. 作业成本管理优化业务流程

在作业成本法应用成果的基础之上,以作业成本确认和计量为手段的流程管理,可以帮助企业利用作业成本分析的成果对管理流程进行优化提升,即作业成本管理（Activity Based Costing Management，简称 ABCM）。

作业成本管理是一种新的管理方法，在企业的内部改进和价值评估方面具有重要的作用。它是利用作业成本法提供的成本信息，面向全流程的系统化、动态化和前瞻性的成本控制方法。

作业成本管理把管理的重心深入到作业层次上，包括了作业的管理、分析和改进。在 ABCM 体系下，可以真正使企业领导者的焦点从传统的"产品或服务"转移到"作业"上来，使他们清楚地认识到哪些流程是增值的流程，哪些不是，哪些是关键流程，哪些是非关键流程。从这个意义上讲，作业成本管理与一切追求流程化、标准化、客户化的物流管理是殊途同归的。

利用作业成本法计算的精确成本信息改进作业，消除无增值作业，提高效率，降低成本，并依据对作业的评价结果改进企业；剖析作业的完成及其耗费的资源情况，同时考虑技术因素与经济因素，动态中改变作业方式，并重新对资源进行配置；对价值链和作业链分析，进行动态改进，结合企业微观视野和行业宏观视野，向理想作业流程靠拢。

作业管理通常通过四种途径来实现业务流程的优化：

（1）作业消除

作业消除（Activity Elimination），即消除无附加价值的作业。在采用作业成本法进行深入的成本分析后，可以找到无附加价值的作业，进而采取有效措施予以消除，例如当中转服务外包的成本高于自有时，可采用自有而减低成本。

（2）作业选择

作业选择（Activity Selection），即从多个不同的作业（链）中选择其中最佳的作业（链）。如不同的路线会产生不同的作业，而作业必然产生成本，因此每单货物选择不同的路由会引发不同的成本。在其他条件不变的情况下，如选择成本最低的线路，将可降低成本。

（3）作业减低

作业减低（Activity Reduction）是以改善方式降低企业经营所耗用的时间和资源，即改善必要作业的效率或改善在短期内无法消除的无附加价值作业，例如剔除归集在作业里的闲置资源，并对其进行重新配置，就能实现作业成本的减低。

（4）作业分享

作业分享（Activity Sharing）是利用规模经济提高必要作业的效率，也就是提高作业的投入产出比，这样就可减低作业动因分配率和分摊到产品的成本。例如设计新产品时，充分利用现有产品所使用的资源，就可减少新产品的设计作业，进而降低了新产品的作业成本。

总之，进行作业成本管理不仅限于对作业流程细枝末节的修补，推进企业流程再造，实现质的飞跃才是根本的目标。

JL公司将在按照作业成本法进行有序的成本核算的基础上，同时积极推进改革，将方法上升到作业成本管理的层次。通过将实际资源成本与标准资源成本对比，了解到资源能力的利用情况和资源的运营维护成本。对于利用率低且运营维护成本高的资源，公司根据具体情况采取更新策略或寻求提高业务量的措施降低资源的购置和运营成本；对于超负荷运转的资源，企业通过购置或租用的方式增加产量，消除影响正常生产的资源瓶颈。通过实际作业成本与标准作业成本的对比，作业的效率得到了改进和提高，为企业节约了资源，从而增加了企业的价值。

由此，JL公司的远景——以"低成本、高质量的服务"立足于物流行业，将通过作业成本管理进一步夯实实现的基础。

第六章　会计和会计环境

第一节　会计的方位

美国学者 A·C·利特尔顿在《会计理论结构》一书中写道:"如果把会计学视为一架正在航行中的飞机,它的方位可以从一些相关的事实加以确定,诸如精度、纬度、高度、罗盘仪指针、风速计和实际航线等。"在确定会计学与其相关学科的位置时,并不存在这些航行技术。但是,我们可以考察会计起源,分析它与其他相关学科的关系,以及它对社会的作用。A·C·利特尔顿从历史框架、会计与其他学科的关系、会计与社会服务的关系三个方面对会计的方位进行了研究。从历史框架看,"会计作为帮助经营者确定自己承担责任和帮助合伙人计算各自对其他合伙人责任的简单记录,虽然早已形成,但在许多方面已经转变为大量社会关系的直接传导手段。同时,正如它一贯所为那样,会计仍继续为管理者和投资人提供特定的服务"。从会计与社会服务的关系看,会计"作为有助于把某些不良实务排除出经营活动,会计帮助那些'社会工作班子'按照公平处理和道义义务的良好方式运转。因此,直接或间接的会计对公共福利做出了明确的贡献"。上述经典论述至今仍闪耀着智慧的光芒,但随社会经济和会计学科自身的发展,会计学科与相关学科的关系日益复杂,已经超出 A·C·利特尔顿所论述的范畴。

一、簿记与会计

"簿记"这一名词,系英语"bookkeeping"一词的翻译。从英文字面上看,是在本子上保持记录,即记账。"会计"一词的英文为"accounting",从英文字面上说,它是指能以货币形式反映企业经济活动的记录、分类、汇总和说明,也指这一过程所依据的原理。很显然，"簿记"只是"会计"的一部分，"会计"的内容要比"簿记"广泛得多。"会计"不仅包括记账的方法和技术，还包括建立这些方法的理论依据。它既要对日常经济活动进行账务处理，还要对账簿记录进行分析研究，并做出解释与报告。

二、会计与会计学

要弄清会计与会计学的区别与联系，首先得弄清会计的概念。《现代汉语词典》一书中"会计"项有两个义项："①监督和管理财务的工作，主要内容有填制各种记账凭证，处理账务，编制各种有关报表等。②担任会计工作的人员。"《会计辞典》定义是："以货币为主要量度，对企业、机关、事业单位或其他经济组织等的生产经营活动或预算执行的过程及其结果，系统地、连续地进行核算，并根据核算资料进行分析、利用和检查。"两者实际上是指会计实务工作和会计人员与机构，不包括会计理论（会计科学）。两者的关系是理论和实践的关系。我们将这种观点称为"狭义会计观"。根据是：会计理论（会计科学）是会计实践的产物，在会计理论产生之前，会计显然仅指会计实践，即按"会计"的原义理解会计。这是目前比较流行的观点。

还有一种观点认为，"会计是会计理论（会计科学）和会计实践工作的统一，即会计理论和实践的统一。"即有会计工作实践，就必然有对实践经验的总结与概括。会计理论，是会计工作赖以进行的指南，所以会计又可以解释成为会计实践的指南，即会计科学。从构词法的角度看，会计科学和会计工作两者都是附加式的词组，会计是表示领属关系的附加词。在工业会计、农业会计中，会计是中心词。以会计为附加词或中心词，可以构成许许多多的词组。所以，不应当把会计看成是某一个词语如会计工作的同义词，而应作广义的理解。笔者将此种观点称为"广义会计观"。

可见，对会计可作狭义和广义两种理解。所谓狭义，就是流行的习惯用法，仅指会计实务工作和会计人员与机构；所谓广义，即把会计看作是会计理论（会计科学)和狭义观的统一。为了避免误解,本书尽量采用会计工作或会计理论(会计科学)的提法。

三、财务与会计

关于财务与会计的关系,学术界有四种观点,即"财会合一""财会并列""大财务""大会计"。

(一)财会合一观

持这种观点的学者认为,财务与会计本来是一回事,两者难解难分,过去人为地把它们分开,是造成理论和实务中各种矛盾与冲突的根源。他们主张"统统合并,融为一体"。

(二)财会并列说

持这种观点的学者认为,财务与会计各有分工而又相互联系。他们的论据是:(1)财务是搞价值管理的,担负筹集、分配和管理资金的重任;会计是搞价值核算的,担负反映、监督和参与决策的重任。它们各有自己的工作范围。例如,清产核资、编制财务预算与计划、筹划资金渠道、规定开支范围和开支标准、办理现金出纳、资金结算、组织奖惩等,都属于财务工作范围。又如,会计科目设置、账务处理、核算各种经济业务、计算财务成果、办理财产清查和年终决算等都属于会计工作的范围;(2)学科划分越来越细,在财经院校里,会计学与财务学(理财学)是两门课程;(3)从现代企业的机构设置看,财务与会计都有各自明确的分工,一般都分别设置机构,各司其职;(4)从实践看,财务与会计有许多共同点。比如,它们都以货币形式作为手段实现其职能,都具有综合性、全面性的特点,都与实行经济责任制和经济核算制密切联系,共同担负监督执行各项财经制度,促进企业目标的实现等。

(三)大财务说

持这种观点的学者认为,财务管理的业务环节"主要是编制财务计划,组织日常管理(执行财务计划),进行会计核算,开展财务分析,实行财务检查"。会计工作属于财务管理的范围。其主要论据是:第一,从历史发展看,财务与会计活动两者同时存在,不分先后。原始社会存在着财务管理形式,是财务管理的雏形。财务由生产资料的占有者掌握,会计活动为财务活动服务。第二,会计对象是财务活动(即资金运动)。会计核算的主体指标是资金、成本、收入、利润等财务指标,因而财务包括会计。第三,会计只是对财务活动的反映监督,它不能离开财务管理体系而单独存在,不能成为一项"会计管理"。从管理体系论的观点看,财务包括会计。第四,使用"财务管理"比使用"会计管理"更优越。因为"财务管理"能概括财务会计工作的基本内容和特征,能明确反映国家与企业之间的财务关系,反映与财务的密切关系。第五,外国学者的倾向性意见是财务包括会计。据日本学者宫本臣章在《会计情报手册》一书中概括:"①财务是目的,会计是手段。②资本循环过程中,财务工作的范围是处理货币收入与货币支出的对立关系;会计工作的范围是处理收益与费用的对立关系,可以说财务是着眼于未来,会计是着眼于过去。③会计以收集资料为主,财务是对经营意向有用的资料进行分析。会计因提供经营意向的确切情报而日益重要;财务承担的是计划、管理和分析。④财务是以资本为对象的实体活动;会计是以财务活动及其结果为对象的情报处理活动……财务是进行有关资金筹集供应和运用的意向决定;会计是为这种意向决定提供情报的。"第六,从实践中的机构设置看,典型的美国大型公司组织机构中,财务副总裁(即财务主管)对财务主任和主管会计活动的分析内容负责。

(四)大会计说

持这种观点的学者认为,会计包括财务,其论据是:①从历史看,会计包括财务。在我国,会计大约已有4 000年的历史。周朝设置庞大的国家机构"司会",位列中大夫,仅次于天官冢宰(上大夫),负责考核百官政绩,征收赋税,掌管财物,接收会计报告。其下属"司书""职内"(纳)"职岁""职币"四个机构,分别负责会计、财政、内部审计等工作,还要管理税务、统计、人事考核等工作。孔子曰:"会计当而已矣!"(《孟子·万章》)"当"指应当、恰当、适当、当家理财,都是用来说明管理和监督的。

财会合一观、大财务说和大会计说的共同点是把财务、会计工作看成有机结合的整体,都不同意把财务和会计工作分割开的财会并列说,强调管理和核算相结合。

财会并列说与大财务说的共同点是把会计看作记账、算账、报账的纯粹的"价值核算"系统,仍然属于"会计是工具"的传统观点。这种观点不利于会计工作控制职能的充分实现。

四、会计与审计

"审计"一词一般是指审核、稽查、计算,拉丁文原词释义为"听",后来才慢慢演变成审计;英文"audit",一般译为审计,或者是查账;日语的审计叫会计检查;俄文的审计有两个词义:一个是审查簿记、报表的意思;另一个是检查、监督稽查的意思。

什么叫审计?表述方法很多,概括起来有以下几种:①审计属于一种检查过程。②审计是一种业务技术。③审计是查账或者叫会计检查。④审计是完成国家预算、检查预算执行情况的工具。⑤审计是第三者的经济检查活动。⑥审计是一种经济监督活动。

由于对审计的理解不一,审计与会计的关系也发生分歧:一种观点认为,审计寓于会计之中,即审计是会计的一个分支或组成部分。另一种观点认为,审计与会计是相互独立的两门学科。笔者认为,会计与审计既有着天然的联系,又存在本质的区别。正确认识两者的关系,对于搞好会计和审计理论方面的研究,充分发挥它们在经济管理和经济监督中的作用,具有重要的意义。

会计与审计的联系,概括地讲,主要表现在以下几个方面:第一,从审计字面上看,"审"有反复分析,推究之意,它包括审核和稽查两方面;"计"泛指会计行为。审计从狭义上可以理解为审查会计。第二,从传统审计的内容上看,它是以审查会计凭证、会计账目和会计报表为主要内容的,这些内容也是现代审计的主要内容。

因此,传统审计就是查账。第三,两者基本作用一致,它们都要通过各自的活动,发挥各自的职能作用,以贯彻执行国家的财经政策、法令、制度和预算,维护社会主义市场经济秩序,改善经营管理,提高经济效益。

审计与会计的区别主要表现在以下几个方面。

(一)组织形式的区别

会计属于经济管理系统,处于管理过程。而审计则处于管理过程之外,属于与管理指挥系统平行的监督系统。会计部门只是单位内部的一个职能部门,反映和控制单位的价值运动,并直接参与企业经营管理。审计则不同,它是经济监督的一种形式,它站在第三者的立场,处于管理职能之外,独立行使监督权;它代表国家或上级审计机关、上级领导部门或单位领导进行监督检查活动,并具有法律效力和公证作用,而且有间接处理权。

(二)对象上的区别

会计监督的对象一般是一个经济单位对财务会计部分事项进行检查,不能超过经济业务的范围。而审计对象范围很广,它既可以对会计事项进行监督审查,也可以超越会计事项的范围,扩大到企业、事业单位的经营管理活动乃至对整个国民经济活动进行审查。

(三)职能上的区别

理论界对会计职能的表述虽有不同,但认为会计具有"反映和监督",或"核算和监督",或"反映和控制"等两大基本职能最为普遍。会计监督职能,是通过会计工作业务本身,对经济活动发挥监督作用。这种监督仅仅是处于管理过程之中,贯彻管理者的意图及反馈信息而已,不可能处于管理过程之外,监督管理者或作为控制者。因此,这种会计监督具有很大的局限性,更无独立性。审计监督有经济监督、经济司法、公证、控制、评价等职能,但其基本职能就是监督,其他职能都是由此派生出来的。审计监督处于管理过程之外,并有法律作保证,因此,审计可以从国家宏观经济效益出发,依照国家的政策、法律、法令对企、事业单位的财务收支和经济活动做出客观的实事求是的审查和评价。

（四）方法程序上的区别

会计方法主要是连续地、系统地、综合地、按时间顺序反映经济业务活动,它是完整的、前进的、建设性的。而审计方法是追溯的、分析的、批判的,它所监督的内容是部分的、不完整的,在时间上是间断的。

（五）规范准则上的区别

国家有关财经政策、法令是审计和会计应该共同遵守的规范,但会计主要根据会计法、会计准则、会计制度进行工作。而审计则根据审计法、注册会计师法和审计准则及有关的方针政策进行工作。

（六）执行者地位上的区别

会计人员是单位的组成部分,不处于客观的地位。审计人员是独立的第三者,他与会计工作、经济事项责任人均无利害冲突、会计与审计关系还受到审计结构体系的影响,审计包括国家审计、社会审计与内部审计三部分,各自与会计的关系显然存有差异。前述讨论是以国家审计或社会审计为背景的。至于内部审计与会计的关系,两者均属于企业内部组织结构体系范畴,在我国现行实践中,内部审计与会计一般为并行关系。

综观我国现有的文献资料、学科体系等,均将会计、财务管理和审计作为独立的单元进行研究,很少或甚至没有将三者作为一个整体进行研究,导致了我国现代企业制度下财会运行机制理论研究的孤立,造成了企业实践的混乱。根据系统理论,三者均为企业管理系统的子系统,现实要求理论界在研究三者差异的同时,应加强三者的协同效应的研究。

会计学与经济学和统计学有着密切的联系。现代会计发展的趋势显示;现代会计的许多理念和思想正逐步应用于其他领域,拓展了会计发展的空间,使诸如"成本与效益"观念深入人心,现代会计的贡献功不可没。正如利特尔顿指出的那样,会计已经转变为大量社会关系的直接传导手段,其结果(财务会计报告)必然是各种社会关系的博弈均衡,所以,现实生活中将会计信息失真归咎于会计人员的观点是极端错误的。会计人员是否做假账并不取决于会计人员本身,而取决于各种利益集团博弈的结果。根据经济学中的"囚徒困境"理论,会计信息失真与会计环境密切相关。

第二节　会计环境理论

查《现代汉语词典》获知:环境是指周围的情况和条件。系统理论认为,系统内部各构成要素之间的相互关系称为结构,即将会计环境分为内环境与外环境的观点不符合系统科学理论。

为解决"信息不对称"世界性难题,各国学者在进行会计理论研究时,都力求从本国国情出发,演绎符合本国国情的会计理论体系。世界各国并不存在一种可以照抄照搬的会计理论体系,如仅就会计模式而言,美、英两国采用会计准则体系模式;德国采用法律规范体系模式法国采用统一会计制度模式等。因此,要构建符合我国国情、有中国特色的前后一贯的会计理论体系,为建设社会主义市场经济体制和现代企业制度服务,就应研究对我国会计理论体系产生影响的会计环境要素。对会计理论体系产生较大影响的会计环境要素,按影响领域可以分为国内的会计环境和国际会计大环境两部分。按构成要素的权重一般分为经济因素、政治和法律因素、科学和教育因素以及历史文化传统等因素。

一、中国国内的社会经济环境

(一)经济因素

1. 经济体制

以公有制为主体、多种所有制经济共同发展,是中国社会主义初级阶段经济体制的基本特征。

公有制经济不仅包括国有经济和集体经济,还包括混合所有制经济中的国有成分和集体成分。公有制的主体地位主要体现在:公有资产在社会总资产中占优势;国有经济控制国民经济命脉,对经济发展起主导作用。国有经济起主导作用,主要体现在控制力上。

集体所有制经济是公有制经济的重要组成部分。集体经济体现共同致富原则,广泛吸收社会闲散资金,缓解就业压力,增加公共积累和国家税收。支持、鼓励和帮助城乡多种形式集体经济的发展,对发挥公有制经济的主体作用意义重大。

公有制实现形式可以多样化。一切反映社会化生产规律的经营方式和组织形式都可以利用。股份制是现代企业的一种资本组织形式,有利于所有权和经营权的分离,有利于提高企业和资本的运作效率,也适用于中国社会主义市场经济。国家和集体控股,具有明显的公有性,有利于扩大公有资本的支配范围,增强公有制的主体作用。城乡大量出现的多种多样的股份合作制经济,是改革中的新事物,要支持和引导,不断总结经验,使之逐步完善。提倡和鼓励劳动者的劳动联合、劳动者的资本联合为主的集体经济。

推动国有资本向关系国家安全和国民经济命脉的重要行业和关键领域集中,优化国有经济布局,增强国有经济控制力、影响力和带动力,发挥主导作用。完善国有资本有进有退、合理流动的机制,加快国有大型企业股份制改革,除极少数必须由国家独资经营的企业外,绝大多数国有大型企业改制为多元股东的公司。改善国有企业股本结构,发展混合所有制经济,实现投资主体和产权多元化,建立和完善现代企业制度,形成有效的公司法人治理结构,增强企业活力。发展具有较强竞争力的大公司大企业集团。全心全意依靠职工群众,探索现代企业制度下职工民主管理的有效途径。继续深化集体企业改革,发展多种形式的集体经济。

非公有制经济是我国社会主义市场经济的重要组成部分。要鼓励、引导个体、私营等非公有制经济继续健康发展。

保证信息的真实完整是会计理论体系的生命所在。国家宏观调控和企业科学管理均需要会计系统提供真实完整的信息,虚假的财会信息比没有信息更糟,因为它会妨碍对真实信息的收集、整理、分析和应用,并以虚假的财会信息进行有关决策,其结果不堪设想,虚假的财会信息无异于经济生活中的一颗"毒瘤"。

2. 经济发展水平

经济发展水平的不同对会计理论体系的要求也有所不同。在农业经济时代,经济活动及其业务比较简单,一般采用简单的会计理论体系即可满足管理需求;在高度工业化时代,随着经济活动及其业务的不断扩大和深化,业务经营和各种关系变得错综复杂,这时必须要通过复杂的会计系统来提供各种信息,这就要求有完善的会计理论体系与之相适应。

3. 国家宏观调控

国家对经济的宏观调控分为两个层次:一是事前、事中调控。即通过国家的战略规划、经济计划、预算、财政、金融、货币、利率、汇率等政策的应用,实现对国家经济进行宏观调节和控制。二是事后调控。主要是通过财会运行系统提供的信息来改善战略规划、经济计划、预算、财政、金融、货币、利率和汇率等国家宏观经济政策,这就必然要求会计系统提供能满足国家战略宏观调控需要的各种高质量整合信息,国家对会计信息系统进行干预也就成为一种必然。正如美国会计学家戴维·霍金斯指出的那样,公司报告(即财务报告)对宏观经济的影响重大,同时,国家和联邦政府执行机构要求公司报告准则要能引导各个体的经济行为与宏观经济目标相一致。

(二)政治和法律因素

1. 政治因素

国家由于其特殊的权力地位,它可以通过一系列的政治手段来干预经济活动并要求会计系统对之做出反应,它对会计制度及实践之影响显而易见。从历史角度分析,社会政治制度的发展和变革必然要求会计系统做出相应的发展和变革,一国的政策措施也对会计理论体系产生一定的影响。国家要求会计系统信息的完整性、可比性和相关性,会计体系一化、标准化,以有利于为制定国民经济计划提供信息资料;同时,政府还有权要求企业提供它们对社会影响的有关资料。正如英国会计学家J·D·卡蒂在《联合王国的准则》一文中明确指出的那样,准则的制定是一个政治过程,这是就其结果将是不同集团的目标之间和同一集团的不同目标之间的折中而言的。审计师希望的是能维护他们的声誉和收入的准则,而不是那种足以使他们与希望避开这一问题的客户发生冲突的准则;产业界的会计师之所以希望有准则,是为了能迫使非会计主管去改进会计方法,但他们喜欢的却是能掩盖其公司内部可能出现过的灾难的"盾牌";证券交易所希望准则能保护证券交易所的声誉,但又不希望在执行准则时过于严格,因为这样会使公司放弃使用证券上市交易的打算;政府希望发布准则,但不希望中央政府各部的会计与这些准则和现代会计保持一致。

中共中央提出构建社会主义和谐社会,使中国的社会主义现代化建设总体布局,由发展社会主义市场经济、社会主义民主政治和社会主义先进文化三位一体,扩展为包括社会主义和谐社会的内容,实现了四位一体的飞跃。构建社会主义和谐社会是中国共产党顺应历史发展变化,为推进中国特色社会主义伟大事业做出的重大战略举措,是中国处于体制转轨、社会转型这一特殊历史时期经济社会发展的必然要求,是满足人民群众不断增长的物质文化需要的必然要求,是巩固执政党的社会基础,实现执政党的历史任务的必然要求,是全面落实科学发展观,实现全面建成小康社会奋斗目标的必然要求。建设社会主义和谐社会要求我国企业在发展经济的同时,关注环境保护、职工福利等社会和谐问题,这就要求企业会计信息系统提供此类真实的信息。

2. 法律因素

市场经济从某种程度上说可以是法制经济。市场经济要求有一个完备的法律体系,从而实现政府宏观经济管理和经济监督。每个国家的法律体系均强制性地对会计理论体系的原则、方法、程序等进行了规范,因此,每个国家的会计理论体系都受到法律因素的影响,只是影响的程度和方式等不同而已。

我国法律体系可类比欧洲的大陆法系,因为两者具有许多共同特征:法律结构一般包括基本原则、详细内容和细则,内容比较广泛,包罗万象,自成一体;法律条文具有完整性、系统性和逻辑性等特点。随着我国相关经济法律、法规的建立与完善,我国会计法律、法规等也初步建立起一套与我国社会主义市场政治体制、经济发展水平、符合中国国情的较为完备的体系。其中,我国的会计准则体系已实现与 IFRS 动态趋同。

3. 科学和教育因素

随着科学的发展,系统论、控制论和信息论以及数字技术和电子计算机在财会方面的广泛应用,社会对会计从业人员的文化水平提出了更高的要求,要求只有受过专门教育和训练的人才能胜任现代财会工作。因此,一个国家教育制度的好坏,直接影响着会计从业人才的质量,从而影响会计系统功能的发挥。受经济利益驱动,许多学校开设了层次不同的会计职业培训和教育,但由于受教学资源制约(如师资力量、教学环境等),各校各层次的会计职业培训机构培养出来的会计人才,其质量参差不齐,所以,国家应对目前会计教育良莠不齐的状况进行整顿,以培养出更多适应社会主义市场经济发展需求的会计人才。

4. 历史文化传统因素

我国是一个历史源远流长的文明古国,具有东方文化独有的魅力。我国的历史文化传统特征可以概括为:深受儒家文化的影响,形成了"孝""礼"为核心的传统文化背景,人们的群体意识、家庭意识、国家意识较强;国民习惯于按上级意识办事,按国家法律法规和制度等统一行动;人们对不明朗因素反应较强,希望国家机构能够维系社会一般惯例,对行为和观念有一套较稳固的看法,不易接受标新立异的人和事,对缺乏法规标准和道德约束感到不适应;人们重视人际关系,注重谦卑恭让,注重伦理道德,同情和关心弱者。这种文化传统的好处在于,有利于按照标准划一的制度行事,有利于国家加强宏观管理等;缺点是因循守旧,缺乏创造性和个性行为,进行会计标准或理论创新时阻力重重。因此,在构建我国社会主义市场经济体制下的会计系统时,应注意历史传统文化因素的影响。

二、国际大环境

经济全球化将成为未来会计环境中占据主导地位的影响因素,而且这种趋势下的国际会计大融合,对于我国今后的会计改革及会计事业的发展将起关键性的影响作用。经济全球化对我国会计环境而言,主要体现在以下几个方面。

(一)跨国公司与国际资本流动

第二次世界大战后,国际贸易迅速发展,资本在国际迅速流动,跨国公司已成为当今世界企业发展的必然趋势。成为联系国内市场与国际市场的纽带,成为国际资本在国内与国际资本市场流动的载体。跨国公司的生产和经营活动是在不同国家开展,因此,跨国公司对会计提出了如下要求:①协调跨国公司生产经营所在国家的会计标准。②对在不同国家的母、子公司之间以及子公司相互间的国际经济业务的核算,以及财务报表的合并等问题作出规定,制定相应的特殊会计标准。③跨国公司的母国根据本国财政、金融、税收方面的要求,不仅需要了解母公司本身的业务情况,还要了解其在海外业务的开展情况以及跨国公司总的财务状况。④跨国公司的股东和长期债权人希望获得整个公司统一的财务报告,以确切了解公司财务状况与经营成果。为此,会计标准需要建立统一的国际可比标准。据国际会计准则委员会对几个国家和地区的调查,有5个国家执行国际会计准则,24个国家与其基本一致,不一致的国家有11个。葛家澍曾指出:实际上没有一个能得到各国一致认可的能具体用作会计实务规范的国际会计准则。要让存在差异的财会信息成为国际通用的商业语言,需要一套能够为世界各国认可的会计标准。

(二)金融危机与会计变革

金融危机又称金融风暴,是指一个国家或几个国家与地区的全部或大部分金融指标(如短期利率、货币资产、证券、房地产、土地价格、商业破产数和金融机构倒闭数)的急剧、短暂和超周期的恶化态势。

会计准则国际趋同是一个国家经济发展和经济全球化的必然选择。中国建成了与国际财务报告准则实质性趋同的企业会计准则体系,实现了新旧转换和平稳有效实施,并处于亚洲和新兴市场经济国家前列。本次国际金融危机爆发后,二十国集团(G20)峰会、金融稳定理事会(FSB)倡议建立全球统一的高质量会计准则,将会计准则问题提到了前所未有的高度,国际会计准则理事会(IASB)采取了一系列重要举措,加速了各国会计准则国际趋同的步伐。

FSB将监督各成员国执行有关准则的情况,其中包括国际财务报告准则,会计准则问题已成为具有公众受托责任和政府背景的重点工作,而不仅仅是会计专业领域的活动。为响应G20峰会和FSB倡议,需要结合本国实际,跟踪参与国际财务报告准则的重大修改,发布《中国企业会计准则与国际财务报告准则持续全面趋同路线图》,为建立全球统一的高质量会计准则而努力。

(三)信息技术

21世纪,以国际互联网技术为纽带的信息技术得到了迅猛发展。信息技术的广泛应用,改变了财会信息的传递速度、信息储存方式,使适时传递成为现实。这种改变,对于企业管理而言,是一场前所未有的革命。谁在这场革命中落伍,就意味着企业运作的失败。

以上诸多因素会影响到构建有中国特色的会计理论体系的进程和价值取向,其中,起决定作用的应是政府对宏观经济调控手段、调控方式等价值取向。市场经济是一种法制经济,它也是政府宏观调控手段、调控方式和会计理论体系改革的价值取向,同时,国际化趋势也会影响会计理论体系创新的价值取向。

总之,会计工作者的任务能否完成或如何完成,是重要的社会问题。因此,人们必须考虑周围环境及其对会计工作的影响,并做出反应。不仅要积极采取对策,还要主动去改善某些环境,或积极改革以适应环境。

第七章 会计基本假设与会计信息质量要求

第一节 会计基本假设

假设是人们就公理或理所当然的主张提出的一种假定、假说。假设之所以存在,主要有两个方面原因:一是有些事物无法加以正面论述,但又找不到令人信服的反证;二是经验的积累和科学的发展还不能肯定事物发展的必然性,因而只有采取假设的形式。假设是科学理论发展的必然阶段。假设要根据事实提出,经过实践证明是正确的,就成为理论。

"会计假设"一词最早提出于美国著名会计学家 W·A·佩顿所著《会计理论》一书。它是指在特定的经济环境中,根据以往会计的实践和理论,对会计领域中尚未肯定的事项所做出的合乎情理的假说或设想。为什么要有会计假设呢?因为会计工作总含有不确定性的经济环境中运行的,当不确定性继续存在时,为建立会计理论结构,不得不设立若干假设,其实质是对会计实践活动所做的一般性概括。基本会计假设是指为了正确进行会计理论研究和会计工作实践,基于对客观环境、历史惯例和重大趋势考虑而对会计准则、会计程序和会计方法及其规范下的会计实务所做的逻辑性控制。

我国学者对会计假设的称谓存有争议,典型观点有:会计假设、会计前提、会计特征、会计原则、会计规定性和会计公设等。我国《企业会计准则——基本准则》第6条对"持续经营"采用前提而不是假设,但在《企业会计准则讲解》中采用"会计基本假设"就体现了这种争论。这种争论不仅在会计领域,而且审计学领域也存在这种争论。笔者认为,采用"会计基本假设"或"会计基本前提"较好。会计基本假设来自环境而比会计原则更为基础和理论性的会计概念,不是人们的主观臆想，而是企业会计确认、计量和报告的前提，是对会计核算所处时间、空间环境等所做的合理设定。

一、中外会计假设内容比较

由于研究者所处的客观环境和对会计假设理解的不同，对会计假设的内容存较大争议，主要观点有以下几方面。

第一，我国《企业会计准则》认为会计基本假设包括"会计主体、持续经营、会计分期和货币计量"四项。挪威著名会计学家阿那·金瑟铎认为会计基本概念是"独立实体、持续经营、会计期间和货币度量"。此四项假设是对会计环境的客观归纳，具有普遍性，为大多数学者所公认，一般称为基本会计假设。有学者认为，《企业会计准则——基本准则》中，"将权责发生制作为会计基本假设"。这是一个误解，《企业会计准则讲解》明确指出，权责发生制是我国的会计基础。

第二，佩顿在《会计理论》一书中指出如下七项会计假设：经营主体、继续经营、资产负债表恒等式、财务状况与资产负债表、成本与账面价值、应计成本、收益和期后影响。

第三，美国《会计师百科全书》提出：充分反映、经营、衡量（计量单位、主体、继续经营）、传达和公允。

第四，佩顿和美国另一著名会计学家A·C·利特尔顿在年出版的《公司会计准则绪论》一书中对过去的提法做了修改，提出如下六项假设：营业个体、继续经营、交易代价、成本归属性、力量和成就和可核实的客观证据。

第五，美国穆尼茨在《会计基本假设》一书中将会计假设分为三大类十四项：①环境产生的。②计量的。③必需的。其中：①包括定量、交换、个体、期限、计量单位等五项；②包括财务报表、市场价格、会计主体、暂时性等四项；③包括连续性、客观性、一致性、稳定计量单位、公开等五项。

第六，沈含澧在《从会计假设论会计改革》一文中提出，会计假设至少应包括六个方面：会计职能假设、资金分类组合假设、收入实现假设、成本构成假设、劳动消耗假设和固定资产价值转移假设。

第七，我国《会计新词典》认为"我国企业会计核算的基本前提包括会计实体、持续经营、会计分期和货币计量等四项"。

第八，葛家澍认为："财务会计的基本假设是财务会计的基础概念，它决定了财务会计处理和财务报告编报的基本特征。假设一般是由财务会计赖以存在和发展的环境，主要是经济环境决定的，是动态的。"他认为，财务会计的基本假设包括：（1）国家宏观经济调控；（2）会计主体（现实主体与虚拟主体并存）；（3）持续经营（持续经营与非持续经营、企业持续经营与分部终止经营同时存在）；（4）会计分期（定期传递与实时传递相互结合）；（5）权责发生制（要进一步以与商品所有权相关的报酬和风险是否实际上已经转移为具体的确认标准）与现金流量制；（6）公允价值与成本（公允价值、历史成本、现行成本等各种计量属性并用）；（7）以货币为主要计量单位（同时发展非货币计量单位）等七项内容。葛家澍教授还联系我国经济环境的现实特点，将宏观调控、会计主体、以货币为主要计量单位、市场价格或交换价格作为四项会计基本假设，将持续经营、会计分期、权责发生制作为三项会计基本假定，并认为后三项基本假定是补充性的基本假设。

第九，美国伊利诺伊大学国际会计教育与研究中心的一个研究小组发表《基本会计假设与原则说明》（A Statement of Basic Accounting Postulates and Principles），认为会计假设是普遍认可的基本概念，具有如下五个特征：（1）假设在本质上是普遍性的，而且是推导其他命题的基础；（2）假设是不言自明的命题，它们或直接与会计职业相关或是构成其基石；（3）假设虽是普遍认为有效的，但却是无法证明的；（4）会计假设应具有内在一致性，它们不会相互冲突；第五，每个会计假设都是独立的基本命题，并不会与其他假设重复或交叉。

由上可见，对会计假设的观点中，有的漫无边际，有的混淆了会计假设与会计原则、会计政策的界限，抹杀了两者的区别。笔者认为，将"会计主体、持续经营、会计分期和货币计量"作为会计理论的四项基本假设较为恰当、合理。因为这几个假设是比较公认的,这样界定会计基本假设使大家对会计假设的认识有一个一致的基点,便于对会计理论体系的研究。

二、网络时代会计基本假设体系

上述四项基本会计假设是建立在以农业经济、工业经济环境基础之上的。21世纪知识经济时代下的网络经济环境改变了传统财务会计建立的基础,也需要重新诠释上述四项基本会计假设。

(一)会计主体基本假设

1. 网络化经济环境对会计主体假设的冲击和挑战

在传统农业经济、工业经济环境中,"会计主体"假设主要解决会计为谁服务,以谁为记账单位的问题,即合理划分会计服务的空间范围。此时,会计核算和服务的对象均是实实在在的"实"空间。随着社会进步,现代会计也将无形资产等"虚"空间纳入核算范畴。但仍以"实"空间为主、以"虚"空间为辅。现行会计侧重"土地、资本、厂房、设备"等有形物质资产,网络化会计注重"知识、技术、信息、人力资本"等无形资产,因为"知识、技术、信息和人力资本"等无形资产是网络化经济环境中企业生存和发展的基本动力源泉。而且企业社会成本、社会绩效考核与人力资本等信息,已经突破了传统的"会计主体"假设范畴,已经延伸到企业之外。现行会计没有(即使有,也很不全面)把这些无形资产纳入视野,没有做出完美的会计程序和方法安排,从而导致企业提供的会计信息不完整、不真实,最终影响投资者和财务报告使用者的决策和分析。诸如思科和微软这样拥有5 000亿美元市值的公司,其账面价值仅有市值的1/10左右。现行会计理论和会计实务将很大一部分经济资源(企业未来经济利益的流入)排斥在"会计主体"之外,这是现代会计受到网络化经济环境最大的冲击和挑战,现代会计"会计主体"基本假设与网络化经济环境犹如"身穿西装,足穿草鞋",极不协调。网络化会计服务的空间范围已经由现行会计的以"实"空间为主、"虚"的媒体空间为辅,逐步转变为以网络"虚"的媒体空间为主,以有形"实"的物理空间为辅。因此,需要重新定义网络化经济环境中"会计主体"的内涵,以适应这种变化。

2. 现有"会计主体"基本假设观点述评

现有"会计主体"假设的提法有"单位说""使用者说""自主经营、自负盈亏的法人实体或法人治理结构说""现代公司制度下的公司说""虚拟公司整体说""经济利益相关的联合体说"。"单位说""使用者说""法人实体或法人治理结构说""现代企业制度下的公司说"等学说与网络化经济环境不相适应,属于传统会计理论界定的范畴,应进行创新和发展。将会计主体定为"虚拟公司整体说"只重视"虚"的媒体空间,完全抛弃了传统会计"实"空间。"经济利益相关的联合体说"虽兼顾了网络经济环境"实"的物理空间和"虚"的媒体空间,比前几种观点均有发展和创新,但其缺陷是外延太宽。如随着全球经济一体化的发展,整个世界就是一个以经济利益为纽带的联合体,但不能将整个地球作为一个"会计主体"。同样,企业与客户之间、企业与生产厂家之间也是经济利益的联合体,但也不是一个会计主体。

3. 网络化经济环境中"会计主体"基本假设

网络化经济环境中"会计主体"基本假设应具备以下特征:①它应是具有特定财产的经济实体,并有经济业务或事项发生。有学者认为此财产应是法人财产,即会计主体的实质是独立核算、自负盈亏。此观点实质上是把"政府基金""行政单位""公共事业单位"等会计主体排斥在外。②它应是一个相对独立的整体,其经济业务或事项应明显地区别于其他会计主体。③它应有资金管理、使用权,应独立进行经济核算并及时编制对外报表。④它应有相应的工作人员,有相应的技术技能。网络化经济环境中人力资本将替代传统核心资产(土地、资本、设备等)成为会计主体的核心。⑤它应不断与环境进行物质、能量和信息的交流等。因此,我们将网络化经济环境中的"会计主体"基本假设诠释为"以经济利益为纽带,以项目合作为目标的经济组织集合体"。无论是传统会计界定的"实"空间的企业、集团、公司及其分支机构和内部独立核算组织、行政事业单位、基金组织等,还是以"虚"

的媒体空间为主的"网络公司""虚拟企业"等都包括在内。

(二)项目清算基本假设

1. 持续经营和会计分期基本假设对传统会计的贡献

持续经营是指假设会计主体的经营活动将无限期地经营下去。持续经营会计假设是会计主体假设的逻辑延伸。会计主体假设界定了会计的空间范围,但还需要时间度量进行限定、现行会计行为被严格限制在时间与空间约束的"二维"平面内。会计分期基本会计假设是对持续经营的补充。在持续经营和会计分期基本会计假设的支撑下,解决了传统会计报告从何时开始、何时截止的问题,解决了企业持续经营与会计信息需求者需要会计信息的矛盾,对现代会计的贡献功不可没。

2. 网络化经济环境对持续经营和会计分期基本假设的挑战

据美国学者对过去90年企业发展的统计,发现企业的平均寿命为30年;美国和英国的专家对一些公司进行样本分析后发现,这些公司在10年内的死亡率为33%。据统计,美国高技术企业开发成功率只有10%～20%,某些高技术项目的成功率甚至在3%以下。企业兼并(merger)潮流的进一步加剧,会计主体被兼并的可能性进一步扩大,在传统的商业世界中,知识就是力量。在网络化经济环境中,知识的传播才是力量,知识的传播等于提高业绩。网络化公司最大的特点就是开放式,任何进入网络化经济环境的公司,其产品都可能遭遇"香水效应"。网络化经济环境中,知识更新、传播速度很快,这一过程的典型例子是InfoTEST,它是多个产业中许多企业联合开发利用新技术达到一个企业联合体,它通过Caterpillar、3M、数字设备公司、Hughes电子公司、Sprint、IBM和惠普在内的许多公司共同合作,使企业对顾客要求的响应时间由原来的数周缩短为5天。网络化经济环境中经营活动面临巨大的风险,其经营活动具有"短暂性",适时介入退出与转换,人力资本、经济资源的快速流动,已否认了持续经营和会计分期假设,取而代之的是"项目清算"基本假设。

3. 项目清算基本假设

项目清算基本假设是指在网络化经济环境中会计主体为实现某个或某组合作项目,通过 E-mail 等形式,将大量的网络资源(技术、资金、人力资本等)迅速组织起来,并按照客户的具体要求进行产品设计、开发、创新、生产、制造、销售、服务和最终消费。这种模式融数字环境和物理环境为一体,其商务环境是由交互数字而不是原来的生产要素驱动,即端到端电子商务模式。当合作的某个或某组项目一旦完成,会计主体就需要对项目收益进行清算,权责发生制、历史成本和跨期摊提等会计程序和方法将毫无意义。网络资源就在这种无形的网络媒介中实现着快速流动和组合。有学者提出在网络化经济环境中采用"破产清算与破产期间假设"来取代持续经营和会计分期假设,这有违网络公司经营的实际情况,当合作项目完成后,"网络公司"并没有进入破产程序,只是又重新寻找到新的投资合作项目,与"实"空间条件下的破产清算是完全不一样的,"破产清算和破产期间假设"并不适宜。只有"虚拟企业""网络公司"正式宣告破产(依法进行有关工商、行政、税务等登记后),才适用"破产清算和破产期间假设"。

(三)实时传递基本假设

受持续经营和会计分期基本假设的影响,现行会计信息报告和传递模式是按旬、月、年等时间期间进行的,我们把这种只受会计实践、会计空间限制的会计报告模式称为"二维平面"会计报告模式。财务报告提供者对外提供通用财务报表,会计信息使用者获得的信息仅限于财务报告提供的信息,如果存在什么疑问,就只能靠自己去揣摩、理解和领悟了。鲜有途径进一步了解会计主体的财会信息资料,即会计信息传递是一种单向流动模式。

在网络化经济环境中,"网络公司""信息高速公路""网络化劳动力""数字化顾客""电子商务"等要求会计系统从"二维平面"(时间、空间)财务报告模式转变为"三维平台"(时间、空间和速度)交互式信息交流财务报告模式。因此,应在网络化经济环境中增加会计信息"实时传递"基本会计假设。这是指在网络化经济环境中,会计主体对社会公众披露、揭示的财务信息都是公开、公平和公正的,所有信息使用者只要轻轻一点鼠标,即可享用 Web 网站相同的会计信息源。信息使用者若对企业财务信息存有疑问和需要进一步了解详情,可以 E-mail 形式进行交互式对话,从而获得信息。即会计信息的传递和交流是一种双向甚至多向流动模式。为了网络数据安全,要获得这种服务,必须具备相应的资格和授权才可进入数据库查询,如股东、投资者、债权人和政府监管部门等。网络公司也可以按服务收费原则代信息使用者查询、分析有关信息数据。

(四)在线货币基本假设

1. 网络化经济环境对货币计量的冲击和挑战

在现代会计采用货币计量以前,会计还采用过实物量度、劳动时间量度等计量。即货币计量仅仅是会计计量史上的一个重要阶段。在网络经济环境中,货币计量基本会计假设除受到币值不稳定的影响外,还受到以下几个方面的影响:

(1)产品价值

在农业经济、工业化经济生产情况下,产品价值决定于产品中所包含的"社会必要劳动时间","产品的价值何在?你卖什么价就值什么价"。外显化为货币计量历史成本数据。在网络未来时代,随着网络环境的变化,人们将创造性、分配性及产品营销等价值理念放到首位,人们可以在任何时间、任何地点从任意一个人手中买到所要买的商品。这种动态性影响的不仅仅是价格,而且还有商品本身的价值。"产品的价值何在,就是此刻在线我想付的价钱"。假设某套软件的开发成本为1 000万元,在销量为1套、10套、1 000套、100万套的情况下,软件的成本就将为1 000万元、100万元、1万元、10元。其根源在于知识、技术使用的边际递增性,传统经济资源使用呈边际递减性。决定产品的价值链完全发生翻转。

(2)传统货币计量的核心资产不断边缘化

现行会计侧重"资本、厂房、设备、土地"等有形物质资产,网络化会计注重"知识、技术、信息、人力资本"等无形资产,主要是人力资本的创造能力及衍生价值。在网络化经济环境中,传统货币计量的核心资产不断边缘化,无形资产逐步替代有形资产成为网络化会计计量的核心资产。因此,传统会计学中的"历史成本、现行成本、现行市价、可变现净值、未来现金流入量现值"等计量属性,均已不完全适应在线交易价格的需要。

2. 在线货币基本会计假设

"在线货币"是指现实货币在网络中的数字表示符号,是一种网络经济环境中的价值尺度和支付、流通手段。它继承了现实货币价值尺度(以"在线价格"形式衡量网络产品价值),支付手段(以"金融网络"为媒介进行网络商品买卖支付),流通手段(以"电子货币"形式充当网络商品流通中介),不具有储藏职能,因为它仅仅是一种以阿拉伯数字表示的"概念货币"。

"在线货币"基本会计假设只适用于网络化经济环境,它仍然具有明显的弊端,易受货币不稳定的冲击和国际金融炒家的攻击,但它为解决网络化经济环境中会计计量属性——"在线价格"提供了可能,对金融创新和衍生金融工具的计量提供了可靠的保证。要真正完全解决传统会计"货币计量"基本会计假设面临的挑战,出路不在会计学,而在"世界货币"的诞生和应用。"欧元"在欧共体的使用为世界货币的诞生提供了思路。当未来的网络化经济环境中,世界只有一种货币——"世界货币"时,"在线货币"将仅是世界货币在网络中的一种形式。

当然,作为一种实体经济向虚拟经济的中间过渡,有学者也认为"应将传统会计'货币计量假设'改为'货币与非货币计量假设'"。

第二节 会计信息质量要求

会计理论体系应当是前后一贯的。娄尔行早年在密歇根大学(The University of Michigan)师从会计大师佩顿(W. A. Patom)教授时,佩顿指出:"我确信,为指导会计实践健康地发展,需要有协调一致,前后一贯,凝成一体的一整套会计理论。

而且这一整套会计理论确实存在于会计实践之中。""会计理论如果不能前后一贯,必将严重影响其科学性,甚至难以成立。"建立前后一贯的会计理论体系一直是我们刻意追求的,我们根据系统科学理论提出,通过核算职能,发现会计的信息处理结构和经济信息系统本质;通过会计的控制职能,发现会计的控制结构和经济管理活动本质。因此,我们认为"两论"应当结合,提出:会计是以处理价值信息为基础的控制系统。实现会计职能与结构、本质的前后一贯性;同时,根据系统科学"系统功能表达系统结构的目的性",指出会计目标是会计职能的具体化,实现会计职能与会计目标的前后一贯性。

基于会计的两个基本职能:核算和控制。我们认为会计具有两个基本目标,即一是会计核算目标:提供决策有用信息;二是会计控制目标:加强经济管理和财务管理,提高经济效益,维护社会主义市场经济秩序。会计信息质量要求是会计目标的具体化,是评定会计信息价值的基本标准。基于会计的两个基本目标,我们认为会计具有两大类质量要求:一大类是评定和衡量会计核算目标的质量要求,会计信息核算质量要求,目前流行的会计信息质量要求即指此,本书未特别申明也指此;另一大类是评定和衡量会计控制目标的质量要求,会计信息控制质量要求。

一、会计信息质量要求的研究情况

会计信息质量要求(会计信息质量特征与会计信息质量要求,本书认为本质相同,不做区别地使用)在西方一直备受重视。美国会计学会(AAA)开始研究此问题,在它发表的《基本会计理论说明书》中提出了相关性、可检验性、超然性和可定量性等四条用于评会计信息的标准,首次将目标与信息质量要求系统化的文献是美国会计原则委员会(APB)发布的第4号报告。这份文献把会计信息质量要求作为会计目标的一部分即质量目标来研究,提出了"相关性、易懂性、可验证性、中立性、及时性、可比性和完整性"等七个质量目标。

美国会计学会对外财务报告概念与准则委员会在发布的《会计理论与理论认可》报告中,讨论了以决策有用观为中心的会计信息质量问题,提出为使财务信息对决策有用必须具备以下的质量标准首要的是相关性,其次是可靠性。可靠性包括客观性、可验证性、不偏不倚以及精确性等。其他质量要求如可比性、可理解性、及时性以及节约性等。可见,"信息质量要求与会计目标之间的内在逻辑关系,已经得到充分认识"。

二、美国会计信息质量要求

第一,它是一个逻辑严密的多层次体系:首先,美国财务会计准则委员会认为,会计信息应具备的两项首要质量要求是相关性和可靠性。虽然决策者依据重要性的评价对两者有所平衡,但若完全缺乏一项,则该项信息是无用的。相关性由预测价值、反馈价值和及时性构成;可靠性由可核性、中立性和反映真实性构成。其次,次要和交互作用的质量要求是可比性和一致性。再次,提供会计信息还受到普遍性约束条件——"效益 > 成本"以及承认质量的起端——"重要性"的制约。

第二,以"决策有用性"为质量要求的核心。会计信息质量要求是会计目标的具体化。美国会计目标的主流观点是提供决策有用信息。因此,FASB 构建以"决策有用性"为核心的质量要求体系就是必然的。值得指出的是,美国会计学者对会计目标的认识除"决策有用观"外,还存在"受托责任观",体现在会计信息质量要求体系中,主要是对相关性与可靠性的均衡上。"受托责任观认为,受托经营责任是一种产权责任,为维护产权主体的权益,在相关性和可靠性中更加注重可靠性。而决策有用观却认为,相关性与决策有用更为密切,从而更加强调相关性"。

第三,在会计信息提供者与使用者之间实现范式均衡。满足会计信息质量要求的会计信息对信息提供者与使用者是否相关可能存在差异,即同一经济业务或会计事项对某些使用者的决策是高度相关的,对另一些使用者可能毫不相关。同样,对某些质量要求的理解也可能存在差异,如对"重要性"的理解因相关度不同存有差异。因此,需要在会计信息提供者与使用者之间实现范式均衡。FASB 针对会计信息的用户提出了"决策者及其特点"(例如,理解力和前导知识)限制条件以及针对用户的质量要求——"可理解性"。

三、IASB 会计信息质量要求

国际会计准则理事会信息质量要求特点如下。

第一,与 FASB 信息质量要求一样,该框架是一个包括主要质量要求、次要质量要求和限制因素三个方面多层次的有着内在联系的体系。比 FASB 质量要求的层次体系要少,各质量要求之间的内在联系也不如 FASB 质量要求的内在联系那么紧密。

第二,IASB 质量要求中虽然未明确提出决策有用性这一特征,但在其字里行间也包括了这一内容,并且将其放在最为重要的地位。如《编报财务报表的框架》第 24 段提到"质量特性指使财务报表提供的信息对使用者有用的那些性质",第 26 段指出"信息要成为有用的,就必须与使用者的决策需要相关。当信息通过帮助使用者评估过去、现在或未来的事项或者通过确证或纠正使用者过去的评价,影响到使用者的经济决策时,信息就具有相关性"。第 31 段指出"信息要有用,还必须具有可靠性"等。

第三,把可理解性和可比性提到与相关性和可靠性同等重要的地位,与 FASB 质量要求相比,增加了实质重于形式、审慎和完整性等质量要求。

四、我国会计信息质量要求

企业对外提供的会计信息是一种满足社会公众需求的产品,任何一种产品都必须满足特定的质量要求并遵循某种特定惯例。根据我国《企业会计准则——基本准则》的规定,为实现会计目标,满足会计信息使用者的社会需求,会计系统提供的会计信息就应当满足"可靠性、相关性、明晰性、可比性、实质重于形式、重要性、谨慎性和及时性"八项质量要求。

(一)会计信息质量要求的内容

在我国《基本准则》规定的八项会计信息质量要求中,可靠性、相关性、可理解性和可比性是会计信息的首要质量要求,是企业财务报告中所提供的会计信息应具备的基本质量要求；实质重于形式、重要性、谨慎性和及时性是会计信息质量的次级质量要求，是对首要质量要求的补充和完善，尤其是对某些特殊交易或者事项进行会计处理时，需要根据这些质量要求来把握其会计处理原则；及时性是会计信息相关性和可靠性的制约因素，企业需要在相关性和可靠性之间寻求一种平衡，以确定会计信息及时披露的时间。

1. 可靠性质量要求

可靠性质量要求是指企业在会计确认、计量和报告时，应当以实际发生的交易或者事项为依据，如实反映符合确认和计量要求的各项会计要素及其他相关信息，保证会计信息真实可靠、内容完整。当会计信息没有重要差错或偏向，并能如实反映其理所反映或应当反映的情况而能供使用者作为依据时，会计信息就具备了可靠性质量要求。

可靠性是对会计信息质量的基本要求。会计首先作为一个信息系统，其提供的信息是投资者、债权人、政府及其有关部门、社会公众、企业内部信息使用者等进行决策的依据。所以，可靠性要求会计信息能够反映客观经济活动的实际情况，如果会计数据不能真实地反映企业经济活动的实际情况，势必无法满足会计信息使用者了解企业情况、进行决策的需要，甚至可能导致错误的决策。可靠性质量要求，要求在会计确认、计量和报告等环节中必须符合会计可靠性要求，会计确认必须以实际经济活动为依据；会计计量对象必须是真实的经济业务和会计事项；会计报告必须如实反映情况，不得掩饰。

2. 相关性质量要求

相关性质量要求是指企业提供的会计信息应当与财务会计报告使用者的经济决策需要相关，有助于财务会计报告使用者对企业过去、现在或者将来的情况做出评价或者预测。

会计信息的价值在于有助于决策，与决策有关。相关性质量首先要求会计信息能够预测未来，并据以做出某种决策，从而具有预测价值；其次，要求有助于会计信息使用者评价过去的决策,证实或修正某些决策,从而具有反馈价值;再次,要达到相关性质量要求,还要求会计信息提供者在使用者做出决策前及时地提供会计信息。所以预测性、反馈性和及时性是相关性质量要求的构成内容。

相关性质量要求要求提供的会计信息能够满足决策的需要,而决策所需要的会计信息并非全部是以货币为计量单位的。对于特定用途的会计信息,财务会计报告不一定都能够提供,因此可以采用其他形式(非货币性计量)加以提供。

3. 明晰性质量要求

明晰性质量要求又称可理解性,它是指企业提供的会计信息应当清晰明了,便于财务会计报告使用者理解和使用。明晰性质量要求是针对会计信息使用者而言的要求,即为会计信息使用者所理解和接受。

会计信息系统提供会计信息的目的在于供会计信息使用者使用,要使用会计信息就必须明确会计信息的内涵,了解会计信息的真实内容,这就要求会计信息系统提供的会计信息必须清晰明了。为达到明晰性质量要求,人们假定会计信息使用者具有一定的工商经济活动和会计方面的知识,并愿意相当努力地去研究会计信息的价值。但是,对于某些复杂的信息,因其具备可靠性和相关性质量要求,应将其列入财务会计报告,而不能仅仅因为可能存在某些会计信息使用者难以理解而将其排除在外。

4. 可比性质量要求

可比性质量要求也称统一性要求,我国《企业会计准则——基本准则》第15条规定:"企业提供的会计信息应当具有可比性。"可比性包括横向可比和纵向可比两层含义。横向可比性是指不同企业发生的相同或者相似的交易或者事项,应当采用规定的会计政策,确保会计信息口径一致、相互可比。纵向可比性也称一贯性,它是指同一企业不同时期发生的相同或者相似的交易或者事项,应当采用一致的会计政策,不得随意变更;确需变更的,应当在附注中说明。

可比性要求的目的在于提高会计信息的决策相关性,使得会计主体在相互比较的基础上解释它们之间相同与差异的原因,国家可以据以进行有关的宏观经济决策,投资者与债权人也可以根据符合可比性要求的会计信息进行有关的投资与信贷决策,企业内部的管理当局可以据此进行有关的经营管理决策。要达到会计信息的可比性质量要求,要求不同会计主体对同一会计事项或类似的会计事项采纳相同的会计核算方法与会计处理程序。

横向可比性要求必须以纵向可比性要求为前提,以可靠性要求为基础。只有当一个会计主体的前后各个会计期间的会计信息相一致时,才能使不同会计主体之间的比较有意义;只有各个会计主体的会计信息是真实可靠的,进行比较才有必要。但是应该注意,为了增强可比性就要求不同的会计主体之间尽可能地采取统一的会计方法与程序,并以会计准则为规范;但是如果过分强调会计方法与程序的绝对统一,以便追求可比性,势必会导致削弱各个会计主体会计核算的固有特点而损害决策有用性。所以,可比性是一个相对的概念。

5. 实质重于形式质量要求

实质重于形式质量要求是指企业应当按照交易或者事项的经济实质进行会计确认、计量和报告,不应仅以交易或者事项的法律形式为依据。

会计信息如果想如实地反映经济业务或会计事项,那就必须根据它们的经济实质而不是仅仅根据它们的法律形式进行核算和反映。因为经济业务或会计事项的实质并非总是和法律的外在形式或人为形式相一致。比如,企业通过用文件宣称将某资产的法定所有权过户给某会计主体来处置资产。然而,协议中仍存在保证企业继续享有所转让资产中所包含的未来经济利益的条款。在这种情况下,把这项资产转让作为销售来报告就不能如实地反映这笔交易。

例如,企业以融资租赁方式取得一项固定资产,是本质上转移了与一项资产所有权有关的几乎全部风险和报酬的一种租赁。所有权最终可能转移,也可能不转移;一项租赁是归类为融资租赁还是经营租赁,依赖于交易的实质,而不是合同的形式。交易和其他事项应按其实质和财务本质来办理,而不是仅按法律形式进行。

就融资租赁而言,租赁协议的法律形式是承租人可能没有获得租赁资产的法定所有权,而其实质和财务本质是,承租人以承担支付大致等于租赁资产的公允价值和有关融资费用的责任,换取在租赁资产大部分经济年限内获得使用租赁资产的经济利益。从经济实质看,企业能够控制融资租赁而取得的固定资产创造的未来经济利益。所以在会计确认、计量和报告中,应当将融资租入固定资产作为本企业的资产。

6. 重要性质量要求

重要性质量要求是指企业提供的会计信息应当反映与企业财务状况、经营成果和现金流量等有关的所有重要交易或者事项。

重要性质量要求,要求企业在会计确认、计量和报告经济业务和会计事项时,应当区别其重要程度,采用不同的处理方式。对企业资产、负债、损益等具有较大影响,而且能够影响会计信息使用者据以做出合理判断的重要经济业务和会计事项,必须根据会计准则规定的会计方法和程序进行处理,在财务会计报告中予以充分、准确的披露和揭示;对于次要的经济业务和会计事项,在不影响会计信息可靠性和决策有用性的前提条件下,可以归并简化处理,对经济业务或会计事项进行披露和揭示。

重要性会计信息质量要求,对于会计信息提供者而言,由于可以简化处理次要经济业务和会计事项,所以能够节约提供会计信息的成本。对于会计信息使用者而言,重要性项目的提供,能够减少信息阅读与理解成本。

判断会计信息是否具有重要性,很大程度上取决于会计人员的职业判断。一般而言,应当从数量和性质两个方面进行:如果某经济业务和会计事项的数量达到一定的规模时(包括绝对数量和相对数量),可能对决策产生影响;或者从性质上看,当经济业务或会计事项有可能对决策产生一定影响时,会计人员一般就认定符合重要性质量要求。换言之,如果会计信息的省略或误报会影响使用者根据财务会计报告做出经济决策,会计信息就具有重要性。

7. 谨慎性质量要求

谨慎性质量要求是指企业对交易或者事项进行会计确认、计量和报告应当保持应有的谨慎，不应高估资产或者收益，低估负债或者费用。

企业生产经营活动面临的客观环境具有不确定性，始终充满了风险，因此，会计系统在处理经济业务和会计事项时，要求尽量低估企业的资产和收益，对可能发生的损失和费用要尽量估计充足。

谨慎性质量要求的例子，包括在会计期末对各种可能发生损失的资产计提减值准备，对未决诉讼达到一定标准时计提预计负债、对销售保修义务计提预计费用以及对企业未来或有收益不加确认等，就充分体现了谨慎性质量要求的要求。

8. 及时性质量要求

及时性质量要求是指企业对于已经发生的交易或者事项应当及时进行会计确认、计量和报告，不得提前或者延后。及时性要求包括以下三层含义。

第一，及时收集会计信息。当企业经济业务或会计事项发生后，会计机构和会计人员要及时收集各种原始凭证。

第二，及时对所收集到的会计信息进行加工和处理。当会计机构和会计人员收集到原始凭证后，要及时按国家的规定和会计准则的规范，及时编制记账凭证，登记账簿和编制财务会计报告。

第三，及时将会计信息传递给会计信息使用者以便供其决策之用。会计信息要在会计信息使用者做出决策之前，提供给会计信息使用者；否则，将无助于经济决策，也就不符合及时性会计信息质量要求。及时性存在着程度区别，必须注意到增加及时性要求固然可以提高会计信息的决策相关性要求，但这同时又是以牺牲会计信息的诸如可靠性、可比性等质量要求来换取的。

上述八项质量要求是一个整体，不能片面地强调任何一个质量要求而忽略其他质量要求。会计人员需要应用会计职业判断能力，在诸多质量要求之间寻求某种平衡与和谐，去真实而公允地表述财务会计报告。

(二)我国会计信息质量要求的特点

1. 显著趋同于IASB

我国会计信息质量要求的四项首要质量要求与IASB完全相同。四项次要质量特征包括IASB的三项次要质量要求和一项限制因素(及时性),缺"中立性、完整性"和"效益和成本、公允表述"等质量要求,没有中国自己的特点与特色,具有显著的趋同于IASB的特点。

2. 具有强制性和权威性

我国会计信息质量要求是《企业会计准则——基本准则》的组成部分,属于会计法规范畴,相比美国FASB、IASB而言,具有强制性和权威性特点;不足的地方是缺乏明确的处罚规定。换言之,我国会计法规与其他法规诸如《刑法》《民法》《公司法》等之间未形成完整的系统。

3. 逻辑体系不够严密

我国会计信息质量要求采用法规模式,使各会计信息质量要求之间形成一种平行、并列的关系,难以使各会计信息质量要求形成一个逻辑严密的体系,如美国FASB的会计信息质量要求层次结构那样。

六、比较分析

第一,美国FASB会计信息质量要求在18项内容中有15项(缺"实质重于形式、审慎性和公允表述"3项);国际会计准则理事会包括17项(缺"可核性"1项);中国包括12项(缺"预测值、反馈值、可核性、中立性、成本与效益、公允表述"6项)。从各质量要求的相互关系看,美国FASB和IASB的会计信息质量要求是一个有着内在联系的分层次的体系,而中国的信息质量要求是彼此孤立的,没有形成一个有内在联系的整体。

第二,三者都很重视有用性、可理解性(明晰性)、相关性、可靠性(如实反映)和可比性等。主要是因为这几项会计信息质量要求是使用者对会计信息的主要(或基本)要求,最能直接体现会计目标的要求,对会计信息提供者选择会计程序和方法有重大影响,其他有关信息质量要求的精神和要求大多可以内含于这几个特征之中、例如,有用性特征是对会计信息的总体要求,如果提供的会计信息没有用处,会计目标就无法实现,会计工作也就失去其意义。又如,如实反映这一质量要求是对会计信息的基本要求,如果信息都不真实,没有反映实际情况,还奢望谈什么有用性呢?再如,可理解性表明会计信息能被使用者接受,如果信息不能被使用者所领会和理解,就算其他质量再高,对使用者也毫无用处。

第三,IASB 和中国有"实质重于形式、审慎性"质量要求,而美国 FASB 没有。实质重于形式应该是会计信息加工处理中应遵循的惯例,这项惯例由会计信息的相关性决定的,其精神实质也可以内含于相关性之中。审慎性也可以说是信息提供者在信息处理中应持有的态度,或者说是进行会计信息加工处理应坚持的一个惯例,是由会计信息的可靠性决定的,它本身也不是一个质量要求。需要指出的是,"审慎性"与"公允表述"存在矛盾,需要在两者之间进行平衡。

第四,中国的信息质量要求缺少"预测值、反馈值、可核性、中立性、成本与效益、公允表述"等特征。在美国 FASB 和 IASB 的会计信息质量要求中,可核性和中立性都是作为可靠性的次级质量要求。由于可靠性的含义较广,影响因素众多,对其进行进一步的分解是有必要的。不过"中立性"一词的用法欠妥当,因为会计信息本身不存在中立不中立的问题,是否中立指的是信息提供者的态度、立场。我们认为可以将中立性包含在"公允表述"中,因为信息提供者的立场是中立的,信息中就不含有预定的结果,也就必然是公允的。成本与效益这一特征在美国 FASB 和 IASB 的质量要求中都作为一个限制因素,是很有必要的,它可以指导会计准则的选择和运用以及信息的提供。对于一致性,我们认为不应作为信息质量要求。一致性是会计信息具有可比性的前提之一,但会计信息本身不存在一致与否的问题,而是所选择的会计程序和方法是否一致,要保证会计信息具有可比性,就应使所选择的程序和方法具有一致性,这正说明可比性这一特征对会计方法的选择具有指南作用。所以,我国将"一致性"会计信息质量要求并入"可比性"会计信息质量要求是科学合理的。

第五，中国与美国FASB和IASB的质量要求还有一个重大的区别，就是中国的信息质量要求是《企业会计准则——基本准则》的一部分，它是会计法规，是企业必须遵照执行的，而美国FASB的会计信息质量要求是《财务会计概念框架》的内容之一，IASB的会计信息质量要求也是《编报财务报表的框架》的内容。"框架"是一套指导会计准则制定的理论（体系），不是会计准则本身。《编制财务报表的框架》明确指出："本框架不是一份国际会计准则，因此不对任何特定的计量和列报问题确定标准。本框架的任何内容均不超越具体的国际会计准则。"框架的作用在于以下几点：(1)帮助国际会计准则委员会理事会制定新的国际会计准则和审议现有的国际会计准则；(2)为减少国际会计准则所允许选用的会计处理方法的数量提供基础，借以协助国际会计准则委员会理事会推进与编制财务报表有关的法规、会计准则和程序的协调；(3)帮助国家会计准则制定机构制定本国的准则；(4)帮助财务报表编制者应用国际会计准则和处理尚待列作国际会计准则项目的问题；(5)帮助审计师形成关于财务报表是否符合国际会计准则的意见；(6)帮助使用者理解根据国际会计准则编制的财务报表包括的信息；(7)向关心国际会计准则委员会工作的人士提供关于制定国际会计准则的方法的信息。

因此"框架"所述会计信息质量要求并不是一种会计规范，对会计工作没有约束作用。美国和IASB的这种做法是有一定道理的，因为会计信息质量要求是一个理论问题，尽管它与会计方法的选择有关，但它并不具备可操作性。由于人们的认识和看法不同，在同样的情况下，根据同一会计信息质量要求，不同的人可能会有不同的选择。有些信息质量要求之间有矛盾的一面，如相关性和可靠性就是如此，究竟怎样选择，全凭会计人员的经验和职业判断，没有一个确定标准。某些信息质量要求本身没有确切的标准，如重要性就是如此，某种情况是否重要，是否需要在报表上揭示，也是依赖会计人员的职业判断。会计信息质量要求不可能对重要与否的事项进行全部罗列。

第三节　会计控制质量要求

一、会计信息质量要求与会计控制质量要求

会计信息质量要求的必要性和主要内容,成为各国会计学界共同的话题,并基本取得共识。研究会计信息质量要求,是因为会计目标是提供真实信息,而要能提供真实信息,必须有科学的质量要求。目标是按照信息使用者的要求把会计职能具体化。提供真实会计信息的会计目标,决定于会计的基本职能—核算职能。

根据对会计实践的大量研究和概括,我国会计理论界大都同意两种基本职能论。诚如葛家澍、唐予华所说,两种基本职能论是"公认的"。会计目标是会计职能的具体化,基于核算职能,产生提供真实信息的会计目标和相应的信息质量要求;基于控制职能,必然产生强化经济管理的会计目标和相应的控制质量要求。根据系统科学理论,"系统功能表达系统结构的目的性",会计职能、会计目标和会计质量要求三者的前后一贯关系。

会计职能具体化为会计目标,会计系统具有核算与控制两项基本职能,则会计具有两项基本目标,即会计核算目标:提供真实信息、会计控制目标、强化经济管理。会计信息质量要求是评定会计信息价值的基本标准,是会计目标的具体化,则会计信息质量要求应具备两部分质量要求:一部分是评定和衡量会计核算目标的质量要求——信息质量要求;另一部分是评定和衡量会计控制目标的质量要求—控制质量要求。两者紧密联系,缺一不可。

从当前的会计工作实际出发,会计信息失真和经济管理失控是两大亟待解决的问题;重做账,轻用账,弱化监督,弱化管理,是会计工作中普遍存在的重大缺陷。从发展看,在信息时代,会计核算工作量将有所减少,会计控制工作必将大大增加。财政部、证监会、审计署、银监会和保监会联合发布《企业内部控制基本规范》,其理论依据就是会计具有控制职能,必须强化经济管理。所以,强调控制职能、深入研究控制质量要求,具有指导意义和实践意义。

二、会计控制质量要求体系

根据控制的要求和会计控制的实际,会计控制质量要求可分为两类;一类是共同的质量要求;另一类是特有的质量要求。

(一)共同的质量要求

会计信息质量要求与会计控制质量要求有共同的方面,下面以FASB《论财务会计概念》第2辑"会计信息的质量要求"为基础,进行探索。

1. 效益性

FASB《论财务会计概念》第2辑的提法是"效益＞成本",并以之作为"会计信息质量要求"的"普遍性的约束条件"。我们认为"效益＞成本",就是效益性,但不如效益性的提法鲜明、简洁、会计控制更应以效益性为最高层次的质量要求。因为控制是会计的主导职能,强化经济管理是会计的主导目标,提高经济效益和社会效益是会计核算与控制即会计工作总目标。无论会计核算或会计控制,都必须符合效益性的要求,促进效益最大化。《企业内部控制基本规范》也指出,内部控制应当权衡实施成本与预期效益,以适当的成本实现有效控制。

2. 适用性

"算而有用"就是指导会计工作且卓有成效的方针。作为信息质量要求,有用性指信息要对决策有用,包括相关性和可靠性。从控制角度看,各项控制活动都应适用。适用性不仅包括有用性,还包括适合本会计主体实际情况的含义。会计控制系统应与企业具体生产工艺流程、管理模式和行业特点等相适应,才能发挥其应有的功效。所以,控制质量要求更应强调适用性。

3. 公正性

FASB的提法是中立性,作为信息质量要求,在各种可行的会计办法中做出中立性的抉择,就是要不抱偏见,不追求预定的结果。作为控制质量要求,在规划、调节、监督和考评等各种控制活动中,更要强调公正,不偏不倚地进行规划、调节、监督和考评。公正性包括中立性,其含义更鲜明,更丰富。

4. 及时性

信息质量要求的及时性包括两层含义:一是会计系统应适时进行会计核算;二是及时向信息使用者提供信息,至少在信息使用者进行决策前应提供有关核算信息。及时性对于控制质量要求而言,包括以下两层含义:一是会计控制系统应具有预见性,能够预见各种会计差错和舞弊行为并建立相应的控制制度;二是当各种会计差错和舞弊行为发生时,能够及时发现并启动相应的控制制度,如计算机中安装的防火墙一样。

5. 重要性

FASB将重要性作为会计信息质量的始端,控制信息质量更要强调重要性。无论是规划、调节、监督、考评,都要紧紧抓住主要矛盾。只有把主要精力放在解决不断发生、发展的主要矛盾上,才能促进会计工作和经济效益的提高。这并不意味着次要的事情就可以放任自流。《企业内部控制基本规范》也指出,内部控制应当在全面控制的基础上,关注重要业务事项和高风险领域。

6. 全面性

重要性是指具有重大意义的方面,即主要矛盾,与主要矛盾对应的是次要矛盾、根据马克思主义哲学,主要矛盾与次要矛盾在一定的条件下是可以相互转换的。因此,在抓主要矛盾时,应注意次要矛盾,即应从企业管理的全局出发,考虑全面性。在设计会计控制质量要求时,也应注意主要矛盾和次要矛盾的辩证关系,考虑全面性。在面对提高经济效益的主要矛盾时,也要考虑企业员工(素质、待遇、需求等)、社会环境、国际环境等各方面的影响,才能使企业控制质量要求既符合科学化(刚性)管理要求,又符合人性化(柔性)管理要求。

(二)特有的质量要求

1. 合法性

合法性是指会计控制必须符合法律法规和企业规章制度的要求,不能违规控制、企业作为社会经济的"细胞",必须遵守社会运行基本规则——法律法规的要求;会计控制制度作为企业制度的组成部分,必须遵守企业规章制度的要求。合法性是指以制度规范为管理手段制度规范与其他管理手段相比。具有"权威性、系统性、科学性、无差别性、借助强制力、稳定性"的特点。制度化管理的实质在于以科学确定的制度规范为组织协作行为的基本约束机制。制度化管理具有"个人与权力相分离、理性精神的体现、适合现代大型企业组织的需要"等优越性而成为国际趋势与必然。会计控制质量要求必须具有合法性是现代管理思想、理念和模式的必然要求。

2. 合理性

早期,"管而合理"也是指导会计工作且卓有成效的全国方针。制度化管理虽然具有前述优点,但它缺乏人际温情。制度化管理倾向于把管理过程和企业组织设计为一架精确、完美无缺的机器。它只讲规律、科学,不考虑人性。从组织生存和发展的需要考虑,极端的制度化管理既不可能,也不理想。合理性特征是以制度化管理体系为基本,谋求制度化与人性、制度化与活力的平衡,正确处理好"'经'与'权'、他律与自律"的关系。会计控制质量要求,必须合理。"无理管理",显然不行。

3. 预见性

信息质量要求讲预测值,控制质量要求讲预见性。"预测"是"预先推测或测定";"预见"是"根据事物的发展规律预先料到将来"。预测值是定量信息,预见性是定性信息。前者强调幅度,后者强调趋势(方向)。趋势(方向)与幅度两相比较,趋势(预见性)比幅度(预测值)更重要。

4. 严密性

会计控制质量要求必须严密控制,自成体系。严密即周到、没有疏漏之意。重要性特征强调抓主要矛盾,全面性特征又要求不能忽略次要矛盾,两者最终表现形式必然是严密性,即只有严密性才能同时满足重要性和全面性的要求。会计控制质量要求作为会计控制职能的最终表现形式,必须符合科学性的基本要求。科学性的前提之一就是严密性。

（三）会计控制质量要求体系

控制活动的目标是提高经济效益和社会效益，即效益性。各种控制活动的终极目标都必然归结为效益性。要能提高效益，控制活动必须有用、适用。因而适用性是控制活动首要的质量要求。为提高效益性而进行的适用的控制活动，其重要的质量要求是预见性、严密性和及时性。公正性、合理性、合法性则是控制活动质量的约束条件。

第八章　收入、费用和利润的核算

第一节　收入的核算

收入是指企业在日常活动中形成的、会导致所有者权益增加的、与所有者投入资本无关的经济利益的总流入。收入按企业从事日常活动的性质不同,分为销售商品收入、提供劳务收入和让渡资产使用权收入。收入按企业经营业务的主次不同,分为主营业务收入和其他业务收入。主营业务收入是指企业为完成其经营目标所从事的经常性活动所实现的收入。其他业务收入是指企业为完成其经营目标所从事的与经常性活动相关的活动实现的收入。

一、销售商品收入

销售商品收入的会计处理主要涉及一般销售商品业务、已经发出商品但不符合收入确认条件的销售业务、销售折让、销售退回、采用预收款方式销售商品、采用支付手续费方式委托代销商品等情况。

1. 销售商品收入的确认

销售商品收入同时满足下列条件的,才能予以确认。

第一,企业已将商品所有权上的主要风险和报酬转移给购货方企业已将商品所有权上的主要风险和报酬转移给购货方,是指与商品所有权有关的主要风险和报酬同时转移。与商品所有权有关的风险,是指商品可能发生减值或损毁等形成的损失;与商品所有权有关的报酬,是指商品增值或通过使用商品等形成的经济利益。企业已将商品所有权上的主要风险和报酬转移给购货方,构成确认销售商品收入的重要条件。

判断企业是否已将商品所有权上的主要风险和报酬转移给购货方,应当关注交易的实质,并结合所有权凭证的转移进行判断。如果与商品所有权有关的任何损失均不需要销货方承担,与商品所有权有关的任何经济利益也不归销货方所有,就意味着商品所有权上的主要风险和报酬转移给了购货方。

第二,企业既没有保留通常与所有权相联系的继续管理权,也没有对已售出的商品实施有效控制。在通常情况下,企业售出商品后不再保留与商品所有权相联系的继续管理权,也不再对售出商品实施有效控制,商品所有权上的主要风险和报酬已经转移给购货方,通常应在发出商品时确认收入。如果企业在商品销售后保留了与商品所有权相联系的继续管理权,或能够继续对其实施有效控制,说明商品所有权上的主要风险和报酬没有转移,销售交易不能成立,不能确认收入,如售后租回。

第三,相关的经济利益很可能流入企业在销售商品的交易中,与交易相关的经济利益主要表现为销售商品的价款。相关的经济利益很可能流入企业,是指销售商品价款收回的可能性大于不能收回的可能性,即销售商品价款收回的可能性超过50%。企业在销售商品时,如估计销售价款不是很有可能收回,即使收入确认的其他条件均已满足,也不应当确认收入。

企业在确定销售商品价款收回的可能性时,应当结合以前和买方交往的直接经验、政府有关政策、其他方面取得信息等因素进行分析。企业销售的商品符合合同或协议要求,已将发票账单交付买方,买方承诺付款,通常表明相关的经济利益很可能流入企业。如果企业判断销售商品收入满足确认条件而予以确认,同时确认了一笔应收债权,以后由于购货方资金周转困难无法收回该债权时,不应调整原会计处理,而应对该债权计提坏账准备、确认坏账损失。如果企业根据以前与买方交往的直接经验判断买方信誉较差,或销售时得知买方在另一项交易中发生了巨额亏损、资金周转十分困难,或在出口商品时不能肯定进口企业所在国政府是否允许将款项汇出等,就可能会出现与销售商品相关的经济利益不能流入企业的情况,

一、营业成本

营业成本是指企业为生产产品、提供劳务等发生的可归属于产品成本、劳务成本等的费用,应当在确认销售商品收入、提供劳务收入等时,将已销售商品、已提供劳务的成本等计入当期损益营业成本包括主营业务成本和其他业务成本。

1. 主营业务成本

主营业务成本是指企业销售商品、提供劳务等经常性活动所发生的成本。企业一般在确认销售商品、提供劳务等主营业务收入时,或在月末,将已销售商品、已提供劳务的成本转入主营业务成本。企业应当设置"主营业务成本"科目,按主营业务的种类进行明细核算,用于核算企业因销售商品、提供劳务或让渡资产使用权等日常活动而发生的实际成本,借记该科目,贷记"库存商品""劳务成本"等科目。期末,将主营业务成本的余额转入"本年利润"科目,借记"本年利润",贷记该科目,结转后该科目无余额。

2. 其他业务成本

其他业务成本是指企业确认的除主营业务活动以外的其他经营活动所发生的支出。其他业务成本包括销售材料的成本、出租固定资产的折旧额、出租无形资产的摊销额、出租包装物的成本或摊销额等。采用成本模式计量投资性房地产的,其投资性房地产计提的折旧额或摊销额,也构成其他业务成本。

企业应当设置"其他业务成本"科目,核算企业确认的除主营业务活动以外的其他经营活动所发生的支出,包括销售材料的成本、出租固定资产的折旧额、出租无形资产的摊销额、出租包装物的成本或摊销额等。企业发生的其他业务成本,借记本科目,贷记"原材料""周转材料""累计折旧""累计摊销""应付职工薪酬""银行存款"等科目。本科目按其他业务成本的种类进行明细核算。期末,本科目余额转入"本年利润"科目,结转后本科目无余额。

不应确认收入。

第四,收入的金额能够可靠地计量是指收入的金额能够合理地估计。收入金额能否合理地估计是确认收入的基本前提,如果收入的金额不能够合理估计,就无法确认收入。企业在销售商品时,商品销售价格通常已经确定。但是,由于销售商品过程中某些不确定因素的影响,也有可能存在商品销售价格发生变动的情况。在这种情况下,新的商品销售价格未确定前通常不应确认销售商品收入。

第五,相关的已发生或将发生的成本能够可靠地计量。根据收入和费用配比原则,与同一项销售有关的收入和费用应在同一会计期间予以确认即企业应在确认收入的同时或同一会计期间结转相关的成本。

相关的已发生或将发生的成本能够可靠地计量,是指与销售商品有关的已发生或将发生的成本能够合理地估计。在通常情况下,销售商品相关的已发生或将发生的成本能够合理地估计,如库存商品的成本、商品运输费用等。如果库存商品是本企业生产的,其生产成本能够可靠计量;如果是外购的,购买成本能够可靠计量。有时,销售商品相关的已发生或将发生的成本不能够合理地估计,此时企业不应确认收入,若已收到价款,应将已收到的价款确认为负债。

2. 一般销售商品业务收入的处理

在进行销售商品的会计处理时,首先要考虑销售商品收入是否符合收入确认条件。如果符合收入准则所规定的五项确认条件的,企业应确认收入并结转相关销售成本。

企业判断销售商品收入满足确认条件的,应当提供确凿的证据。通常情况下,销售商品采用托收承付方式的,在办妥托收手续时确认收入;交款提货销售商品的,在开出发票账单收到货款时确认收入。交款提货销售商品是指购买方已根据企业开出的发票账单支付货款并取得提货单的销售方式。在这种方式下,购货方支付货款取得提货单,企业尚未交付商品,销售方保留的是商品所有权上的次要风险和报酬,商品所有权上的主要风险和报酬已经转移给购货方,通常应在开出发票账单收到货款时确认收入。

企业销售商品满足收入确认条件时,应当按照已收或应收合同或协议价款的公允价值确定销售商品收入金额。在通常情况下,购货方已收或应收的合同或协议价款即为其公允价值,应当以此确定销售商品收入的金额。企业销售商品所实现的收入以及结转的相关销售成本,通过"主营业务收入""主营业务成本"等科目核算。

3. 已经发出但不符合销售商品收入确认条件的商品的处理

如果企业售出商品不符合销售商品收入确认的五项条件,不应确认收入。为了单独反映已经发出但尚未确认销售收入的商品成本,企业应增设"发出商品"科目。"发出商品"科目核算一般销售方式下,已经发出但尚未确认收入的商品成本。

这里应注意的一个问题是,尽管发出的商品不符合收入确认条件,但如果销售该商品的纳税义务已经发生,如已经开出增值税专用发票,则应确认应交的增值税销项税额。借记"应收账款"等科目,贷记"应交税费——应交增值税(销项税额)"科目。如果纳税义务没有发生,则不需要进行上述处理。

企业销售商品收入的金额通常按照从购货方已收或应收的合同或协议价款确定。在确定销售商品收入的金额时,应注意区分商业折扣、现金折扣和销售折让及其不同的账务处理方法。总的来讲,确定销售商品收入的金额时,不应考虑预计可能发生的现金折扣、销售折让,即应按总价确认,但应是扣除商业折扣后的净额。

商业折扣、现金折扣和销售折让的区别以及处理方法如下:

第一,商业折扣。

商业折扣是指企业为促进商品销售而给予的价格扣除。例如,企业为鼓励客户多买商品可能规定,购买10件以上商品给予客户10%的折扣,或客户每买10件送1件。此外,企业为了尽快出售一些残次、陈旧、冷清的商品,也可能降价(即打折)销售。

商业折扣在销售时即已发生,并不构成最终成交价格的一部分。企业销售商品涉及商业折扣的,应当按照扣除商业折扣后的金额确定销售商品收入金额。

第二,现金折扣。

现金折扣是指债权人为鼓励债务人在规定的期限内付款而向债务人提供的债务扣除。

现金折扣一般用符号"折扣率/付款期限"表示,例如,"2/10,1/20,n/30"表示:销货方允许客户最长的付款期限为30天,如果客户在10天内付款,销货方可按商品售价给予客户2%的折扣;如果客户在20天内付款,销货方可按商品售价给予客户1%的折扣;如果客户在21天至30天内付款,将不能享受现金折扣。

现金折扣发生在企业销售商品之后,企业销售商品后现金折扣是否发生以及发生多少要视买方的付款情况而定,企业在确认销售商品收入时不能确定现金折扣金额。因此,企业销售商品涉及现金折扣的,应当按照扣除现金折扣前的金额确定销售商品收入金额。现金折扣实际上是企业为了尽快回笼资金而发生的理财费用,应在实际发生时计入当期财务费用。

在计算现金折扣时,还应注意销售方式是按不包含增值税的价款提供现金折扣,还是按包含增值税的价款提供现金折扣,两种情况下购买方享有的折扣金额不同。例如,销售价格为1 000元的商品,增值税税额为170元,如不包含增值税,按1%折扣率计算,购买方享有的现金折扣金额为10元;如果购销双方约定计算现金折扣时一并考虑增值税,则购买方享有的现金折扣金额为11.7元。

4. 销售退回的处理

企业销售商品除了可能发生销售折让外,还有可能发生销售退回。企业售出商品发生的销售退回,应当分别不同情况进行会计处理:一是尚未确认销售收入的售出商品发生销售退回的,应当冲减"发出商品"科目,同时增加"库存商品"科目;二是已确认销售商品收入的售出商品发生销售退回的,除属于资产负债表日后事项外,一般应在发生时冲减当期销售商品收入,同时冲减当期销售商品成本。如按规定允许扣减增值税税额的,应同时扣减已确认的应交增值税销项税额。如该项销售退回已发生现金折扣,应同时调整相关财务费用的金额。

5. 采用预收款方式销售商品的处理

预收款销售方式下,销售方直到收到最后一笔款项才将商品交付购货方,表明商品所有权上的主要风险和报酬只有在收到最后一笔款项时才转移给购货方,销售方通常应在发出商品时确认收入,在此之前预收的货款应确认为预收账款。

6. 采用支付手续费方式委托代销商品的处理

采用支付手续费委托代销方式下,委托方在发出商品时,商品所有权上的主要风险和报酬并未转移给受托方,委托方在发出商品时通常不应确认销售商品收入,而应在收到受托方开出的代销清单时确认为销售商品收入,同时将应支付的代销手续费计入销售费用;受托方应在代销商品销售后,按合同或协议约定的方式计算确定代销手续费,确认劳务收入。

受托方可通过"受托代销商品""受托代销商品款"或"应付账款"等科目,对受托代销商品进行核算确认代销手续费收入时,借记"受托代销商品款"科目,贷记"其他业务收入"等科目。

7. 销售材料等存货的处理

企业在日常活动中还可能发生对外销售不需用的原材料、随同商品对外销售单独计价的包装物等业务。企业销售原材料、包装物等存货也视同商品销售,其收入确认和计量原则比照商品销售。企业销售原材料、包装物等存货实现的收入作为其他业务收入处理,结转的相关成本作为其他业务成本处理。

企业销售原材料、包装物等存货实现的收入以及结转的相关成本,通过"其他业务收入""其他业务成本"科目核算。

"其他业务收入"科目核算企业除主营业务活动以外的其他经营活动实现的收入,包括销售材料、出租包装物和商品、出租固定资产、出租无形资产等实现的收入。该科目贷方登记企业实现的各项其他业务收入;借方登记期末转入"本年利润"科目的其他业务收入;结转后该科目应无余额。

"其他业务成本"科目核算除主营业务活动以外的其他经营活动所产生的成本,包括销售材料的成本、出租固定资产的折旧额、出租无形资产的摊销额、出租包装物的成本或摊销额。该科目借方登记企业结转或发生的其他业务成本;贷方登记期末结转入"本年利润"科目的其他业务成本;结转后该科目应无余额。

二、提供劳务收入

企业提供劳务的种类很多,如旅游、运输、饮食、广告、咨询、代理、培训、产品安装等,有的劳务一次就能完成,而且一般为现金交易,例如,饮食、理发、照相等;有的劳务需要花费一段较长的时间才能完成,例如,安装、旅游、培训、远洋运输等。企业提供劳务收入的确认原则因劳务完成时间的不同而不同。

1. 在同一会计期间内开始并完成的劳务

对于一次就能完成的劳务,或在同一会计期间内开始并完成的劳务,应在提供劳务交易完成时确认收入,确认的金额通常为从接受劳务方已收或应收的合同或协议价款,确认原则可参照销售商品收入的确认原则。

企业对外提供劳务,如属于企业的主营业务,所实现的收入应作为主营业务收入处理,结转的相关成本应作为主营业务成本处理;如属于主营业务以外的其他经营活动,所实现的收入应作为其他业务收入处理,结转的相关成本应作为其他业务成本处理。企业对外提供劳务发生的支出一般通过"劳务成本"科目予以归集,待确认为费用时,从"劳务成本"科目转入"主营业务成本"或"其他业务成本"科目。

对于一次就能完成的劳务,企业应在提供劳务完成时确认收入及相关成本。对于持续一段时间但在同一会计期间内开始并完成的劳务,企业应在为提供劳务发生相关支出时确认劳务成本,劳务完成时再确认劳务收入,并结转相关劳务成本。

2. 劳务的开始和完成分属不同的会计期间

第一,提供劳务交易结果能够可靠估计。

例如，劳务的开始和完成分属不同的会计期间，且企业在资产负债表日提供劳务交易结果能够可靠估计的，应采用完工百分比法确认提供劳务收入。同时满足下列条件的，为提供劳务交易的结果能够可靠估计。

①收入的金额能够可靠地计量，是指提供劳务收入的总额能够合理估计。通常情况下，企业应当按照从接受劳务方已收入或应收入的合同或协议价款确定提供劳务收入总额。随着劳务的不断提供，可能会根据实际情况增加或减少已收或应收的合同或协议价款，此时，企业应及时调整提供劳务收入总额。

②相关的经济利益很可能流入企业，是指提供劳务收入总额收回的可能性大于不能收回的可能性。企业在确定提供劳务收入总额能否收回时，应当结合接受劳务方的信誉、以前的经验以及双方就结算方式和期限达成的合同或协议条款等因素，综合进行判断。通常情况下，企业提供的劳务符合合同或协议要求，接受劳务方承诺付款，就表明提供劳务收入总额收回的可能性大于不能收回的可能性。

③交易的完工进度能够可靠地确定。

企业可以根据提供劳务的特点，选用下列方法确定提供劳务交易的完工进度。

一是已完工作的测量。这是一种比较专业的测量方法，由专业测量师对已经提供的劳务进行测量，并按一定方法计算确定提供劳务交易的完工程度。

二是已经提供的劳务占应提供劳务总量的比例。这种方法主要以劳务量为标准确定提供劳务交易的完工程度。

三是已经发生的成本占估计总成本的比例。这种方法主要以成本为标准确定提供劳务交易的完工程度。只有反映已提供劳务的成本才能包括在已经发生的成本中，只有反映已提供或将提供劳务的成本才能包括在估计总成本中。

四是交易中已发生和将发生的成本能够被可靠地计量。交易中已发生和将发生的成本能够被可靠地计量，是指交易中已经发生和将要发生的成本能够得到合理的估计。企业应当建立完善的内部成本核算制度和有效的内部财务预算及报告制度，准确地提供每期发生的成本，并对完成剩余劳务将要发生的成本做出科学、合理的估计。同时应随着劳务的不断提供或外部情况的不断变化,随时对将要发生的成本进行修订。

第二,提供劳务交易结果不能可靠估计。

如果劳务的开始和完成分属不同的会计期间,且企业在资产负债表日提供劳务交易结果不能可靠估计的,即不能同时满足上述四个条件的,不能采用完工百分比法确认提供劳务收入。此时,企业应当正确预计已经发生的劳务成本能否得到补偿,分别处理:

①已经发生的劳务成本预计全部能够得到补偿,应按已收或预计能够收回的金额确认提供劳务收入,并结转已经发生的劳务成本。

②已经发生的劳务成本预计部分能够得到补偿的,应按能够得到部分补偿的劳务成本金额确认提供劳务收入,并结转已经发生的劳务成本。

三、让渡资产使用权收入

让渡资产使用权收入主要是指让渡无形资产等资产使用权的使用费收入,出租固定资产取得的租金,进行债权投资收取的利息,进行股权投资取得的现金股利等,也构成让渡资产使用权收入。这里主要介绍让渡无形资产等资产使用权的使用费收入的核算。

1. 让渡资产使用权收入的确认和计量

让渡资产使用权的使用费收入同时满足下列条件的,才能予以确认:

第一,相关的经济利益很可能流入企业。

企业在确定让渡资产使用权的使用费收入金额是否很可能收回时,应当根据对方企业的信誉和生产经营情况、双方就结算方式和期限等达成的合同或协议条款等因素,综合进行判断。如果企业估计使用费收入金额收回的可能性不大,就不应确认收入。

第二,收入的金额能够可靠地计量。

当让渡资产使用权的使用费收入金额能够可靠估计时,企业才能确认收入。

让渡资产使用权的使用费收入金额,应按照有关合同或协议约定的收费时间和方法计算确定。如果合同或协议规定一次性收取使用费,且不提供后续服务的,应当视同销售该项资产一次性确认收入;提供后续服务的,应在合同或协议规定的有效期内分期确认收入。如果合同或协议规定分期收取使用费的,应按合同或协议规定的收款时间和金额或规定的收费方法计算确定的金额分期确认收入。

2. 让渡资产使用权收入的账务处理

企业让渡资产使用权的使用费收入,一般通过"其他业务收入"科目核算;所让渡资产计提的摊销额等,一般通过"其他业务成本"科目核算。

企业确认让渡资产使用权的使用费收入时,按确定的收入金额,借记"银行存款""应收账款"等科目,贷记"其他业务收入"科目。企业对所让渡资产计提摊销以及所发生的与让渡资产有关的支出等,借记"其他业务成本"科目,贷记"累计摊销"等科目。

第二节 费用的核算

费用是指企业在日常活动中发生的、会导致所有者权益减少的、与向所有者分配利润无关的经济利益的总流出。

费用包括企业日常活动所产生的经济利益的总流出,主要指企业为取得营业收入进行产品销售等营业活动所发生的企业货币资金的流出,具体包括成本费用和期间费用。成本费用包括主营业务成本、其他业务成本、营业税金及附加等。企业为生产产品、提供劳务等发生的可归属于产品成本、劳务成本等的费用,应当在确认销售商品收入、提供劳务收入等时,将已销售商品、已提供劳务的成本等计入当期损益。期间费用是指企业日常活动发生的不能计入特定核算对象的成本,而应计入发生当期损益的费用,包括销售费用、管理费用和财务费用。期间费用发生时直接计入当期损益。

二、营业税金及附加

营业税金及附加是指企业经营活动应负担的相关税费,包括消费税、城市维护建设税、教育费附加和资源税等。

消费税是对生产、委托加工及进口应税消费品(主要指烟、酒、化妆品、高档次及高能耗的消费品)征收的一种税。消费税的计税方法主要有从价定率、从量定额及从价定率和从量定额复合计税三种。从价定率是根据商品销售价格和规定的税率计算应交消费税;从量定额是根据商品销售数量和规定的单位税额计算应交的消费税;复合计税是两者的结合。

城市维护建设税(以下简称城建税)和教育费附加是对从事生产经营活动的单位和个人,以其实际缴纳的增值税、消费税、营业税为依据,按纳税人所在地适用的不同税率计算征收的一种税。

资源税是对在我国境内开采国家规定的矿产资源和生产用盐单位、个人征收的一种税,按应税数量和规定的单位税额计算。例如,开采石油、煤炭、天然气企业需按开采的数量计算缴纳资源税。

房产税、车船税、城镇土地使用税、印花税在"管理费用"科目核算,但与投资性房地产相关的房产税、土地使用税在"营业税金及附加"科目核算。

企业应当设置"营业税金及附加"科目,核算企业经营活动发生的消费税、城市维护建设税、资源税和教育费附加等相关税费。按规定计算确定的与经营活动相关的税费,企业应借记本科目,贷记"应交税费"科目。期末,应将"营业税金及附加"科目余额转入"本年利润"科目,结转后本科目无余额。

三、期间费用

1. 期间费用的概述

期间费用是指企业日常活动发生的不能计入特定核算对象的成本,而应计入发生当期损益的费用。

期间费用是企业日常活动中所发生的经济利益的流出。之所以不计入特定的成本核算对象,主要是因为期间费用是企业为组织和管理整个经营活动所发生的费用,与可以确定特定成本核算对象的材料采购、产成品生产等没有直接关系,因而期间费用不计入有关核算对象的成本,而是直接计入当期损益。

期间费用包含以下两种情况:一是企业发生的支出不产生经济利益,或者即使产生经济利益但不符合或者不再符合资产确认条件的,应当在发生时确认为费用,计入当期损益。二是企业发生的交易或者事项导致其承担了一项负债,而又不确认为一项资产的,应当在发生时确认为费用计入当期损益。

2. 期间费用的账务处理

期间费用包括销售费用、管理费用和财务费用。

第一,销售费用。

销售费用是指企业销售商品和材料、提供劳务的过程中发生的各种费用,包括保险费、包装费、展览费和广告费、商品维修费、预计产品质量保证损失、运输费、装卸费等以及为销售本企业商品而专设的销售机构(含销售网点、售后服务网点等)的职工薪酬、业务费、折旧费等经营费用。企业发生的与专设销售机构相关的固定资产修理费用等后续支出也属于销售费用。

销售费用是与企业销售商品活动有关的费用,但不包括销售商品本身的成本和劳务成本。销售的商品的成本属于"主营业务成本",提供劳务的成本属于"劳务成本"。

企业应通过"销售费用"科目,核算销售费用的发生和结转情况。该科目借方登记企业所发生的各项销售费用,贷方登记期末转入"本年利润"科目的销售费用,结转后该科目应无余额。该科目应按销售费用的费用项目进行明细核算。

第二,管理费用。

管理费用是指企业为组织和管理生产经营发生的各种费用,包括企业在筹建期间内发生的开办费、董事会和行政管理部门在企业的经营管理中发生的以及应由企业统一负担的公司经费（包括行政管理部门职工工资及福利费、物料消耗、低值易耗品摊销、办公费和差旅费等）、行政管理部门负担的工会经费、董事会费（包括董事会成员津贴、会议费和差旅费等）、聘请中介机构费、咨询费（含顾问费）、诉讼费、业务招待费、房产税、车船税、城镇土地使用税、印花税、技术转让费、矿产资源补偿费、研究费用、排污费等。企业生产车间（部门）和行政管理部门发生的固定资产修理费用等后续支出，也作为管理费用核算。

企业应设置"管理费用"科目，核算管理费用的发生和结转情况。该科目借方登记企业发生的各项管理费用，贷方登记期末转入"本年利润"科目的管理费用，结转后该科目应无余额。该科目按管理费用的费用项目进行明细核算。商品流通企业管理费用不多的，可不设本科目，相关核算内容可并入"销售费用"科目核算。

3. 财务费用

财务费用是指企业为筹集生产经营所需资金等而发生的筹资费用，包括利息支出（减利息收入）、汇兑损益以及相关的手续费、企业发生的现金折扣等。企业应通过"财务费用"科目，核算财务费用的发生和结转情况。该科目借方登记企业发生的各项财务费用，贷方登记期末转入"本年利润"科目的财务费用，结转后该科目应无余额。该科目应按财务费用的费用项目进行明细核算。

第三节 利润的核算

一、利润的含义和主要内容

利润是指企业在一定会计期间的经营成果。利润包括收入减去费用后的净额、直接计入当期利润的利得和损失等。未计入当期利润的利得和损失扣除所得税影响后的净额计入其他综合收益项目。净利润与其他综合收益的合计金额为综合收益总额。利得是指由企业非日常活动所形成的、会导致所有者权益增加的、与所有者投入资本无关的经济利益的流入。损失是指由企业非日常活动所发生的、会导致所有者权益减少的、与向所有者分配利润无关的经济利益的流出。

1. 营业利润

营业利润＝营业收入－营业成本－营业税金及附加－销售费用－管理费用－财务费用－资产减值损失＋公允价值变动收益（－公允价值变动损失）＋投资收益（－投资损失）

其中：营业收入是指企业经营业务所确认的收入总额，包括主营业务收入和其他业务收入。

营业成本是指企业经营业务所发生的实际成本总额，包括主营业务成本和其他业务成本。

资产减值损失是指企业计提各项资产减值准备所形成的损失。

公允价值变动收益（－损失）是指企业交易性金融资产等公允价值变动形成的应计入当期损益的利得（－损失）。

投资收益（－损失）是指企业以各种方式对外投资所取得的收益（－发生的损失）。

2. 利润总额

利润总额＝营业利润＋营业外收入－营业外支出

其中，营业外收入是指企业发生的与其日常活动无直接关系的各项利得。营业外支出是指企业发生的与其日常活动无直接关系的各项损失。

3. 净利润

净利润＝利润总额－所得税费用

其中，所得税费用是指企业确认的应从当期利润总额中扣除的所得税费用。

二、营业外收入的核算

1. 营业外收入核算的内容

营业外收入是指企业确认的与其日常活动无直接关系的各项利得。营业外收入并不是企业经营资金耗费所产生的，实际上是经济利益的净流入，不需要与有关的费用进行配比。营业外收入主要包括非流动资产处置利得、政府补助、盘盈利得、捐赠利得、非货币性资产交换利得、债务重组利得等。

其中,非流动资产处置利得包括固定资产处置利得和无形资产出售利得。政府补助,指企业从政府无偿取得货币性资产或非货币性资产形成的利得,不包括政府作为所有者对企业的资本投入。盘盈利得,指企业对现金等资产清查盘点时发生盘盈,报经批准后计入营业外收入的金额。捐赠利得,指企业接受捐赠产生的利得。

2. 营业外收入的账务处理

企业应通过"营业外收入"科目,核算营业外收入的取得及结转情况。该科目可按营业外收入项目进行明细核算。

第一,确认处置非流动资产利得。

企业确认处置非流动资产利得时,借记"固定资产清理""银行存款""待处理财产损溢""无形资产""原材料"等科目,贷记"营业外收入"科目。

第二,确认政府补助利得。

①与资产相关的政府补助

与资产相关的政府补助,是指企业取得的、用于购建或以其他方式形成长期资产的政府补助。确认与资产相关的政府补助,借记"银行存款"等科目,贷记"递延收益"科目,分配递延收益时,借记"递延收益"科目,贷记"营业外收入"科目。

根据配比原则,企业取得与资产相关的政府补助,不能全额确认为当期收益,应当随着相关资产的使用逐渐计入以后各期的收益。也就是说,收到与资产相关的政府补助应当确认为递延收益,然后自长期资产可供使用时起,按照长期资产的预计使用期限,将递延收益平均分摊至当期损益,计入营业外收入。

②与收益相关的政府补助

与收益相关的政府补助,是指除与资产相关的政府补助之外的政府补助。

企业确认与收益相关的政府补助,借记"银行存款"等科目,贷记"营业外收入"科目,或通过"递延收益"科目分期计入当期损益。

第三,企业确认盘盈利得、捐赠利得。

企业确认盘盈利得、捐赠利得计入营业外收入时,借记"库存现金""待处理财产损溢"等科目,贷记"营业外收入"科目。

三、营业外支出的核算

1. 营业外支出的核算内容

营业外支出是指企业发生的与其日常活动无直接关系的各项损失,主要包括非流动资产处置损失、公益性捐赠支出、盘亏损失、罚款支出、非货币性资产交换损失、债务重组损失等。

其中,非流动资产处置损失包括固定资产处置损失和无形资产出售损失。

公益性捐赠支出是指企业对外进行公益性捐赠发生的支出。

盘亏损失是指对于财产清查盘点中盘亏的资产,查明原因并报经批准计入营业外支出的损失。

非常损失是指企业对于因客观因素(如自然灾害等)造成的损失,扣除保险公司赔偿后应计入营业外支出的净损失。

罚款支出是指企业支付的行政罚款、税务罚款,以及其他违反法律法规、合同协议等而支付的罚款、违约金、赔偿金等支出。

2. 营业外支出的账务处理

企业应通过"营业外支出"科目,核算营业外支出的发生及结转情况。该科目可按营业外支出项目进行明细核算。

第一,企业确认处置非流动资产损失时,借记"营业外支出"科目,贷记"固定资产清理""无形资产"等科目。

第二,确认盘亏、罚款支出计入营业外支出时,借记"营业外支出"科目,贷记"待处理财产损溢""库存现金"等科目。

第三,期末,应将"营业外支出"科目余额转入"本年利润"科目,借记"本年利润"科目,贷记"营业外支出"科目。结转后本科目应无余额。

四、所得税费用的核算

企业的所得税费用包括当期所得税和递延所得税两个部分,其中,当期所得税是指当期应交所得税。递延所得税包括递延所得税资产和递延所得税负债。

递延所得税资产是指以未来期间很可能取得用来抵扣可抵扣暂时性差异的应纳税所得额为限确认的一项资产。

递延所得税负债是指根据应纳税暂时性差异计算的未来期间应付所得税的金额。

1. 应交所得税的计算

应交所得税是指企业按照税法规定计算确定的针对当期发生的交易和事项,应交纳给税务部门的所得税金额,即当期应交所得税。应纳税所得额是在企业税前会计利润(即利润总额)的基础上调整确定的,计算公式为:

应纳税所得额 = 税前会计利润 + 纳税调整增加额 – 纳税调整减少额

纳税调整增加额主要包括税法规定允许扣除项目中,企业已计入当期费用但超过税法规定扣除标准的金额(如超过税法规定标准的职工福利费、工会经费、职工教育经费、业务招待费、公益性捐赠支出、广告费和业务宣传费等),以及企业已计入当期损失,但税法规定不允许扣除项目的金额(如税收滞纳金、罚金、罚款)。纳税调整减少额主要包括按税法规定允许弥补的亏损和准予免税的项目,如前五年内未弥补亏损和国债利息收入等。

企业当期应交所得税的计算公式为:

应交所得税 = 应纳税所得额 × 所得税税率

2. 所得税费用的账务处理

企业根据会计准则的规定,计算确定的当期所得税和递延所得税之和,即为应从当期利润总额中扣除的所得税费用。

所得税费用 = 当期所得税 + 递延所得税

企业应通过"所得税费用"科目,核算企业所得税费用的确认及其结转情况。期末,应将"所得税费用"科目的余额转入"本年利润"科目,借记"本年利润"科目,贷记"所得税费用"科目,结转后本科目应无余额。

五、本年利润

1. 结转本年利润的方法

会计期末结转本年利润的方法有表结法和账结法两种。

第一,表结法。

在表结法下,各损益类科目每月月末只需结计出本月发生额和月末累计余额,不结转到"本年利润"科目,只有在年末时才将全年累计余额结转入"本年利润"科目。但每月月末要将损益类科目的本月发生额合计数填入利润表的本月数栏,同时将本月末累计余额填入利润表的本年累计数栏,通过利润表计算反映各期的利润(或亏损)。表结法下,年中损益类科目无须结转入"本年利润"科目,从而减少了转账环节和工作量,同时并不影响利润表的编制及有关损益指标的利用。

第二,账结法。

在账结法下,每月月末均需编制转账凭证,将在账上结计出的各损益类科目的余额结转入"本年利润"科目。结转后"本年利润"科目的本月余额反映当月实现的利润或发生的亏损,"本年利润"科目的本年余额反映本年累计实现的利润或发生的亏损。账结法在各月均可通过"本年利润"科目提供当月及本年累计的利润(或亏损)额,但增加了转账环节和工作量。

2. 结转本年利润的会计处理

企业应设置"本年利润"科目,核算企业本年度实现的净利润(或发生的净亏损)。

会计期末,企业应将"主营业务收入""其他业务收入""营业外收入"等科目的余额分别转入"本年利润"科目的贷方,将"主营业务成本""其他业务成本""营业税金及附加""销售费用""管理费用""财务费用""资产减值损失""营业外支出""所得税费用"等科目的余额分别转入"本年利润"科目的借方。

企业还应将"公允价值变动损益""投资收益"科目的净收益转入"本年利润"科目的贷方,将"公允价值变动损益""投资收益"科目的净损失转入"本年利润"科目的借方。

结转后"本年利润"科目如为贷方余额,表示当年实现的净利润;如为借方余额,表示当年发生的净亏损。

年度终了,企业还应将"本年利润"科目的本年累计余额转入"利润分配——未分配利润"科目。如"本年利润"为贷方余额,借记"本年利润"科目,贷记"利润分配——未分配利润"科目;如为借方余额,作相反的会计分录。结转后"本年利润"科目应无余额。

第四节 成本管理模式及其评价

长期以来,绝大多数企业采用的是以产品成本为对象,以变动成本为主要动因的传统成本管理模式。随着世界经济环境的发展变化,传统成本管理模式的局限性逐渐暴露出来,促使人们开始探索新的成本管理模式,作业成本管理、成本企划等管理模式便应运而生。

一、传统成本管理模式及其评价

人们一般将作业成本管理模式创立前的成本管理模式称为传统成本管理模式。传统成本管理模式由重置成本会计管理发展到标准成本管理,再发展成目前仍在沿用的管理成本会计模式。

(一)传统成本计算方法

传统成本计算方法包括完全成本法和变动成本法两种。完全成本法是目前财务会计进行成本核算并向企业外部相关利益者提供成本信息所采用的成本计算方法;变动成本法则是目前管理会计为企业内部经营管理提供成本信息所采用的成本计算方法。

完全成本法也称制造成本法,是以成本按经济用途分类为基础的,将全部成本划分为生产成本和非生产成本。生产成本是指与产品生产关系比较密切的直接材料、直接人工和制造费用,计入产品成本,其中的制造费用通常以各产品的产量、直接人工、机器工时等标准分配计入产品成本;非生产成本是指与产品生产无直接联系的管理费用、营业费用和财务费用,计入期间费用。完全成本法认为:变动性生产成本和固定性生产成本都是产品生产必须支出的费用,均应计入产品成本。完全成本法便于确定企业一定期间的经营活动可获得的经营利润和净利润,可满足企业对外提供财务报告和纳税申报的要求。

变动成本法也称直接成本计算法,是以成本按成本习性分类为基础的,将全部成本划分为变动成本和固定成本。变动成本是指在一定的相关范围内,成本总额随业务量变动呈正比例变动的成本,其中直接材料、直接人工和变动性制造费用计入产品成本;固定成本是指在一定的相关范围内,成本总额不随业务量变动而变动的成本,固定性制造费用及变动性和固定性的管理费用、营业费用、财务费用均计入期间费用。变动成本法认为:固定性生产成本是为企业提供一定的生产经营条件而发生的,与产品产量无直接关系,不宜计入产品成本;固定性生产成本只是定期地创造了可供企业利用的生产能力,无论当期对该生产能力的利用情况如何,均不会影响其发生额,因而与经营期间的关系更为密切,应计入期间费用。变动成本法便于确定企业一定期间的贡献毛利,揭示产品的盈利能力与业务量、成本、利润之间的内在联系,可满足企业内部财务预测、财务决策和财务分析的需要,是目前实施成本管理采用的主要成本计算方法。

(二)传统成本控制方法

传统成本控制系统分为三个阶段:

1. 确定成本控制标准

成本控制标准是对各项成本费用开支和资源消耗规定的数量界限,是成本控制与成本业绩考核的依据。确定成本控制标准是成本控制的首要环节,该成本控制标准应该具有先进性、可行性和可控性。成本控制标准的具体形式有多种:①目标成本。是根据预计可实现的销售收入扣除目标利润所确定的成本,企业的总成本目标须逐级分解成基层的具体成本目标;②计划成本。是企业财务计划中确定的成本;③标准成本。是在一定的生产技术条件下,为生产某种产品或零件而需要耗费的人力、物力、财力的数量标准,也称消耗定额;④费用预算。一般用于控制营业费用、管理费用的开支;⑤责任成本。是分配到某一责任单位或责任人并由其负责完成的成本。

为了保证成本控制目标的实现,需要根据成本的执行单位,将成本控制标准逐级分解归口到各个部门、各级单位乃至个人,由归口对象进行相关成本的控制,落实成本管理责任,形成一个责任明确、分工协作的成本控制系统。

2. 监督成本的形成过程

对成本的形成进行全程监督,是执行成本控制标准的过程,也是成本控制的中心环节。首先,需要审核各项成本费用的开支和资源的消耗是否符合要求,尽量杜绝不合理的开支和浪费;其次,将成本的实际执行结果与成本控制标准进行对比分析,及时揭示成本差异及其程度和性质。

3. 评价成本控制业绩

当成本的实际执行结果与成本控制标准出现差异时,对有利差异应进行总结提高;对不利差异需深入分析差异形成的原因,确定责任归属,同时提出切实可行的改进措施,以便及时纠正偏差,并寻求进一步降低成本的途径。如果差异的形成是因为成本控制标准不合理,或成本形成的因素或环境已发生变化,则需及时修正成本控制标准。

每过一段时期,需对各成本责任单位的成本执行情况进行考核评价,实行奖优罚劣的激励机制,以提高大家控制成本的积极性。

(三)传统成本管理模式的评价

1. 传统成本管理模式的运用环境

传统成本管理模式简便易行,曾经在很长一段时期内为企业降低成本、提高经济效益、增强市场竞争力发挥了不可磨灭的作用,很多企业还一直沿用至今。传统成本管理模式主要适应于消费者需求的个性化程度不高,便于产品的大规模生产;生产技术含量相对较低,变动成本比例较高;市场竞争不十分激烈等生产经营环境。这是因为:其一,在消费者需求比较大众化的情况下,一方面便于组织大规模的生产流水作业,其产品比较单一,产品成本的构成也相对简单且稳定,使成本控制标准的确定、分解、分析、考核评价等工作易于开展,为传统成本管理模式的实施创造了条件;另一方面,产品不需要多样化的设计,产品的促销手段也比较简单,企业的设计费用、经营费用和管理费用都相对较低,产品成本主要发生在生产阶段,故生产成本成为成本计算和控制的主要对象。其二,生产技术含量较低的产品生产通常是劳动密集型的,生产设备简单且价值较低,生产管理的复杂程度不高,产品成本构成中直接人工和直接材料的比重很大,间接的制造费用较低,以直接人工、机器工时等标准分配间接费用是比较合理的。其三,在市场竞争不十分激烈的环境下,对成本管理的要求相对较低,企业只需将生产经营成本控制在一定的标准下即可达到目的,即企业允许一些无效率作业的存在,也无须强求对其他环节成本的控制。

然而,随着时代的发展,企业生产经营的环境发生了巨大的变化。就生产环境而言,由以劳动密集型为主转变成以技术密集型为主,自动化程度越来越高,产品生产呈现出多样化特征,大规模的单一生产逐渐淡出,产品生命周期也缩短了;就经营环境而言,消费者需求由大众化转变为个性化,从而形成社会需求的多元化,导致了更为激烈的市场竞争,并且随着世界经济一体化进程的加快,国际市场的竞争环境也越来越激烈。传统成本管理模式的不足在此环境下逐渐呈现出来。

2. 传统成本管理模式的不足

（1）成本计算范围狭窄，成本信息失真

传统成本计算只计算产品的生产成本，不涉及技术和流通领域的成本，提供的成本信息不全面。在技术密集型的生产中，成本的影响因素是多层次和多样化的，且间接费用的比重较大而直接成本的比重相对较小，此时仍然沿用以产量或工时为标准分配间接费用的传统成本计算方法，必然会造成产品成本信息的失真。不全面且失真的成本信息显然不能很好地服务于企业的经营决策。

（2）成本控制目标单一、领域狭窄

传统成本控制的目标是最大限度地避免成本支出，增加利润。而应激烈竞争环境的要求，企业必须以"顾客满意"为目标，不可避免地要在售后服务等方面花费代价。因此，根据现代管理的要求，为了企业未来的发展需要和核心竞争力的形成，企业有时必须以暂时的、局部的价值牺牲为代价。这显然与传统成本控制的目标是不相符的。

从传统成本控制的空间范畴看，传统成本管理强调的是成本与业务量的相关性，材料费用、人工费用是其控制的重点内容，而其他的成本动因却很少考虑，成本降低的空间受到限制，致使控制不力；传统成本管理还局限于生产经营环节的成本，将企业视为独立的主体实施控制，未能将与企业盈利密切相关的供应商和购货商纳入控制范围。这样的成本控制在短期内可能会产生一定的效果，但很可能以损害企业的长远利益为代价。

从成本控制的时间范畴看，传统成本控制只注重对投产后的资源消耗及各项费用支出的控制，而忽视产品投产前在设计阶段的成本控制。由于产品的结构、性能、耗材、生产工艺等影响产品成本的主要因素均是在设计环节确定的，产品的成本高低在很大程度上取决于产品设计的合理与否。因此，只有从产品设计阶段即开始实施成本控制，才可能最大限度地实现成本最优化目标。

（3）各成本责任单位的目标难以协调一致

传统成本管理将成本控制目标归口分级至各责任单位或个人，其初衷是通过个体成本目标的实现使企业整体成本达到最佳。由于分别考核各责任人的成本控制指标的完成情况，这虽然能激励各责任人努力完成自己的责任指标，但他们往往会因此以自我为中心，只片面追求单一成本目标的完成而忽视其他方面的责任，甚至有可能损害其他责任人乃至企业整体的利益。因此，各成本责任单位的目标难以协调一致。

另外，当产品生产呈现出多品种、小批量、更新速度快的特征时，将大大增加企业制定成本控制标准的工作量，并且由于成本标准太多，还会大大增加成本控制工作的复杂性和难度。这样一来，企业在成本控制方面的投入可能超过因此降低的成本。

二、作业成本管理模式及其评价

作业成本管理模式是由鲁宾·库珀和罗伯特·卡普在1984年创立的，这标志着成本管理进入现代成本管理时期。

（一）作业成本计算方法

作业成本的计算涉及资源、资源动因、作业成本库、作业动因、直接成本和成本对象六大要素，它们的关系如图8-1所示。

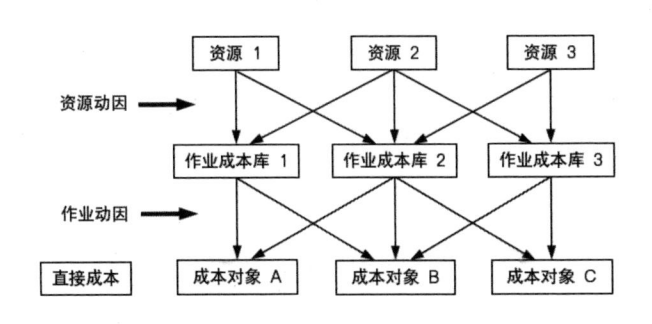

图8-1 作业成本计算流程图

作业成本的计算过程如下：

1. 归集各种资源耗费

资源的耗费是成本形成的源泉。从广义上讲，企业生产经营既需要消耗原材料、人力、机器设备等物质资源，又需要消耗技术、方法等非物质资源。由于非物质资源难以计量，作业成本计算中归集的资源成本，只是狭义的可计量的物质资源。

作业成本计算的起点是根据各类资源耗费的情况分别确定各种资源的成本，形成图中资源1、资源2、资源3……的成本。

2. 分配计算各作业成本库的成本

作业是企业为提供一定量的产品或劳务所消耗的人力、技术、原材料、方法和环境等资源的集合体。企业实质上是为满足顾客需要而建立的一系列有序作业的集合体，作业因此成为作业成本管理模式的核心内容。企业每进行一项作业，都需要消耗一定的人力、物力和财力等资源，同时也创造了一定的价值，并且随着作业对象的转移逐步结转到下一项作业，最后将最终产品提供给顾客。这个过程既是作业链的形成过程，也是价值链的形成过程。

作业成本库归集的是各项作业耗费的成本总和。作业需要消耗资源，一项作业所耗费的资源的种类及数量便是其资源动因，它反映了作业量与资源耗费间的因果关系。当一种资源只服务于一项作业时，该资源成本直接计入该作业成本库，如图8-1中资源1直接计入作业成本库1；当一种资源服务于多项作业时，资源耗费需依据资源动因分配给各项作业计入其作业成本库，如图中资源2分配计入作业成本库1、作业成本库2和作业成本库3。

3. 分配计算各成本对象的成本

确定各成本对象的成本是作业成本计算的最终目的。作业成本管理模式下的成本对象可以是产品，也可以是与企业生产经营密切相关的其他方面。常见的成本对象有：产品、批次、服务、顾客及营销渠道等。

成本对象是经过一系列作业后的最终成果，作业完成的频率决定了成本对象的数量或效果。成本对象消耗的作业数量越多、种类越多,成本也就越高,成本对象所需作业的种类和数量便是其作业动因,它反映了成本对象使用作业的频度和强度,也反映了成本对象与作业量之间的因果关系。当一项作业只服务于一个成本项目时,该作业成本直接计入该成本对象,如图 8-1 中作业成本库 3 直接计入成本对象 C;当一项作业服务于多个成本对象时,作业成本库需依据作业动因分配给各成本对象,如图 8-1 中作业成本库 1 分配计入成本对象 A 和成本对象 B。

作业成本管理模式通常需根据多个作业动因来分配作业成本,因为作业成本是多层次的,不同层次的业成本的成本动因也不同。如制造业的作业成本就可划分为产品品种、产品批次、生产线、工厂等层次,在产品品种层次,作业在生产每件产品时均会发生,其成本动因是产量;在产品批次层次,作业为每批产品而发生,其成本动因是批次的数量;在生产线层次,作业是对产品进行机械加工,其成本动因是被加工产品的范围及工艺的复杂程度;在工厂层次,作业是为了管理生产经营活动,其成本动因是组织规模和组织活动。由此可见,把不同层次的作业区分开来是非常必要的。

4. 直接成本直接计入其成本对象

单独为某一个成本对象所消耗的资源即为直接成本,如生产单一产品所消耗的材料费用、只生产一种产品的人工成本、专门加工一种产品的设备的折旧费用等,均为直接成本。这些成本是很容易追溯到成本对象上的,因此可直接计入其成本对象。

(二)作业成本控制方法

作业成本控制是以作业管理为核心内容的。企业的各项作业都需要消耗掉一些资源,形成作业成本;作业的最终成果是形成产品或服务提供给顾客,从顾客那里取得的转移回来的价值便形成企业的收入;收入补偿所有作业成本后即形成企业的盈利。因此,作业管理的主要目标就是提高作业产出,减少作业消耗。

1. 确认增量值作业与非增量值作业

增值作业是指那些能给顾客带来价值，为企业制造利润的作业。增值作业包括两种类型，一种是能直接给顾客带来价值的作业，如产品加工作业、送货上门作业等；另一种是虽然不能给顾客直接带来价值，但是维持企业正常经营必不可少的作业，如编制预算作业、发放工资作业等。对于增值作业，企业需尽可能地提高其效率，减少资源耗费。

非增值作业是指那些不会因消除而影响顾客满意度，影响企业正常生产经营和企业竞争力的作业。换言之，非增值作业是对企业毫无意义的作业，是一种浪费，因为只要进行作业就会消耗资源。因此，企业应尽可能地消除非增值作业。

2. 分析动因，重构作业

成本动因是决定作业的工作负担和作业所需资源的最基本的因素，他决定着成本的构成及其金额。通过成本动因的分析，可以揭示成本发生的因果关系，为消除浪费、改进作业提供依据。作业成本管理模式下的成本动因有两类：资源动因和作业动因。分析资源动因，可以揭示哪些资源耗费可以减少，哪些资源需要重新配置，为改进和降低作业成本提供依据；分析作业动因，可以揭示实施作业的原因及哪些作业可以消减，为改进和降低整体成本提供依据。

依据成本动因的分析结果进行作业重构，即从作业的层面重新设计企业的各项工作，旨在消除非增值作业，提高增值作业的效率。为此，企业一方面需努力寻找形成成本的根本原因，从根源入手寻求降低成本的途径；另一方面需简化作业，在不影响顾客满意度的前提下，越简单的作业所消耗的资源越少，成本越低。如减少购销货的中间环节，消除产品身上顾客不看重的附带功能等。

3. 确定成本改进目标

重构作业后，企业消除了非增值作业，并在一定程度上提高了增值作业的效率，但这并不意味着企业的作业因此达到了最高效率。企业还应该调查了解其他企业的做法，通过比较寻找差距。企业选择的比较对象通常是同行业中最先进的企业或有类似作业的其他行业中的佼佼者。在比较中,企业需反复思考:目前成本管理效果最好的企业是怎样做的?我们目前是怎样做的?我们怎样才能做得更好?以促使企业不断提升作业成本管理水平。

当然,企业所选择的成本改进目标并不是静止的。激烈的市场竞争迫使目前的先行者也不敢止步,他们也会不断改进,由此为企业树立新的目标。

4. 绩效评估,持续改进

绩效评估是一种激励机制,主要是起到保证各项作业的完成,并对各项作业的效果进行衡量的作用。一个好的绩效评估系统能促使企业提高作业效率,改善作业质量,为企业创造更多的价值。

绩效评估系统也是需要不断改进和发展的,这是持续改进企业作业的必要条件。一个先进可行的绩效评估系统应该具有以下特征:①绩效衡量指标与被衡量的作业目标保持一致;②绩效衡量指标是可计量的;③简便易行,能引导员工的有益行为,被评估者只对能控制的作业负责;④既能体现获得的进步,又能反映存在的问题及其改进的途径;⑤衡量不同作业的绩效评估指标应协调一致。

(三)作业成本管理模式的评价

1. 作业成本管理模式的优点

(1)能提供更为真实的成本信息

作业成本计算是以成本动因为依据来分配间接费用的,针对不同的间接费用采用了不同的分配标准,较为客观地体现了其中的因果关系,由此计算的成本更为真实准确。尤其是在高新技术环境下所具有的电脑一体化制造系统的运用,间接费用比例大幅上升,顾客需求多样化,产品生命周期缩短,市场竞争激烈等特征,采用作业成本计算可避免传统成本计算以产品数量为唯一标准分配间接费用所导致的成本失真现象。此外,作业成本管理模式不仅能提供财务信息,还能提供部分非财务信息。正是这些更为全面真实的成本信息才能更好地服务于企业的预测、决策、计划和控制等管理工作。

（2）拓宽了成本控制的视野

传统成本控制局限于生产经营过程的资金运动。作业成本控制除了采取措施使现实发生的成本得到约束外，还将视野向前延伸到产品的开发设计阶段，通过成本动因分析预计其未来成本的发生情况，在未实施生产前即消除非增值作业，极大地挖掘了成本降低的潜力；同时作业成本控制还将视野向后延伸到未来理想的状态，暂时抛开现实的影响因素及在现实的生产经营控制中可能遇到的问题，以从零开始重构作业的方式建立理想目标，寻求最佳的作业组合，具有积极的战略意义。这种全方位的成本控制，有利于企业全面考虑问题和形成竞争优势。

（3）提高了成本管理的绩效

作业成本管理围绕着"作业链"和"价值链"进行分析，追本溯源，努力寻找引起成本的根源，揭示了资源与作业、作业与价值之间的因果关系，指明了深入到作业进行成本控制的途径，便于消除一切不应该发生的成本，从而极大地提高了成本管理的绩效。

2. 作业成本管理模式的不足

作业成本管理模式作为一种刚创立不久的新的成本管理模式，还存在一些不尽完善的方面，有待人们去深入研究和逐步完善。

（1）作业成本计算的假设不尽合理

在作业成本的计算中，间接费用以成本动因为依据进行分配，其前提假设是作业成本与成本动因呈严格的线性关系，这与现实并不完全相符。现实中的作业成本有的随成本动因呈线性变化；有的则随成本动因呈曲线变化。如在企业分设几个质检部门分别检测各产品的质量时，单一部门的质检作业成本与其检测产品的数量呈线性关系，以产品数量为成本动因将质检作业成本分配至不同批次的产品是合理的。但在开车为顾客送货的作业中，由于顾客的远近不同，每次送货的数量也不同，送货作业成本与送货次数并不完全呈线性关系，此时若按送货次数分配送货作业成本就不太准确。因此，作业成本计算出来的成本信息不可避免地也存在着一定程度的扭曲。

（2）难以解决多个成本动因的费用分配问题

企业本身是一个庞大而复杂的系统，其中必然存在一些比较复杂的作业，这类作业的成本动因往往不止一个。在多个成本动因中选择哪一个作为分配间接费用的依据？这是在作业成本计算中常常遇到的难题。实践中采用的解决办法是选择其中对作业成本影响最大的成本动因，而忽略其他成本动因的影响。而判断各成本动因对作业成本的影响程度大多还只能依赖于人们的主观判断，难免出现偏差。尤其是在各成本动因的影响程度相差无几时，选择其中一个而舍弃其他显然会造成更大的误差。如企业只设一个质检部门检测多种产品的质量，其成本动因就有多个，包括检测各种产品的数量、每种产品检测的复杂程度及其使用的检测仪器设备的价值高低，显然此时的质检作业成本仅以产品数量或产品检测的复杂程度或检测仪器设备的价值高低为成本动因分配质检作业成本都不尽合理。

（3）作业成本管理的实施成本高

要实施作业成本管理模式，首先需要将企业的全部工作细分为若干项作业，其次需要为每一项作业确定至少一个成本动因，随后需详细记录各项作业消耗成本动因的数量，由于作业项目多，成本动因也多，间接费用的分配计算工作也是错综复杂的。上述每一项工作都需要企业投入大量的人力、物力和财力，其实施成本远高于传统成本管理模式。企业在实施作业成本管理时有必要考虑该成本所产生的抵消效应。

三、成本企划管理模式及其评价

成本企划管理模式的雏形早在20世纪60年代就在日本形成了，目前已发展成为日本制造业主流的成本管理模式。成本企划管理为日本企业的成本降低做出了巨大的贡献，也是日本产品在激烈的国际市场竞争中长盛不衰的秘密所在。

（一）目标成本企划

目标成本是企业成本企划中最关键的核心因素。成本企划通常是以消费者认可的产品销售价格为起点,倒扣企业必需的目标利润,以确定产品允许的目标成本。

1. 确定销售价格,预测销量

在市场经济条件下,产品的销售价格和销量完全取决于市场供求关系,它基本上与企业的主观愿望无关。因此,企业所确定的产品销售价格应该是预计能被消费者认可并愿意购买该产品的价格。而影响产品市场价格和销量的因素非常多,主要包括产品特性、产品功能质量、市场竞争状况、产品消费群体的定位、企业物流系统、准备采取的营销策略及其他相关因素等。为此,企业需要广泛开展市场调查研究工作,搜集相关信息,参考其他企业类似产品的销售状况,在综合考虑各方面因素的基础上来确定产品销售价格,才能对产品未来的销售收入有一个更为合理的预计。

2. 确定目标利润

在产品的销售价格和销量确定下来后,目标利润的确定则成为影响目标成本高低的关键因素。目标利润的确定也需兼顾多方面因素的影响,应以企业的经营理念、战略方针为出发点,考虑企业的长期投资计划、研究开发计划、中长期盈利计划、生产线设置计划等加以确定。另外,在成本企划中,目标利润是需要企业各部门竭尽全力必须保证实现的利润,一旦确定,即成为经营者必须完成的责任和义务。因此,目标利润的确定是一项与企业各部门乃至全体员工都密切相关的重要决策,需要各部门经理的共同参与,就目标利润及其分部利润实现的可行性、合理性等方面提出各自的观点,并进行充分的讨论、协商和谈判。最后形成的企业整体的目标利润和分配至下属各分部的目标利润,是经所有经营者同意并许诺实现的目标利润。

显然,目标利润的确定也是一项比较复杂的工作。

3. 设定目标成本

目标成本是指为实现目标利润而必须控制的成本目标值。成本企划下的目标成本具有两大特性：其一是不论怎样艰难都势必实现的成本目标，它有别于传统成本控制下设定的目标成本，后者是要求各部门在生产经营阶段尽可能采取各种措施予以改进的成本目标，在执行过程中可能实现，也可能实现不了；其二是指产品全生命周期的成本，包括从产品企划、开发、设计到产品制造、营销、物流，直至产品废弃的整个生命周期的成本。产品生命周期成本有广义和狭义之分，如图 8-2 所示。

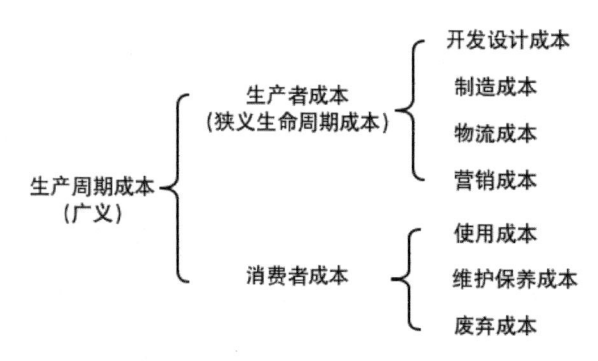

图 8-2　产品生命周期成本的构成

成本企划中设定目标成本常用的方法有扣除法、加算法和折中法三种。

扣除法是由产品预计销售收入倒扣企业期望赚取的目标利润计算出目标成本的。在这种方式下，企业按上述步骤完成了目标利润的确定工作，就意味着目标成本业已确定。这种方法是以市场为基点来控制成本的，产品销售比较有保障，同时能确保目标利润的实现。但由于目标成本的设定没有考虑现实的生产技术能力，很可能因脱离现实太远而难以达到。

加算法是以在目前的生产技术水平下可控制的成本为基准，加上增设产品新功能必需的成本，减去与可除去功能及可消除作业相关的成本，来确定产品目标成本的方法。这种方法是以现实的生产技术能力为基点来控制成本的，执行中较容易达到。但由于目标成本的设定没有考虑市场销售情况，很可能因设定的目标成本水平较高而影响目标利润的实现。

折中法是将扣除法和加算法结合起来运用的方法,即在综合考虑以扣除法计算出来的成本和以加算法计算出来的成本的基础上设定目标成本。折中法既考虑了产品的市场销售状况和企业需实现的目标利润,又考虑了生产技术水平确保目标成本实现的可行性,克服了采用单一的扣除法或加算法设定目标成本的弊端,因此成为成本企划中应用最广泛的方法。

目标成本设定后,企业的成本控制便有了明确的方向。目标成本是企业产品成本允许的最大值。如果该产品是企业原已生产的产品,通过产品目前成本与目标成本的比较,确定其成本降低目标,这是需要通过改善产品设计或生产经营过程应获得的成本持续降低目标;如果该产品是企业拟开发的新产品,则需在新产品的开发设计阶段即确保目标成本在图纸上得以实现。

(二)目标成本的控制

1. 目标成本的分解

为了确保目标成本的实现,需要更为具体的目标成本,故目标成本还需按产品成本形成的特性进一步予以细分。分解目标成本,一方面便于对各项成本费用发生的合理性进行分析;另一方面也便于分析目标成本控制的可行性并落实目标成本控制的责任。

分解目标成本的方法很多,即可以按产品所具有的功能、结构和成本要素分解,也可以按产品成本形成过程中的责任人分解。各企业应根据产品的特性并兼顾方便的原则加以选择。

(1)按产品功能分解

目标成本按产品的功能由大到小依次进行分解,使产品所具有的功能与成本一一对应,便于进行价值工程的功能成本分析,提供了通过改善产品性能控制成本的途径。企业对于新开发的产品和处于成长期的产品往往采取按产品功能分解目标成本的方法。

（2）按产品结构分解

目标成本依据产品各部分结构的复杂程度、耗材等方面进行成本分解，能反映出产品各构成部分的成本，提供了通过改造产品结构控制成本的途径。对于那些基本结构已比较清晰的产品，适合采取按产品结构分解目标成本的方法。

（3）按成本要素分解

目标成本依据将要耗费的直接材料、直接人工、制造费用等成本项目进行成本分解，能反映产品生产过程中各道工序的成本，提供了通过改进产品生产工艺控制成本的途径，有助于在详细的工程设计阶段的成本控制。

（4）按设计人员分解

产品的设计开发通常是由一个设计团队负责完成的。团队负责人先需要将产品各功能及其相应结构的设计任务分配至各小组或个人，同时将目标成本做相应分解，要求各设计人员既要完成对产品功能、结构、工艺等方面的设计工作，又要确保各环节目标成本的实现。目标成本按设计人员进行分解，有利于提高人们的成本意识，充分发挥人的主观能动性，有助于目标成本的实现，并促使设计人员向设计极限挑战。

上述目标成本的分解方法可结合运用。目标成本可首先按产品的一级功能和次级功能进行分解；当产品的结构趋于清晰时，再进一步按产品结构分解；继而按产品的成本要素分解。目标成本按设计人员分解通常也是建立在功能和结构分解基础上的。尤其是在企业开发全新产品时，更有必要采取多种方式分解目标成本。

2. 目标成本的控制

目标成本被分解成若干具体的成本指标或任务后，需要采取一系列有效的手段和措施来保证各具体成本控制目标的落实，最终促使企业整体目标的实现。成本企划的具体实施方法是在设计产品性能结构的同时对产品实际制造过程中的成本形成进行详细分析，寻求成本降低的途径，即在设计产品各部位时尽可能减少原材料耗费并采取经济有效的制造工艺。当某个环节的设计告一段落时，如果设计的成本预计值不高于该部分的目标成本，方可进入下个环节的设计工作。否则就得重新再来，或者要反复修改产品功能结构和制造工艺；或者要修正目标成本的分解值，直至达到目标。显然，成本企划是通过逐层逐步挤压成本的多重循环来降低成本目标的。

成本企划管理模式降低成本的主要手段是实施价值工程。价值工程的核心内容是进行功能/成本分析，目的是设法提高功能价值比率。其中功能是指产品给消费者带来的效用、效果或指产品对消费者欲望的满足程度；功能价值比率是指特定功能与形成该功能的成本之间的比率，用以反映为特定功能而耗费的成本是否合理。成本企划管理模式在产品企划、产品设计和产品制造各环节均实施了价值工程。

（1）产品企划之价值工程

产品企划环节的价值工程主要是围绕着消费者的市场需求而展开的，其分析的重点是产品的功能。通过调查了解消费者对某类产品的实用、美观等方面的功能要求，在企业具备足够的技术或完全有可能获得技术来提供这些功能的前提下，考虑开发生产此产品所需投资及预期可获得的经济效益等因素，做出是否开发新产品的决策，并对拟开发的产品做出"产品企划书"。在产品企划阶段，通常只是运用价值工程的思维方式进行定性分析和比较粗略的定量分析。

（2）产品设计之价值工程

产品设计阶段是成本企划最重要的环节，设计人员在设计产品的功能、结构、制造工艺的同时，也设计了产品的成本。该阶段的价值工程是以"产品企划书"为起点，从构想设计、基本设计到详细设计，整个过程都是围绕着产品的功能和成本设计进行的，旨在实现提供产品一定功能的情况下，降低成本，或在成本支出一定的情况下提高产品功能，或在提高产品功能的同时降低成本。一些功能价值比率很低的功能应考虑舍弃。通过对产品性能、结构、耗材、外观、工艺等方面的设计和反复修正，最终使产品设计的式样、参数等符合目标成本的要求，从而形成产品的详细设计图,做好生产准备。

(3)产品制造之价值工程

产品制造阶段的价值工程是以产品详细设计图为起点,通过对产品制造过程的具体检测分析和成本控制来确保目标成本的实现。此阶段主要是通过改变部件的形状、改变加工次序和方法来提高功能价值比率的。

(三)成本企划管理模式的评价

1. 成本企划管理模式的优点

(1)增强了产品的市场竞争力

世界经济一体化将企业带入越来越激烈的国际竞争环境中,信息高速公路使信息的传播广泛而快捷。在这种经济环境下,个别企业很难长期借助于地域优势或技术优势来获得稳定的利润。企业只有掌握消费者的需求动态,抓住市场机遇,才能谋求长期的生存与发展。成本企划管理模式就是以产品的消费市场为基点,以消费者的评价来确定产品的价格和销量的,并在此基础上确定企业的目标利润和目标成本,再运用价值工程确保目标的实现。由此生产出来的产品既有市场,又能保证企业的盈利,从而大大增强了市场竞争力。成本企划是日本产品在国际市场长盛不衰的秘密所在。

(2)从成本形成的源流确保了成本降低

成本企划管理模式实施成本控制的重点是设计的产品成本,即在产品的开发设计阶段就开始成本的降低活动,立足于成本形成的源流做事前的全面而周密的控制。设计产品就是在图纸上"制造产品",设计中既考虑产品实际制造过程中所有的成本因素,也在实际成本尚未发生时将产生无谓成本的因素予以削减。成本企划管理模式将成本管理的重心由产品生产阶段转移到产品设计阶段,可最大限度地避免后续制造过程中的无效作业造成的成本浪费,在产品生产前期确保了成本降低。

（3）实施了产品全生命周期的成本管理

成本企划管理模式以价值工程为主要手段，并使价值工程贯穿于产品企划、产品设计、产品制造乃至产品售后服务的全过程，即对产品全生命周期实施了成本管理，使最大限度降低产品全生命周期的成本成为可能。

2. 成本企划管理模式的不足

（1）成本估算信息可能失真

相对于传统成本管理模式而言，成本企划管理模式在成本控制的思路、领域、方式等方面均是十分先进而有效的。但成本企划的成本核算仍然采用的是传统成本核算方式，该核算方式在现时的生产技术条件下出现的成本信息失真，必然导致设计产品过程中的成本估算偏差。失真的成本信息很可能会误导后续的工作甚至导致失败。如某项成本被高估以至超出目标成本，引导设计人员去削减其成本，但实际上其成本可能已经很低而无法再压缩；如某项成本因被低估而未超出目标成本，设计人员将忽略对其成本的削减，无形中失去了一次降低成本的机会。

（2）成本企划的运作成本较高

成本企划管理模式的运作是群众性的，企业的每一位员工都是成本控制管理的主角，都需要为成本企划出力，其人力成本是相当高的。成本企划管理模式之所以能在日本得到普遍应用并为日本企业带来了巨大的成功，在很大程度上得益于日本的"终身雇佣制"。日本企业拥有强大的凝聚力，员工们乐意为企业的发展出谋划策，这种不计报酬的奉献大大降低了成本企划的运作成本。显然，如果在员工为企业创造的任何价值均需计相应报酬的企业文化背景下，成本企划运作的高成本必然抵消一部分成本降低的效果。

（3）成本企划给员工或组织施加的压力过大

在成本企划管理模式下，企业的每个职能部门和每一位员工都肩负着成本削减任务。如果该项任务是适度的，人们可以通过努力完成并收到很好的效果；如果该项任务是过度的，超过了员工或组织可承受的疲惫极限，如脱离当前客观现实而设立的成本降低目标,将在强制执行中给员工或组织施加难以忍受的压力。这种非理性的成本企划必然产生负面效应,导致运转环节的疲劳性断裂,企业的生产经营也因此出现一定程度的混乱状态。

第九章 收益及其分配

第一节 利润与利润分配

利润是企业生存和发展的基础,追求利润是企业生产经营的根本动力。搞好利润管理具有十分重要的意义:第一,利润是衡量企业生产经营水平的一项综合性指标;第二,利润是企业实现财务管理目标的基础;第三,利润是企业扩大再生产的主要资金来源。

一、利润的构成

利润是企业在一定时期从事生产经营和非经营活动所取得的净收益,在量上表现为企业全部收入抵减全部有关支出后的余额,而如果企业的收入不足以抵补其支出,就表现为亏损。

(一)营业利润

营业利润是指企业在一定时期从事生产经营活动所取得的利润。它是企业利润总额的主体,是企业营业收入扣除营业成本、费用和各项相关税金等支出后的余额。

营业收入包括主营业务收入和其他业务收入。

营业成本包括主营业务成本和其他业务成本。

税金及附加是指主营业务、其他业务所缴纳的税金及附加。

销售费用是企业为销售产品所发生的各项费用,具体包括运输费、装卸费、包装费、保险费、销售佣金、租赁费、广告费、代销手续费、展览费以及专设销售机构经费等。

管理费用是企业行政管理部门为管理和组织生产经营活动而发生的各项费用,具体包括公司经费、工会经费、职工教育经费、劳动保险费、待业保险费、董事会会费、咨询费、聘请中介机构费、诉讼费、排污费、绿化费、税金、城镇土地使用费、土地损失补偿费、技术转让费、技术开发费、无形资产摊销、开办费摊销、业务招待费、坏账损失、上缴上级管理费等。

财务费用是指企业在生产经营过程中为筹集资金而发生的各种费用,如经营期间的利息净支出、汇兑净损失、调剂外汇手续费、金融机构手续费以及筹资发生的其他财务费用。

资产减值损失是指各项资产由于减值所可能发生的损失。

公允价值变动损益是指各项资产由于公允价值变动所发生的损益。

投资收益是指企业对外投资所取得的收益或发生的损失。

(二)营业外收入和营业外支出

营业外收入包括企业固定资产盘盈和出售的净收入、罚款收入、因债权人原因确实无法支付的应付款、教育附加费返还款等;营业外支出包括固定资产盘亏、报废、毁损和出售等情况的净损失、企业非季节性和非在修理期间的停工损失、职工子弟学校和技工学校经费、各种自然灾害等原因造成的非常损失、公益救济性捐赠支出、企业因未履行合同和协议而向其他单位支付的赔偿金、违约罚息与罚款等。

企业利润总额主要由营业利润、营业外收入和营业外支出三部分构成。

$$利润总额 = 营业利润 + 营业外收入 - 营业外支出$$

利润是一个应用十分广泛的概念,在不同的情况下,其含义和内容也不完全一致。在财务管理中,经常用到的利润概念除上述涉及的以外,还有如下几种:

第一,毛利,是营业收入减去营业成本后的差额,即:

$$毛利 = 营业收入 - 营业成本$$

第二,息税前利润,是指扣除利息费用和所得税之前的利润,即:

$$息税前利润 = 税后利润 + 所得税费用 + 利息费用$$

第三，税前利润，是息税前利润扣除利息费用后的余额，即：

$$税前利润 = 息税前利润 - 利息费用$$

第四，净利润，又叫税后利润，是税前利润减去所得税费用后的余额，即：

$$税后利润 = 税前利润 - 所得税费用$$

二、利润规划

（一）利润预测

利润预测是对企业未来某一时期可以实现的利润的预计和测算。它是根据影响企业利润变动的各种因素，预测企业将来所能达到的利润水平，或者根据实现目标利润的要求，预测需要达到的销售量或销售额。

在利润总额中，一般情况下，营业利润占的比重最大，是利润预测的重点，其余两部分可以采用较为简便的方法进行预测。下面以营业利润为例来说明利润预测中常用的几种方法。

1. 本量利分析法

本量利分析法是指将产品成本按其对产销量的依存关系分为变动成本和固定成本两部分，根据业务量、成本、利润三者之间的关系来确定目标利润的一种方法。其计算公式为：

$$目标利润 = 预计销量 \times (单位售价 - 单位变动成本) - 固定成本总额$$
$$= 预计销量 \times 单位边际贡献 - 固定成本总额$$

2. 比率预测法

比率预测法是按合理的利润率来预测目标利润的方法，如根据销售利润率、资产利润率等指标的先进、合理水平预测目标利润。

根据销售利润率预测目标利润，其计算公式为：

$$目标利润 = 预计销售收入 \times 销售利润率$$

根据资产利润率预测目标利润，其计算公式为：

$$目标利润 = 预计资产平均占用额 \times 资产利润率$$

3. 因素分析法

因素分析法是在基期销售利润水平的基础上,考虑预测期影响销售利润增减变动的各项因素,确定预测期产品销售利润额的一种方法。

这种方法在销售预测和取得基期利润表的基础上,根据销售百分比法的原理,计算基期利润表中各项目与产品销售收入的百分比,再将其与销售预测值相乘,确定预计利润表的各项目,运用编制的预计利润表来确定预测期的利润。

(二)利润预算

利润预算也称利润计划,是根据利润预测的结果,利用一定的表格形式,以货币为统一计量单位,反映预测期营业活动及其财务成果的综合性计划。利润预算是企业用于控制未来营业活动并使之达到预定财务成果的一种重要手段,是企业财务预算的重要组成部分。

1. 利润预算的内容

利润预算主要包括两部分内容——营业利润预算和利润总额预算。其中,营业利润预算是利润预算的重点。

2. 利润预算的编制

企业利润预算的编制是以企业预测期的销售预算和成本预算为主要依据,结合其他有关资料来进行的。为了便于检查和分析利润预算的完成情况,利润预算一般按会计报表中利润表的格式编制。

三、利润分配

利润分配一般指税后利润的分配。企业利润分配必须依法进行,兼顾投资者、经营者和职工等方面的经济利益。

1. 税后利润的一般分配顺序

第一,提取法定盈余公积金。公司分配当年税后利润时,应当按照税后利润的10%提取法定盈余公积金(非公司制企业也可按照超过10%的比例提取)。法定盈余公积金累计额为公司注册资本的50%以上的,可以不再提取。公司的法定盈余公积金不足以弥补以前年度亏损的,在提取法定盈余公积金之前,应当先用当年利润弥补亏损。法定盈余公积金可用于弥补以前年度的亏损、扩大企业生产经营或者转为增加公司资本,但是资本公积金不得用于弥补亏损。法定盈余公积金转为资本时,所留存的该项公积金不得少于转增前公司注册资本的25%。法定盈余公积金是从税后利润中形成的积累资金。从产权归属上看,它属于企业所有者权益的一部分,为投资者所有。

第二,向投资者分配利润。公司以前年度未分配的利润可并入本年,按照投资者实缴的出资比例分红。全体所有者约定不按照出资比例分取红利的除外。

2. 股份有限公司的税后利润在向股东分配时应遵循的顺序

第一,支付优先股股利;

第二,提取任意盈余公积金;

第三,支付普通股股利。

其中,提取任意盈余公积金是股份有限公司税后利润分配的一个明显特点。其目的是满足生产经营管理的资金需要,控制向股东分配利润的水平及调整各年利润分配的波动。公司弥补亏损和提取公积金后所余税后利润,股份有限公司可按照股东持有股份的比例分配,但股份有限公司章程规定不按持股比例分配的除外。

股东会、股东大会或董事会违反有关规定,在公司弥补亏损和提取法定盈余公积金之前向股东分配利润的,股东必须将违反规定分配的利润退还公司。公司持有的本公司股份不得分配利润。

第二节 股利政策的影响因素及其类型

一、影响股利政策的因素

股利政策是关于股份公司是否发放股利、发放多少股利、何时发放股利以及以何种形式发放股利等方面的方针和策略。在股份公司的理财决策中,股利政策始终占有重要地位。这是因为股利的发放既关系到公司股东当前的经济利益,又关系到公司的未来发展。

公司制定股利政策一般应当考虑下列因素:

(一)法律因素

任何股份公司总是在一定的法律环境下从事生产经营活动,因此,法律会直接限制股份公司的股利政策。这些限制主要表现为:

1. 防止资本侵蚀的规定

它要求公司股利的发放必须维护法定资本的安全完整,即公司不能因支付股利而引起资本(包括股本和资本公积)减少。这一规定的理性目的在于保证公司有完整的产权基础,由此保护债权人的利益。任何导致资本减少(侵蚀)的股利发放都是非法的。董事会应对此负责。按照这一规定,公司股利只能从该年的税后利润和过去积累的留存收益中支付。也就是说,公司股利的支付不能超过该年的税后利润与过去的留存收益之和。

2. 资本积累的规定

它要求公司在分配股利前必须按一定比例提取法定盈余公积金。

3. 无力偿付债务的规定

无力偿付债务是指公司由于经营管理不善,出现大量亏损,以致资不抵债,以及尽管公司没形成大量亏损,但由于资产流动性差而无力偿付到期债务这两种情况。按照法律规定,如果公司已经无力偿付到期债务或因支付股利将使其失去偿债能力,则公司不能支付现金股利,否则属于违法行为。这一规定不允许公司在现金有限的情况下,为取悦股东而支付现金股利。这就为债权人提供了可靠的利益保障。无力偿付债务的规定在我国尚未纳入法律规范的范畴,但在企业长期借款或发行企业债券的相关条款中已有所涉及。

4. 超积累限制

西方某些国家的法规规定禁止公司过度保留盈余。如果一个公司盈余的保留超过目前及未来的投资很多,则可看做过度保留,要受到法律的限制。这主要是为了避免公司帮助股东避税而过度保留盈余。我国的法律对公司超累积利润未作限制性规定。

（二）股东因素

1. 税负

由于股利收入的税率要高于资本利得税税率,因此,高收入阶层股东占较大比例的公司往往倾向于多留盈利、少派发股利的股利政策。这种低股利政策可以给这些高收入阶层股东带来更多的资本利得收入,从而达到少缴纳所得税的目的。相反,低收入阶层股东占较大比例的公司往往倾向于多发股利、少留盈利的股利政策。这些低收入阶层的股东所适用的个人所得税税率比较低,税负状况并不是他们关心的重点。他们更重视当期的股利收入,宁愿获取没有风险的当期股利,也不愿冒风险去获得以后的资本利得。

2. 股东的投资机会

如果公司将留存收益用于再投资所得的报酬低于股东个人将股利收入投资于其他投资机会所得的报酬,则该公司就不应多留存收益,而应多支付现金股利,因为这样做对股东将更为有利。虽然难以对每位股东的投资机会及其投资报酬率加以评估,但是公司至少应对风险相同的公司外部投资机会可获得的投资报酬率加以评估。如果评估显示股东在公司外部有更好的投资机会,则公司应选择高股利支付率的股利政策;否则,应选择低股利支付率的股利政策。

3. 保证控股权

高股利支付率会导致现有股东股权和盈利的稀释,从而打破原有股东对公司的控制格局。如果公司支付大量现金股利,然后再发行新的普通股,以融通资金,现有股东的控制权就可能被稀释。因此,这些公司的股东往往限制股利的支付,而愿意较多地保留盈余。另外,随着新股的发行,流通在外的普通股股数必将增加,最终导致普通股的每股收益和每股市价下降,对现有股东产生不利影响。

(三)公司内部因素

公司资金的灵活周转是公司生产经营得以正常进行的必要条件。因此,公司正常的经营活动对现金的要求便成为对股利的最重要的限制因素。这一因素对股利政策的影响程度取决于下列因素:

1. 资产的变现能力

一般来说,公司现金越多,资产流动性越强,支付现金股利的能力也就越强;反之,有些公司即使在过去长时期有丰厚的盈余,而且留在利润账户中的金额很大,仍然会因资产变现能力不强、流动性不足而无法发放现金股利。

2. 投资机会

公司如果有较多的有利可图的投资机会,往往采用低股利、高保留盈余的政策;反之,如果投资机会较少,就可能采用高股利政策。当然,在采用低股利政策时,财务经理必须把股东们的短期利益(支付现金股利)与长期利益(增加保留盈余)很好地结合起来,并要说明提高保留盈余、投资于盈利高的项目,从长远来看,股东会有更多的利益。

3. 筹资能力

如果公司有较强的筹资能力,随时能筹到所需资金,那么也就具有较强的支付股利的能力。这种筹资能力可以用银行借款、发行债券、发行票据的能力来表示。一般而言,大规模、成熟型公司比一些正在快速发展的公司具有更多的外部筹资渠道。因此,它们都比较倾向于多支付现金股利。新设的、正在快速发展的公司,由于具有较大的经营和财务风险,因而总要经历一段困难时期,才能较顺畅地从外部来源取得长期资金。在此之前,其所举借的长期债务不仅代价高,而且附有较多的限制性条款。因此,这些规模小、新创业的高速发展公司往往把限制股利支付、多留存收益作为其切实可行的筹资办法。

4. 盈利的稳定性

一般而言,如果公司的盈利一向比较平稳,而且在可预测的时期内不会有大幅度的升降,那么这类公司通常比盈利起伏大的公司的股利支付率高;相反,盈利不平稳的公司,对于日后盈利状况未敢确定,大多愿意保留大部分的盈利,以备在盈利下降时仍然能够继续派发股利。

5. 资本成本

与发行新股筹资相比,采用留存收益作为内部筹资的方式不需要支付筹资费用,资本成本较低。当公司筹措大量资本时,应当选择比较经济的筹资方式,以降低资本成本。在这种情况下,公司通常采用低股利政策。同时,以留存收益进行筹资还会增加权益资本的比重,进而提高公司的举债能力。

6. 公司现有经营情况

公司的现有经营情况和经营环境会影响它的股利政策。例如,处于扩充中的公司一般采用低股利政策;盈利能力较强的公司可以采用比较高的股利政策,否则采用较低的股利政策;经营上有周期性变动的公司一般采用低正常股利加额外股利的政策,在经营周期的萧条阶段采用较低的股利,而在经营周期的高峰阶段再加额外股利等等。

(四)其他因素

其他因素有如债务契约的限制等。当公司以长期借款、债券、优先股以及租赁等形式向公司外部筹资时,常常应对方的要求,接受一些有关股利支付的限制条款。这些限制条款主要表现为:除非公司的盈利达到某一水平,否则公司不得发放现金股利;将股利发放额限制在某一盈利额或盈利百分比之上。确立这些限制公司股利支付的契约性条款,目的在于促使公司把利润的一部分按有关条款要求的某种形式(如偿债基金准备等)进行再投资,以扩大公司的经济实力,从而保障债务如期偿还,维护债权人的利益。

二、股利政策类型

常见的股利政策有以下四种类型:

(一)剩余股利政策

剩余股利政策就是指在公司具有良好的投资机会时,根据最佳资本结构(目标资本结构),测算出投资所需权益资本,先从盈余当中留用,然后将剩余的盈余作为股利分配给股东的一种股利分配政策。

按照剩余股利政策,股利决策的一般程序为:

第一,确定公司的最佳资本结构,即权益资本与债务资本的最佳比例。

第二,确定最佳资本结构下投资所需的权益资本数额。

第三,尽量利用保留盈余来满足投资所需的权益资本数额。

第四,若投资方案所需的权益资本数额已经满足后仍有剩余,再将其剩余部分作为股利分配给股东。

(二)固定股利支付率政策

固定股利支付率政策是指公司每年按照一个固定的股利支付率来分配股利的政策。这一政策的特点是,如果公司各年间的盈利波动不定,则其发放的每股股利也将随之变动,故此政策又称变动股利政策。

主张实行这一政策的公司认为,只有维持固定的股利支付率,才能使股利分配与公司盈利紧密配合,以体现多盈多分、少盈少分、无盈不分的原则,这样才真正公平地对待了每一位股东。但是,由于股利通常被认为是公司未来前景的信息来源,在这种政策下,各年的股利额变动较大,极易给人造成一种公司经营不稳定的印象,不利于稳定股票价格。因此,一般公司不宜采用这种政策。

(三)固定或稳定增长的股利政策

固定或稳定增长的股利政策是指公司将每年分配的股利额固定在某一特定水平上,并在较长时期内保持不变的政策。其表现形式是每股股利额是固定的。这一政策的特点是,不论经济情况如何,也不论公司经营好坏,公司每年的每股股利额固定在某一水平上保持不变,而只有当公司认为未来盈余将会显著地、不可逆转地增长时,公司才会提高每股股利额。

采用这一股利政策的主要目的是避免出现由于经营不善而削减股利的情况。大量事实表明,绝大多数公司以及股东都喜欢稳定增长的股利政策。这一股利政策的缺点在于股利分配与盈余脱节。当盈余较低时仍要分配股利,这可能导致公司资金短缺、财务负担加重;同时不能像剩余股利政策那样保持较低的资本成本。

(四)低正常股利加额外股利的政策

低正常股利加额外股利的政策是指在一般情况下,公司每年只分配固定的、数额较低的正常股利,在公司盈余非常多时,再根据实际情况向股东分配额外股利的政策。必须指出,这里的"额外股利"并不固定,不意味着公司经常提高规定的股利额。

采用这一股利政策将使公司在分配股利方面具有较大的灵活性。当公司盈利状况不佳时,可以不付额外股利,减轻公司的财务负担,而公司盈利状况较佳且资金又很充裕时,可向股东多付额外股利,因此灵活性较大。这种以审慎原则为基础的股利政策受到不少公司的欢迎,尤其适用于那些各年盈余变化较大且现金流量较难把握的公司。必须注意的是,额外股利的支付不能使股东将它视为正常股利的组成部分,否则,不仅会失去其原有的意义,还会产生负面影响。例如,一个连年支付额外股利的公司,如果其股东将它视为正常股利的组成部分,则某一年因盈利下降而取消额外股利,其股东很有可能就此错误地认为公司财务发生了问题,公司的股价就可能因此而下降,进而影响公司的筹资能力。

第三节 股利支付程序与方式

一、股利支付程序

股份公司向股东支付股利前后有一个过程,主要经历股利宣告日、股权登记日、除息(除权)日和股利发放日。

(一)股利宣告日

股利宣告日,即公司董事会按股利发放的周期举行董事会会议,决定股利分配的预分方案,交由股东大会讨论通过后,由董事会将股利支付情况正式予以公告的日期。

(二)股权登记日

股权登记日,即有权领取本期股利的股东资格登记截止日期。只有在股权登记日前登记在公司股东名册上的股东才有权分享本次股利,而在股权登记日之后登记在册的股东,即使在股利发放日之前买进股票,也无权分享本次股利。

(三)除息(除权)日

除息(除权)日,是指股利与股票市价分离的日期。在除息(除权)日前,股利内含于股票市价,持有股票者即享有股利;自除息(除权)日开始,股利与股票市价分离,新购入股票的人不能分享股利。过去,证券业一般规定在股权登记日前的第四个交易日为除息(除权)日。这是因为,过去股票买卖的交割、过户需要一定的时间,如果在除息(除权)日之后、股权登记日之前交易股票,公司将无法在股权登记日得知股东更换的信息。但是,现在先进的计算机交易系统为股票的交割过户提供了快捷的手段,股票交易结束的当天即可办完全部的交割过户手续。因此,我国沪深股票交易所规定的除息(除权)日是在股权登记日的次日(正常交易日)。

(四)股利发放日

股利发放日,即向股东支付股利的日期。

二、股利支付方式

股利的支付方式主要有：

（一）现金股利

现金股利是以现金形式支付的，是股利支付常见及主要的方式。该方式能满足大多数股东希望得到一定数额的现金这种实在的投资要求，最容易为股东所接受。但是，这种股利支付方式增加了公司现金流出量，加大了公司现金支付的压力，只有在公司有较多可供股东分配利润并有充足现金的前提下才能采用。

（二）财产股利

财产股利是以现金之外的其他资产支付股利，主要包括实物股利，如实物资产或实物产品等；证券股利，如公司拥有的其他公司的债券、股票等。其中，实物股利并不增加公司的现金流出，适用于现金支付能力较低的时期。证券股利既保留了公司对其他公司的控制权，又不增加公司目前的现金流出，且由于证券的流动性较强，股东乐于接受。

（三）负债股利

负债股利是公司以负债支付的股利，通常以公司的应付票据支付给股东；在不得已的情况下，也可发行公司债券抵付股利。由于负债均需还本付息，这种股利方式给公司带来的支付压力较大，只能作为现金不足时的权宜之计。

（四）股票股利

股票股利是指公司将应付的股利以增发股票的方式支付。这种支付方式将在本节"股票股利和股票分割"中予以详细的介绍。需要说明的是，财产股利和负债股利实际上是现金股利的替代，在我国公司实务中很少使用。也就是说，我国公司实务中多采用现金股利及股票股利。

三、股票股利和股票分割

（一）股票股利

股票股利是公司以增发的股票作为股利的支付方式。发放股票股利，对股东而言,并未得到现实的股利收入,并不直接增加股东的财富,只是增加了股东持有的股数,但它并未改变每位股东的股份比例。对公司而言,发放股票股利,既不增加公司的财产,也不增加公司的负债,而只是对普通股股东权益中股本、资本公积、盈余公积和未分配利润之间比例关系进行了调整,对股东权益总额没有影响。股票股利的实质是公司股利再投资。

尽管股票股利不直接增加股东的财富,也不增加公司的价值,但对股东和公司都有特殊意义。

1. 股票股利对股东的意义

第一,事实上,有时公司发放股票股利后,其股价并不成比例下降;一般在发放少量股票股利(如2%～3%)后,不会引起股价的立即变化。这可使股东得到股票价值相对上升的好处。

第二,发放股票股利通常是成长中的公司所为,因此投资者往往认为发放股票股利预示着公司将会有较大的发展,利润将大幅度增长,足以抵消增发股票带来的消极影响。这种心理会稳定股价,甚至反而使股价略有上升。

第三,股东在需要现金时,还可以将分得的股票出售。有些国家税法规定,出售股票所需缴纳的资本利得所得税税率比收到现金股利所需缴纳的所得税税率低。这使得股东可以从中获得纳税上的好处。

2. 股票股利对公司的意义

第一,发放股票股利既可以使股东分享公司的盈余,又使公司无须分配现金,留存大量现金,便于进行再投资,有利于公司长期发展。

第二,在盈余和现金股利不变的情况下,发放股票股利可以降低股票价格,从而吸引更多的投资者。

第三,发放股票股利往往会向社会传递公司将会继续发展的信息,从而提高投资者对公司的信心,在一定程度上稳定股票价格。在某些情况下,发放股票股利也会被认为是公司资金周转不灵的征兆,从而降低投资者对公司的信心,加剧股价的下跌。

(二)股票分割

股票分割是指将面额较大的股票折成数股面额较小的股票的行为,也称"拆股"。虽然股票分割不属于股利支付方式,但其所产生的效果与发放股票股利近似,在此一并介绍。股票分割时,发行在外的股数增加,使得每股面额降低,每股收益下降,但公司价值不变,股东权益总额、股东权益各项目的金额及其相互间的比例也不会改变。

股票分割对公司的股东权益结构不会产生任何影响,一般只会使发行在外的股数增加,每股面额降低,每股收益下降,并由此使每股市价下跌,公司总价值不变,股东权益总额不变。这与发放股票股利基本相同,但股东权益各项目的金额及其相互间的比例不会改变,这与发放股票股利时的情况不同。

从实践效果看,由于股票分割与发放股票股利非常接近,所以一般要根据证券管理部门的规定来加以区分。例如,美国纽约证券交易所规定,一次分配25%以上的股票股利就被认为是股票分割。

虽然股票分割与股票股利一样,既不增加公司的价值,也不增加股东财富,但采用股票分割对公司和股东来讲都具有重要意义。

1. 股票分割对公司的意义

第一,降低股票市价。如果公司管理当局认为其股票价格太高,不利于股票交易,此时通过股票分割降低股价,使公司股票更为广泛地分散到投资者手中,既可以将股价维持在理想的范围之内,又可以有力地防止少数股东通过委托代理权实现对公司的企图。

第二,为新股发行做准备。股票价格太高,使许多潜在投资者力不从心,而不敢轻易对公司股票进行投资。在新股发行之前,利用股票分割降低股票价格,有利于提高股票的可转让性和促进市场交易活动,由此增加投资者对股票的兴趣,促进新发行股票的销售。

第三,有助于公司兼并、合并政策的实施。当一个公司兼并或合并另一个公司时,首先将自己的股票加以分割,有助于增加被兼并方股东的吸引力。

2. 股票分割对股东的意义

第一,可能会增加股东的现金股利。一般来说,股票分割后,只有极少数的公司还能维持分割之前的每股股利,不过,只要股票分割后每股现金股利的下降幅度小于股票分割幅度,股东仍能多获现金股利。例如,假定某公司股票分割前每股现金股利为2元,某股东持有2 000股,可分得现金股利4 000元(2×2 000);公司按1∶2的比例进行股票分割后,该股东股数增至4000股。若现金股利降为每股1.1元,该股东可得现金股利4 400元(1.1×4 000),仍大于其股票分割前所得的现金股利。

第二,会给投资者信息上的满足。股票分割一般都是股价不断上涨的公司所采取的行动。公司宣布股票分割,等于向社会传播了本公司的盈余还会继续大幅度增长的有利信息。这一信息将会使投资者争相购买股票,引起股价上涨,进而增加股东财富。

需要指出的是,尽管股票分割与发放股票股利都能达到降低公司股价的目的,但一般来说,只有在公司股价急剧上涨且预期难以下降时,才采用股票分割的办法降低股价;在股价上涨幅度不大时,公司往往通过发放股票股利的方法将股价维持在理想的范围之内。

相反,有些公司认为自己的股票价格过低。为了提高股价,可以采取反分割(也称股票合并)的措施。反分割是股票分割的相反行为,即将数股面额较低的股票合并为一股面额较高的股票的行为。

四、股票回购

股票回购是指公司出资购回发行在外的本公司股票。这部分已购回的股票通常称为"库藏股"。应注意,公司持有的其他公司的股票、本公司未发行的股票以及本公司已发行后回到公司手中但已注销的股票,不能视为库藏股。

如果一个公司的现金较多,又无适当的投资机会,低股利政策显然不足取,而高股利政策也非最佳选择,因为过高的股利将使股东为此承担较多的所得税。此时,采用股票回购的方法可能是使股东既能得益又能少缴税的一个较佳的策略。因为公司以多余现金购回股东所持股份,使流通在外的股份数减少,每股收益增加,从而会使股价上升。这意味着股利将被资本利得所取代。

股票回购对股东和公司会产生不同的影响。

1. 股票回购对股东的影响

股票回购对股东的有利之处在于:

第一,股票回购是公司发展良好表现的预兆,因为股票回购决策大多是在管理当局认为公司股票价格过低的情况下做出的。

第二,股票回购可以使股东推迟纳税,因为股东拥有股票卖与不卖的权利。由于公司发放的股利需缴纳所得税,所以,急需现金的股东可以出售一部分股票以解燃眉之急,而不急需现金的股东则可以保留股票,从而推迟纳税。

股票回购对股东的不利之处在于:

第一,股票回购风险较大。人们一般认为现金股利可靠、实惠,而通过股票回购使股价上涨从中获益的方法不稳定,并且股价受多种因素影响。

第二,股票回购可能导致公司被股东起诉。许多出售股票的股东或许是因为未掌握公司目前及将来经营活动的准确消息。如果公司在股票回购之前不将其回购计划公布于众,可能引起部分股东的误解,以至于诉诸法律。

第三,回购价格过高,不利于留存股票的股东。如果公司的股票交易并不活跃,而现在却急于回购相当数量的股票,则其价格将有可能被哄抬以致超过均衡价格,而公司停止收购后,股票价格又会下跌。

2. 股票回购对公司的影响

股票回购对公司的有利之处在于:

第一,股票回购可能增加股利分配政策的灵活性,既可保持公司股利分配的稳定性,又不必提高股利分配比例。

第二,股票回购可以调整资本结构。公司调整资本结构,可以通过举债、出售资产等方式,使其资本结构最优,但是公司依靠负债筹资可能时间较长。如果公司在发行长期债券的同时,将所得资金用于股票回购,可迅速改变资本结构。

第三,股票回购可提高公司竞争力,防止本公司被其他公司兼并或收购。

股票回购也可能对公司产生一些不利影响:

第一,股票回购会减少公司的投资机会,缩小经营规模。

第二,股票回购会带来一定风险。一方面,股票回购取代现金股利有时不易被股东接受,会被误认为公司前景不妙;另一方面,如果税务部门认为股票回购是为了逃避对股利的征税,那么公司可能会被重罚。

第三,通过股票回购,如果证券管理部门认为公司是为了操纵股票价格,可能会提出质询,甚至禁止公司该行为。

第十章　大数据时代下的企业财务管理创新

第一节　大数据时代下的企业管理创新

一、大数据时代下企业思维及管理变革

（一）企业管理的思维变革

企业管理离不开数据的支持，大数据时代的到来颠覆了我们现有对数据分析的认知，传统的管理思维已经无法应对快速变化的外部环境。

1. 样本约等于总体

受科技限制，小数据环境下收集到的分析数据有限，因此随机抽样方法应运而生，采样是希望以较少的数据获得更多的有用信息。随机采样是小数据下的选择，但本身存在一定缺陷，其绝对随机性的采样环境一般很难达到。但是在大数据时代，由于信息的易得性，所需要的全部数据可以较容易得到，因此大数据是指采用全部数据的分析方法，从而真实地反映事物之间的关联性。以后将主要以全数据样本分析为主，只是在特定的情况下使用样本分析法。

2. 允许不精确性和混杂性

随着数据量的不断增长，难免有一些错误的数据夹杂其中，这就带来数据结果的不准确性。小数据时代一味追逐精确性，是由于必须极力减少差错以免细小的差错造成结果严重的偏差，但大数据环境下，细微的差错并不会影响事物内在规律，因此不精确性是可以接受的，且是其亮点。容错标准的放宽，使我们可以利用更多的数据，从这些数据中挖掘出有用的价值，做更多的事情。数据中95%的是非机构化的、混乱的，混杂性包括数据错误率的增加、数据格式的不一致及数据质量的参差不齐。大数据时代下，与其花费巨大代价去消除所有的不确定性、混杂性,还不如诚然接受纷繁的数据并从中受益。

3. 追求相关关系而不是因果关系

小数据环境的数据分析过程一般是寻找两者之间的因果关系,而大数据背景下数据预测的核心是基于相关关系的分析法,前者寻求的是"为什么",而后者只需知道"是什么"即可。也就是通过对海量数据进行处理、分析,并不是为了找出其内在运作机制,而只需识别出能够分析某一现象的关联物即可。以关联物作为中介,通过分析、追踪关联物来帮助我们捕捉现在和预测未来,这将为我们提供一个比以前更容易、更快捷、更清楚的事物分析方法,比如亚马逊的图书推荐系统等。

(二)企业管理的变革

1. 决策主体的转变

在企业传统的管理模式里,决策主体一直是有经验的管理者或者商业精英,在大数据时代下,企业决策的主体由企业高管向一线员工转变,由"精英式"向"大众化"转变。一些新兴社会媒体和社交网络的出现,加速了信息的传播速度和范围,使社会公众的意见和建议成了企业决策的重要依据。基层员工对一线比较熟悉,通过对来自一线数据的分析,能够及时发现问题,给出合理的建议或决策。同时,这样的决策模式也会增强员工的积极性和企业凝聚力,从而更能发挥集体的效力。

2. 决策方式的转变

大数据环境下决策的主体是来自于相关的全部数据,而不是样本数据,通过对全部数据的整理、分析,只需要找到一个现象的良好关联物即可,通过对关联物的监控、追踪,就可以帮助我们捕捉到现在和未来,从而做出决策,而不需要非要搞清楚事物内在的运行机制,也就是由追寻因果关系向相关关系的转变。同时,大数据也促使企业管理者从单纯的依靠自己的经验和直觉进行决策,转变为经过数据的收集、分析进行决策。摒弃老旧的"经验至上"的思维方式,能使决策的结果更加科学和准确,降低决策给企业带来的风险。

3. 注重数据预测,把握机遇

传统了解市场的方法主要是进行市场调查,但这种方法往往跟不上市场的变化,具有滞后性。而大数据的核心是预测,通过实时关注市场动向,对消费者的消费行为及社交媒体上对产品评价的整合及分析,及时获知顾客对于产品的偏好及需求,并以此对产品进行实时改进与创新,使其更具竞争力。同时,还可根据竞争对手的营销活动、价格等重要信息,分析其下一步走向,制定最优的应对策略,以占有更多的市场份额。

4. 运用大数据降低运营成本

通过对所获数据的分析和研究,可以发现企业管理上存在的一些问题,让企业管理者及时了解企业内部各个部门的工作状态和运营状况,对资源配置不合理的地方及时地加以调整,使有限的资源能够发挥出最大的价值,这不仅可以提高资源的利用率和企业整个流程的运转效率,而且可以使企业的管理和决策更加科学,做到有据可依,以此来降低企业在生产经营管理中的运营成本。

5. 创新信息的渠道来源

大数据时代,除了传统的数据企业平台以外,企业还可以与社交网络、移动互联网等平台积极合作,通过与大数据价值链中的上游数据拥有者合作,利用他们所收集到的有关社会公众的建议和意见等信息,实时关注社会动向及消费倾向,从中挖掘出有用的商业价值。或者与有优势的第三方数据收集机构合作,利用其广阔的数据来源渠道,获得所需要的数据,均摊收集数据的成本,实现共赢。

二、大数据时代下的企业管理创新模型

(一)传统与大数据下企业管理创新对比

传统管理创新,是从特定的企业实践管理问题出发,以问题为驱动的探索式创新。从制度管理及人性化管理出发,利用组织知识和专家智慧,在定性与定量分析相结合的基础上,探索出问题的解决途径,从而实现企业管理创新。大数据环境下,不仅创新环境与条件复杂、多样,而且企业所面临的可能创新选择以及实现企

业管理创新的方法和路径也更多。企业外界大环境和条件的变化,对企业管理方法路径的选择及最终可能结果实现的影响是毋庸置疑的,就好比以前是"池塘捕鱼",现在是"大海捕鱼"。因此,随着企业外界环境的变化,决定着企业管理创新在大数据环境下与传统模式下有着诸多本质性的区别。

(二)基于大数据背景下的企业管理创新

大数据是企业管理创新的核心要素,而数据处理、分析过程则是大数据问题解决的关键。相关领域的研究表明,数据处理、分析过程与创新过程存在一种耦合关系。因此,本文围绕着创新过程中的数据问题,建立了大数据环境下的企业管理创新模型。

1. 数据获取与数据平台的形成

大数据时代下,企业的数据平台在企业中扮演着重要的角色,在企业的生产经营中承担着数据的收集、处理、分析、监测及预测的功能。企业的创新管理活动往往是由问题驱动或数据驱动而开始的(或是在平时的数据监测及预测的过程中发现的问题)。

2. 创新问题界定与方案决策

在发现问题后,企业首先要确定是否需要进行企业管理创新,这一决策涉及的关键问题是数据的收集、获取。利用先进的计算机及信息技术企业可以收集到需要的相关数据并评估是否要进行创新以及能否创新。如果有必要,首先必须界定创新问题:一是大致确定目前企业需要创新的领域和范围;二是借助于初步的定性数据分析,对创新问题进行一个具体的阐述。在创新问题界定基础上,利用各种数据分析技术,挖掘出数据隐藏的深层次信息。将半结构、非结构化的数据进行数据预整理与提炼,使其转化为可被数据库识别分析的结构化数据,以此作为数据平台处理的"数据源"。以数据分析结果作为决策依据,对所拟定备选方案的可行性及预期效果进行再验证,以便选择满意的创新方案。

3. 动态数据与创新方案实施

创新方案实施过程中,也在不断积累实施数据和绩效数据,将这些产生的实时数据收集、整理、分析,并将其作为数据共享平台处理的"数据源",通过对实时数据的反馈分析,以纠正企业创新实施方案在实施过程中出现的偏差,做到对创新方案不间断监控、实时优化,以此来保证创新目标顺利地达成。这样就能保证从创新方案的实施到结束的整个过程都处在一个实时反馈、持续改进的过程之中,而不是传统的只是一个静态的过程,从而大大提高创新方案成功的概率。

4. 实时数据与创新方案的提升

在大数据环境下,创新方案实施的整个过程中,始终有数据分析结果对其进行实时的检验,从而根据企业所面临实时内外部环境做出相应的调整与修正,以期创新方案的顺利实施。这样不仅可以避免在引入其他借鉴式的创新方案时,由于企业内外部环境不同,带来的一系列水土不服现象。而且可以在对创新方案实施过程中实时数据的收集、分析,通过运行数据的反馈,以此来修正原有创新管理方案,并达到提升创新方案的效果。

三、大数据时代下企业管理模式的创新

大数据蕴藏着巨大价值,它将掀起一场商业模式和管理决策模式上的重大变革,企业的每个细节都将受到这场变革的影响,企业管理者应及时转变管理思维,创新企业管理模式。企业在大数据时代的背景下,不仅需要掌握更多更优质的数据信息,还要有高超的领导能力,先进的管理模式,才能在企业竞争中获得优势。大数据时代下,创新的企业管理模式将从以下几个方面体现。

(一)基于数据的运营与决策

大数据时代,除了传统的数据企业平台以外,可建立一个非结构化的集影像、文本、社交网络、微博数据为一体的数据平台,通过做内容挖掘或者企业搜索,开展声誉度分析、舆情化分析以及精准营销等,企业可随时监控、监测变化的数据,开展提供实时的产品与服务,即实时的最佳行动推荐。企业的创新、发展、改革,除了

传统的数据之外,还要把非结构化数据、流数据用在日常企业业务当中,对产品、流程、客户体验进行实时记录和处理。企业可融合不同类型数据,互相配合急性分析,以突破传统的商业分析模式,带来业务创新和变革。企业可通过从微博、社交媒体中把需要的文档、文章,放进非结构化的数据平台中,对其中的内容进行分字、词、句法分析、情感分析,同时还有一些关系实体的识别。通过这些内容,企业声誉的关系分析,服务质量,品牌,跟踪市场趋势,产品和服务的评价,监测和舆论的企业级监控。可将客户在社交网络上、交互数据、媒体上的一些数据集合在一起,与传统的数据结合在一起,使客户查看完整的观点,全面了解客户,以实现营销活动管理、客户的微观细分、风险的信誉评估以及竞争对手的分析。可对客户微博上对企业、对产品的言论进行急性语意分析,提取关键词,建立模型,制定规则,自动识别客户反映的问题或需求。

(二)首席数据官的培养

大数据时代,数据技术人员的价值将不断凸显出来。对数据的分析和处理需要同时具有市场营销知识、信息技术知识、运营管理知识等综合素质的人才来调配,CDO(Chief Data Officer,首席数据官)应运而生。应用归IT部门,数据归业务部门,这一概念已被人们广泛接受,但挑战这一想法的同时,在大多数组织中,业务部门并不想拥有数据,他们也不是为管理数据而存在的。通过数据推进企业与社会的对话,挖掘信息化过程中更为潜在的价值是首席数据官的主要职能。他们视数据为资产,负责运营数据,通过分析来自网络流量、传感器、社会网络评论等多方面的数据,为企业的决策提供多方面参考。首席数据官必须能够理解"商业语言",从数据的角度分析企业所面临的挑战从而帮助管理者。另外从组织结构方面来说,企业应该重视CDO人才的培养与引进,CDO在企业未来发展过程中起着重要作用,企业高层应及时意识到并给予其更多的话语权。

(三)树立以社会公众为决策主体的观念

传统管理模式中,一些著名的商业精英和咨询公司以及企业的中高层管理者一直被认为是决策的主体,然而随着社交网络的普及以及社会化媒体的出现,削弱传统的决策模式具有合理性和正确性。社会公众为决策主体的观念企业应及时树立,将决策的理念由狭隘的企业高层转移到广泛的社会公众,通过社交网络、移动互联网等平台收集社会公众的建议和意见。

(四)建立生态系统的企业网络

企业可以将生态产业链资源化、产业化、创新化;重新建立供应商、客户、合作伙伴、企业与员工之间的关系,创新企业管理模式;整合资源,协同创新价值链,提供新的产品与服务,创造一个新的商业模式,这都是建立在大数据时代为现代企业的运营管理模式带来深度的变革。事实上,基于企业大数据的新型企业决策模式和管理理念正在企业管理发展中迅速涌现。现代企业应逐渐抛弃"以产品为中心",注重微观方面的产品、成本、营销和竞争等要素的传统管理模式,转变为"以服务为中心",集中在宏观层面,资源,创造价值的能力,发展与产业联合和其他元素。"社会媒体的互联网集团,集团企业,在一个企业网络生态系统中和谐共处"的新的管理模式,结合社会媒体和互联网集团业务数据的产生量,对竞争协同进化的企业集团进行有限公司生产的研究,是基于企业网络生态系统可持续发展,对于企业管理与决策具有非常重要的意义。

第二节 大数据时代对企业财务管理的影响

一、大数据时代对企业财务管理精准性的影响

(一)大数据时代下的企业财务精细化管理要求

1. 增强精细化财务管理理念

目前,市场经济发展迅猛,企业之间的竞争激烈,企业要想获得长远发展就必须提高管理水平,其中财务管理工作占有重要地位。目前,有些企业的管理者没有注重改革财务管理方式,没有建立全面财务管理体系,导致财务管理工作的片面性,影响了企业的经济效益。基于此,企业财务管理工作应该增强精细化财务管理理念。精细化财务管理是一种现代化的财务管理机制,更加适应企业的发展,企业建立科学的管理,通过业务流程的各个环节分解,然后再向企业内部推行计划的精确化、决策的精确化、成本控制的精确化、员工考核的精确化等,从而最大限度地节省资源,降低管理成本,实现最深层次的挖掘企业价值。精细化财务管理要求企业深化对财务工作职能的认识,将财务工作由记账核算型向经营管理型进行转变。

2. 提高对财务分析的重视程度

企业管理者要帮助和支持财务分析人员熟悉本企业的业务流程,尊重财务分析的结果,组织和协调各部门积极配合财务分析工作,这样才能发挥财务分析在企业经营管理中的重要作用。管理者应当定期或不定期地召开财务分析活动会议,判定成绩、明确问题、提出建议或措施、落实责任,使得财务分析在实际经营管理中发挥应有的作用。另一方面财务管理人员要切实做好财务分析工作,不断提高分析质量,为改善经营提高经济效益提供科学依据。

3. 改进财务分析方法

财务分析应多用定量的分析方法,以减少因为分析人员的主观偏好而发生财务分析失真情况的出现。在财务分析中可以较多地运用数据模型,既可以推广运用电子计算机处理财务信息,又可以进一步改进财务分析的方法,增强财务分析的准确性和实用性。还可以按照国家财务制度,联系相关法规政策,考虑不可计量因素进行综合论证,并实际修正定量分析的结果。定量分析与定性分析的结果必须结合起来综合判断,修正误差,使结果更趋于客观实际。对于那些有条件的企业还可以聘请外部人员进行财务分析,以减少分析的主观性。

4. 完善财务精细化管理机制

建立健全企业财务管理监督机制。财务管理监督机制是促进财务管理工作顺利开展的基础保障,主要针对的是企业资金的预算、拨付、核算等工作,要全面做好监督管理,确保财务信息的真实有效性,确保企业资金合理应用,确保整个企业财务管理的有序，建立健全内部控制制度。完善的财务内控制度有利于约束财务管理行为，保障财务管理成效。一方面，财务内控制度需要注重增强财务审计的独立性，通过财务审计确保财务管理的质量。另一方面，还要充分考虑外部市场环境，优化和完善内控制度，提高财务管理水平。建立财务管理考核评价机制，这样有利于约束财务人员的行为，通过奖惩措施，增强财务工作人员的工作积极性和主动性。

5. 充分利用大数据

在大数据时代，数据管理技术水平不断提高。在财务管理的数据管理中，就可以充分利用大数据，从数据收集、数据存储、数据分析、数据应用等几个方面有效地进行管理。需要注意的是，要保障财务数据的真实性、准确性，这样才能更好地体现数据的价值。此外，如果数据收集不到位，就会导致财务管理工作捉襟见肘。由此可见，在大数据环境下，企业财务精细化管理的首要工作就是财务数据的收集，不断拓展数据收集渠道，综合考虑企业发展的各方面财务信息，满足企业财务管理需求。再者，数据快速增长也给数据管理带来更大的压力，需要做好数据存储工作。这就要求企业加强内部硬件设施和软件设施的建设，并且根据企业的发展情况，完善财务数据库，系统地进行数据整合和储存，为企业财务分析提供良好的数据基础。另一方面，为了应对大数据的发展，企业还要加强财务人员能管理和培训，提高财务管理人员的数据分析能力和数据应用能力，对数据进行整合、归纳、分析以及应用。

6. 提高财务人员的整体素质

随着信息技术的普及推广，目前会计电算化不断发展，会计电算化只是分析的手段和工具，财务分析人员是财务分析工作的真正主体，财务人员素质的高低直接影响财务管理的质量。因此企业应当选拔一批优秀的财务人员担任这项工作，同时在企业内设立专门的财务分析岗位，培养适应本企业的专业分析人员。在选拔财务分析人员的过程中应同时注重基本分析能力、数据的合理修正能力还有综合分析能力，切实提高分析人员的综合素质。再者，为了让决策者不做出错误或者过于追求短期效益的结论,要求财务分析人员应不断提高自身的专业技能水平和职业道德素质,加强对财务报表分析人员的培训及职业道德素质建设。

7. 企业财务管理信息化

在企业财务管理中引进先进信息技术,可以确保企业财务管理工作的有效性和准确性。目前,我国企业已经采用和推广信息化管理技术,并取得了一定的成效。和传统的财务工作相比,企业财务管理信息化具有很多优点:一是可以利用信息技术对基础数据进行收集、整理和分析,提高财务数据的准确性,还有利于避免企业管理人员对财务工作的干涉,有利于确保财务管理的公正性、真实性和准确性;二是通过利用信息技术,财务工作的效率大大地提高,节省了人力和物力。

(二)大数据时代下如何提高企业财务管理精准度

1. 企业财务管理应加强贯彻会计制度

结合企业财务管理的特点和现实需要,在企业财务管理过程中,加强贯彻会计制度,并夯实会计基础,对于企业财务管理而言意义重大。从当前企业财务管理工作来看,鉴于财务管理的专业性,在财务管理工作中,应对财务管理的相关法律法规引起足够的重视,并在实际管理过程中加强贯彻和落实,保证会计管理取得积极效果。

除了要做好上述工作之外,企业财务管理还要对会计基础引起足够的重视,应在实际工作中强化会计管理的基础性,通过建立健全会计管理机制,优化会计管理流程,使会计管理质量和准确性得到全面提升,有效满足企业财务管理的实际需要,达到提高企业财务管理质量的目的。为此,贯彻会计制度,夯实会计基础,是提高会计管理质量的具体措施。

2. 企业财务管理应强化企业内部协调机制,加强财务管理与业务工作的融合

现代市场竞争环境和财务工作在企业管理中的地位,决定了财务工作必须采取与时俱进的基本态度,财务管理应结合企业组织结构、产品特点、业务流程、管理

模式等具体情况,将真正适合企业的管理新方法、新工具应用到实际工作当中去,使企业财务管理工作能够在管理理念、管理流程和管理方法上满足实际需要,达到提高企业财务管理水平的目的。

基于这一认识,企业财务管理工作应积极建立内部协调机制,使企业财务管理工作与其他业务工作能够得到全面有效开展,充分满足企业财务管理的需求,实现对企业财务管理工作的有效监督,确保企业财务管理在手段、内容和管理流程上处于严格的监管之下,保证企业财务管理的准确性,使企业财务管理工作能够在整体水平上满足实际需要。

因此,企业财务管理工作并不是单一的工作内容,要想提高企业财务管理工作的整体质量,就要将财务管理工作与其他业务工作结合在一起,实现企业财务管理工作与其他业务工作的融合,使企业财务管理工作能够成为其他业务工作的促进因素,保证企业财务管理工作取得实效。

3. 企业财务管理应将资金管理作为主要内容,满足企业资金需求

在企业财务管理中,资金管理是主要内容,只有做好资金管理,才能提高企业财务管理的实效性。基于这一认识,企业财务管理应从实际出发,制定具体的资金管理策略,提高企业资金管理质量,满足企业资金需求,达到提高资金管理效果的目的。

首先,企业要加强管理,提高自身信誉度,注重内部资金节流,加强存货和应收账款的管理,减少产品在企业内部停留的时间,使企业内部资金管理实效性更强,对企业经营管理的支撑效果更好。所以,资金管理对企业的经营管理产生了重要影响。

其次,企业要建立自身的诚信形象,主动与金融机构互通信息,建立良好的银企关系,通过交流体现出企业的主动、诚意、实力所在,这样才会获得在银行融资的成功。这一工作已经成为企业财务管理的重要内容,对企业的经营管理产生了重要影响,是企业提高整体效益的关键。

再次,企业应强化资金使用效率,提高资金管理质量。保证资金管理工作能够

全面有效地开展，使企业的资金管理工作能够取得实效。

通过分析可知，鉴于财务管理的重要性，提高企业财务管理的精准性和实效性，是提升企业整体效益的重要手段。为此，企业财务管理应从加强贯彻会计制度、夯实会计基础、强化企业内部协调机制、加强财务管理与业务工作的融合、将资金管理作为主要内容、满足企业资金需求等方面入手，确保财务管理工作能够得到全面有效开展，满足企业经营管理的现实需要。

二、大数据时代对企业财务管理人员角色的影响

（一）大数据时代对财务管理人员角色的影响分析

大数据时代下随着信息网络和企业一体化管理软件的普及，财务管理人员从账簿的束缚中解放出来，更多地参与企业的管理和辅助决策工作，这样的角色变化，更加凸显会计的"管理"职能。

1. 大数据时代为财务管理人员"管理"职能的发挥提供了条件

会计主要具有核算、反映和监督三大职能，财务管理人员收集数据、陈列信息，并对企业的宏观管理施加影响，都是以信息为基础，分别对应不同的信息处理层次，财务管理人员应当扮演起"管理"方面的角色，但由于各方面的原因，财务管理人员的"管理者"角色一直没有得到承认，其"管理性"被忽略，大数据使得财务管理人员为企业提供多样化的决策信息，并为日常的企业经营活动提供管理，使财务管理人员的"管理者"角色日渐突出。在大数据时代各种管理工具的支持下，财务管理人员将进一步发挥基于信息的管理职能，财务管理人员将从"核算者"变成"信息人"，并进一步走向"管理者"的角色。

2. 数据生产方式的转变

数据生产方式的转变是财务管理人员角色转变的动因，随着大数据浪潮在全球范围内蔓延，信息的"生产"工作变得非常简单便捷，财务管理人员脱离数据信息，"直接生产者"的角色势在必行。并且，大数据时代的企业会计数据随时都处于动态当中，是动态实时会计数据，"大数据"真正价值在于收集、处理庞大而复杂

的数据信息,从中获得新的知识。此时的财务管理人员应该从收集和处理会计信息的工作中分离出来,交给专门的信息中心去解决,财务管理人员更重要的工作是对会计信息进行综合和判断,对企业的运营提出预测、给出建议、帮助决策及监测企业战略的实施,扮演好"顾问""预测者""风险监测和管理者"等角色,成为专业技能、多面管理的企业运行管理者。

(二)大数据时代财务管理人员角色转变的趋势

大数据时代,各种信息网络技术、企业一体化智能化管理工具的应用,财务管理人员由原来的直接财务信息生产者,变为利用财务信息的管理者。在这种实质性的改变中,尤其是高级财务管理人员群体,将在大数据时代不由自主地利用企业的相关财务信息为企业的管理服务。

1. 企业发展的预测者

在财务管理信息化的过程中,财务部门朝着灵活性和快速响应的目标发展是一个渐进的过程,财务管理人员从静态的报表和财务信息数据管理,转移到为决策者提供动态业务信息的预测性角色,这是财务工作在大数据时代发展的必然趋势。财务部门掌握着企业最全面的原始业务数据,并在企业数据处理工具的辅助下,掌握了获取各方面信息的最有效途径,是企业的"触觉"。对于现代企业而言,大数据为企业提供了面向未来的途径,企业的关注点从"现在"转移到"未来"。财务管理人员完全可以利用专业和信息方面的优势,通过系统的优化和技能的提升,对企业运行的方方面面做到实时响应,具备更多经验和管理职能的高级财务管理人员可以利用财务部门掌握的各项数据,对未来的发展趋势和各种可能的风险、市场等做出预测,并对企业的决策和发展提出建议。只有财务管理人员群体在预测性工作方面做出更多的努力,企业才能做出更为长远的规划,避免短视行为。另外,预测工作的有效实施,是企业建立一整套问题的解决方案、应对未来可能发生的突发或重大事件的重要保障。当然,财务管理人员要想成为企业预测者角色,离不开有效全面的数据信息和对多种数据信息工具的应用。

2. 企业顾问和其他部门的合作者

大数据时代,核算职能在整个财务工作中的重要性减弱,财务管理人员更侧重于反映和监督职能,并强调其"管理"功能。"反映"职能由原来强调财务信息的客观、透明性,逐渐转变为强调在客观性的基础上,借助信息工具,为企业的管理和决策提供更多符合多样化的需求。财务工作不再过多地强调财务人员现实做账的能力,更深层次地讲,财务管理人员其实正在逐渐成为企业的顾问,随时对企业的经营状况做出评价和总结,并结合其他预测性辅助工具,为企业的经营提供建议。从这个角度来讲,财务管理人员应该充分利用好信息工具,扮演好"顾问"的角色。无论财务管理人员作为"顾问"为企业提供哪些方面的经营评价和建议,财务管理人员的职能都是不能取代和取消的,所有这些充分发挥财务管理人员能动性反映作用的角色,都需要以客观、全面的数据作为基础。尽管如此,大数据时代财务管理人员扮演好顾问角色,为企业提供更多的评价和建议,将成为财务管理人员走向管理和辅助决策职能的必经之路,也是现代企业发展的必然要求。

3. 企业风险的预警者

在全球化浪潮中,所有企业都难以避免地要融入更加复杂多变的世界市场,也使得企业自身面临许多更加不确定的问题。财务管理人员掌握了财务及各个业务方面的信息,对企业的运行和决策产生极为重要的影响,在全球大数据形势下,理应扮演起风险管理者的角色。世界市场充满风险,企业需要完备的风险管理计划,并促进整个企业内部的信息集成,建立高度整合、标准化的财务管理组织,更容易察觉企业所面临的风险。可以看出,"风险管理"是财务管理人员扮演"预测者"角色的一个延伸,要想成为优秀的"风险管理者",财务管理人员需要通过采用某些智能化信息工具做到实时监控,如设定特定风险阈值,通过热图、仪表盘、记分卡反映风险情况,通过预测性分析和建模检测风险情况等。

4. 信息系统的维护者和个性化信息工具的开发者

大数据时代,财务工作最明显的一个变化,莫过于计算机和各种信息工具的广泛应用，财务管理人员以上各项职能的转变都离不开各种自动化、智能化信息工具的支持。长期以来，财务部门所使用的财务管理软件都是由专业的企业管理软件公司开发，并作为商品卖给需要的公司，当然，也有的企业采取自主开发或者委托开发的方式。在这些方式下，财务管理软件的维护多由这些软件公司或者开发人员来实现，这种维护方式曾经较好地适应了企业的需求，但在企业未来的信息化道路上，信息软件工具的概念呈现一种"淡化"的趋势，即：一方面，更多的员工更深层次地接受并熟练使用这些信息工具，这些工具在企业中更为普遍地使用；另一方面，企业对信息工具的需求呈现多样性，并非一套或几套解决方案就能够满足企业的所有需要，于是，财务管理人员在解决问题的过程中，不断地发现针对新问题的局部化信息工具的需求，这种需求处处存在，并需要开发者更具针对性、创新性。这就促使财务管理人员应该成为信息化软件的管理和维护者，并在一定程度上具备开发实用性、个性化信息工具的能力，原来的较大规模和专业性较强的管理系统可以继续交给专业公司或团队去开发，但应该由经过适当培训的财务管理人员来进行维护；对于应用范围相对较小、针对性很强、开发难度相对较小的软件，财务管理人员应该成为首要的开发和维护者。这种模式不仅减少企业的运行成本，也为企业的财务工作提供更为便捷可用的信息工具、在日常应用中减少对专业软件公司或信息部门的依赖，使财务管理人员在工作中能够更加独立地完成其他管理任务。

（三）大数据背景下企业财务管理人员角色转变策略

1. 改变财务管理人员观念，提高其综合素质

财务管理人员实现以上角色的顺利转变，自然离不开自身观念的改变和综合素质的提高。首先，观念的转变。大数据时代财务管理人员掌握着企业发展的关键信息，因而需要更加主动地参与到企业的决策中来，财务管理控制已从事后走向事中乃至事前，相应的，财务管理人员的观念也有必要从"被要求"转变为"主动"为决策提供便利。其次，应该全面提高自身素质。具体包括IT技能的提高和事务惯例处理能力两大方面。大数据时代，财务管理人员要想更好地使用信息工具做好预

测、辅助决策等工作,扮演好顾问、预测者等角色,必须具备一定的IT技能。同时,也只有财务管理人员做到透彻理解、正确使用和维护财务管理信息系统,提升系统以及企业信息的安全性,保障企业的利益,大数据时代更多变复杂的外部环境迫切要求财务管理人员更加敏捷、全面地对企业运行状况做出分析,并使用创新化、安全、高效手段将这个辅助决策过程变成程序化、自动化的过程。

2. 为财务管理人员建立统一的信息平台

财务管理人员应该适应信息生产集中化、自动化的趋势,整合财务管理部门的资源,实现"信息生产"功能的独立。在未来的财务管理工作中,部分财务管理人员将自己的注意力更多地放在解决一些更加前瞻、更加灵活多变的非结构化问题上,比如投资分析、年度规划、决策支持、风险管理等,以便于在财务管理工作中充分利用和发挥"数据"和"信息技术"的作用,实现"财务管理"和"信息数据"的更好结合,进行数据分析。

信息中心的独立和统一信息平台的建立,对企业的信息管理有重要意义:统一信息中心的建立,可以让有用的信息通过一个覆盖整个企业的信息平台和网络在企业内部自由流动实现管理的高效,同时还可以降低信息的收集和处理成本,在财务管理部门的领导下,信息部门的信息获取和加工更加围绕企业的战略和需要开展。统一信息平台的建立及财务管理信息获取的集中化,不仅可以利用信息资源和信息工具提高企业经营效率,也使整个企业连成一体,信息自由流动,各业务部门全部活动都以提升企业价值为核心,实现"1+1>2",达到以大数据促进企业价值提升的作用。

3. 改善组织结构和优化工作流程

财务管理人员角色实现转变的道路上,统一的信息平台、信息数据的自由流动、财务管理人员承担多重复合角色并主动发挥更大作用,其实都需要以企业组织、结构工作流程的改善为前提。组织结构方面,扁平化、柔韧化和灵活性是现代企业组织结构发展的要求,企业需要兼具灵活性、安全性与创新性于一体的组织形式。为了便于财务管理人员更好地发挥其顾问、预测者、价值链整合管理者等新的角色，企业需要在整个企业范围内，建立扁平化的组织结构，并采用多维制和超事业部制的结构，以实现在沟通上更顺畅、管理上更直接、合作上更灵活、运行上更高效。另外，针对一些特殊的情形，还可采用虚拟化的结构，把不同地点乃至不属于本企业的人才资源联系到一起，实现跨越时空的合作联盟。企业需要进一步规范和优化工作流程，并将其制度化，确保企业的各项流程无缝衔接，并确保各流程都在企业信息系统和风险管理系统的可控范围内，这样，才能实现信息中心所获得的各项信息的全面性和完整性，便于企业风险控制措施更好地实施。

4. 加强企业内部控制，明确财务管理人员权责

大数据时代，由于信息的收集、处理工作更加自动化、流程化，非结构化问题在财务管理人员工作中占据更大的比例。在解决这些问题的时候，需要财务管理人员更好地发挥主观能动性，财务管理人员也因此拥有更多的自主权。然而自主权放宽的一个重要问题就是，可能导致财务管理人员不适当的使用权限而对企业的利益造成损害。因此，加强内部控制，保障系统和信息安全性、杜绝财务管理人员滥用职权的行为，也是财务管理人员角色得以顺利转变的重要方面。针对财务管理人员权限规范问题，企业应至少做到以下几点：一是对每一个职位进行完整的职位说明，将职位说明书交由在岗人员学习，并在日常的工作中，结合工作实际不断地将其补充、完善；二是完善各项工作的工作流程，将所有的步骤都纳入内部控制体系的范围；三是建立完善的内部控制体系，将各项措施以制度的方式规范化、确定化，为各项措施的实施提供切实的依据。在实施方面，着重从内部控制的三个环节入手：事前防范，要建立内控规章，合理设置部门并明确职责和权限，考虑职务的不兼容和相互分离的制衡要求，还应建立严格的审批手续、授权批准制度，减少权力滥用和交易成本；事中控制，如财务管理部门应采取账实盘点控制、库存限额控制、实物隔离控制等；事后监督，如内部审计监督部门应该按照相应监督程序及时发现内部控制的漏洞。

第三节　大数据时代下的企业财务风险预警与管理

一、大数据在企业进行风险管理中的应用

(一)企业集团依托信息系统开展风险管理的主要模式

1. 企业集团统一实施 ERP 信息系统

当大型企业集团进入相对平稳的发展阶段,为了规范业务流程和防范风险,通常会采用实施 ERP 信息系统的方式固化业务流程、强化计划执行并辅助公司决策,进而实现对企业资源高效利用的目标,而这种模式也为许多专业的 ERP 软件公司提供了市场机会。目前,我国的大型企业集团主要采用了 SAP、Oracle 等国际主流的 ERP 软件和配套服务,同时也在一些专业领域采用了浪潮、用友等国内相对成熟的管理软件。

通过采用成熟的 ERP 软件和配套服务,企业集团一方面节约了自行开发信息系统的时间和精力;另一方面,也在实施 ERP 项目的过程中,引进了同类行业成熟的管理理念和流程。统一实施 ERP 系统的另一好处是,通过实施标准化的流程进而形成了标准统一的"结构化数据",未来就可以直接运用基于标准化数据的大数据分析平台进行分析,为经营决策提供高效支持。

在大数据技术广泛应用的当下,国内外的 ERP 软件服务也在与时俱进。例如,SAP 公司近期就推出了基于 ERP 软件的大数据分析平台——SAP HANA,其实质就是先把企业的"大数据"全部统一到 SAP 的"标准框架"下,然后再进行高效的分析处理。在大型企业集团的实践中,由集团总部统一实施 ERP 信息系统也是基于这个理念,通过把企业的全部生产经营活动转化成唯一的"数据语言",实现了企业集团数据标准的整齐划一。

2. 基于企业集团的各类原始数据搭建大数据分析平台

在企业集团对公司架构的"顶层设计"相对完善的前提下,推进实施统一的系

统是较为简单的一种模式,但在实际情况中,推行"大一统"信息系统面临着诸多挑战。首先,企业集团的成员单位在业务模式和管理架构方面存在差异,许多个性化的管理需求难以通过一个信息系统得到完全满足;第二,一些企业集团通过兼并重组其他企业实现了快速发展,但在兼并后的业务整合既有可能影响原有管理架构和业务流程,也为 ERP 信息系统的整合带来挑战;第三,企业集团的"顶层设计"是一项系统性工程,而在"顶层设计"尚不完备的情况下,是先满足业务发展的需求在集团一定范围内实施 ERP,还是"顶层设计"方案完成后再自上而下推进实施,许多企业集团都面临实际的两难选择。

不过,随着大数据分析技术的快速兴起,通过搭建大数据分析平台的企业风险管理模式,将可能成为解决上述难题的一条捷径。大数据的"大"不仅体现在数据的"量(Volume)"上,还同时表现出"即时性(Velocity)""多样性(Variety)"和"不确定(Veracity)"的特征,即大数据的"4V"。当企业集团处在多个 ERP 系统并行、信息管理系统林立的情况下,实际就面临着数据结构不一、结构化数据和非结构化数据并存的复杂局面。大数据分析正是将这些来自历史的、模拟的、多元的、正在产生的庞杂数据,转化为有价值的洞见,进而成为企业或组织决策辅助的选项。

(二)企业风险管理中应用大数据分析技术

1. 金融行业风险管理应用大数据

通过应用大数据分析技术,金融企业的竞争已在网络信息平台上全面展开。说到底就是"数据为王":谁掌握了数据,谁就拥有风险定价能力,谁就可以获得高额的风险收益,最终赢得竞争优势。近一段时间,蓬勃兴起的大数据技术正在与金融行业,特别是"互联网金融"领域快速融合,这一趋势已经给我国金融业的改革带来前所未有的机遇和挑战。

中国金融业正在快步进入"大数据时代"。国内金融机构的数据量已经达到 100TB 以上级别,并且非结构化数据量正在快速增长。因此,金融机构在大数据应用方面具有天然优势:一方面,金融企业在业务开展过程中积累了包括客户身份、资产负债情况、资金收付交易等大量的高价值数据,这些数据在运用专业技术进行挖掘和分析之后,将产生巨大的商业价值;另一方面,金融行业的高薪酬不仅可以吸引到具有大数据分析技能的高端人才,也有能力采用大数据的最新技术。

具体来说,金融机构通过大数据进行风险管理的应用主要有以下两个方面:

第一,对于结构化数据,金融机构可运用成熟的风险管理模型精确地风险量化。例如,VaR值模型目前已经成为商业银行、保险公司、投资基金等金融机构开展风险管理的重要量化工具之一。金融机构通过为交易员和交易单位设置限额,可以使每个交易人员都能确切地了解自身从事的金融交易可承受的风险大小,以防止过度投机行为的出现。

第二,对于非结构化数据,金融机构根据自身业务需要和用户特点定制和选用适合的风险模型,使风险管理更精细化。例如,在互联网金融的P2P借贷平台"拍拍贷"中,确保其开展业务的核心工作就是风险管理,而进行风控的基础就是大数据。基于客户多维度的信用数据,风控模型将会预测从现在开始后3个月内借款人的信用状态,并以此开展借贷业务。

2. 企业集团开展风险管理应用大数据

相比金融行业,以能源、机械制造、航运为主业的企业集团所产生的大数据的庞杂程度则相对较低,有利于直接采用成熟的大数据分析技术开展风险管理。一方面,因为工业企业所采用的信息系统一般都是大型软件厂商的标准ERP系统,产生的数据也多为结构化数据,便于直接用于分析决策;另一方面,传统行业在利用数据进行辅助决策的过程中,通常还是基于"因果关系"对可能影响企业生产经营的重要指标数据进行关注,而许多被认为"不重要"的数据并没有被采集到企业的信息系统之中,这就会使大数据的价值实现打了折扣。

要在企业集团推进全面风险管理,不仅需要通过企业的ERP信息系统采集被认为"重要"的各类结构化数据,还需要对网页数据、电子邮件和办公处理文档等半结构化数据,以及文件、图像、声音、影片等非结构化数据进行及时有效的分析,才能够充分客观地掌握企业集团的全貌,让企业和组织结合分析结果做出更好的业务决策,从而真正实现全面风险管理的目标。

(三)企业集团运用大数据进行风险管理的实施路径

运用大数据进行风险管理,实质上就是企业集团在应对各领域数据的快速增长时,基于对各类数据的有效存储,进一步分析数据、提取信息、总结知识,并且应用在风险管理和决策辅助上。一般而言,运用大数据技术和大数据分析平台进行风险管理和价值挖掘要经过以下几个步骤。

1. 实施数据集中,构建大数据基础

要让企业的大数据发挥价值,集团总部首先要能够完全掌握全集团已有的和正在产生的各类原始数据。因为,只有先确保数据的完整性和真实性,才能通过足够"大"的数据掌握集团的实际运行情况,而这必然意味着集团总部要求成员单位向总部进行"数据集中"。相应地,集团总部也需要"自上而下"地搭建数据集中的软硬件设施、数据标准和组织机构。

具体而言,企业集团必须要完成前期的一系列基础性工作:(1)建立用于集中存放数据的数据库或"企业云";(2)明确需要成员单位"自下而上"归集的数据类型和数据标准;(3)建立专门的管理机构,负责数据库的日常维护和信息安全。

2. 搭建分析平台,优化大数据结构

在实现了"大数据"集中后,还必须解决不同结构的数据不相容的问题,才可能充分利用企业集团的全部数据资源。基于前文提出的两种风险管理模式,企业集团可以根据实际情况选择其中一种,对集团的大数据进行标准化或优化。

具体而言:(1)对 KRP 系统覆盖范围广,结构化数据占绝大多数的企业集团,可以通过建立 ERP 之间的"数据接口",将标准不一的结构化数据转换到统一标准的分析平台上进行分析;(2)对未统一实施 EKP 系统或实施范围小、非结构数据居多的企业集团,也可以通过建立大数据分析平台(如 Hadoop),构建数据模型,运用数据分析技术直接对原始数据进行分析。

3. 打造专业团队，开展大数据分析

企业集团要让数据发挥价值，开展数据分析工作是核心。要确保这项核心工作落地，不仅需要建立专门的数据分析团队，还要聘用统计学家和数据分析家组织数据分析和价值挖掘。因为相比行业专家和技术专家，数据分析家不受旧观念的影响，能够聆听数据发出的声音，更好地分辨数据中的"信号"和"噪声"。

具体而言，要打造大数据团队，一方面需要聘请从事统计建模、文本挖掘和情感分析的专业人员，另一方面也要吸收财务部门中善于研究、分析和解读数据的"潜力股"人才。更重要的是，要培育重视数据分析的企业文化，大数据团队的价值才能在企业中得以实现。

4. 实现分析结果便捷化和可视化，辅助管理者进行决策

若要运用大数据的分析结构辅助决策，就要让企业管理者能够轻松了解、使用和查询数据，因此大数据平台面向最终用户的界面还需要提供简单易上手的"使用接口"。这类"使用接口"不仅要具备数据搜索功能，还要能够通过图表等可视化的方式快速呈现分析结果，只有这样才可以帮助企业管理者清晰地了解企业运营的情况，高效地辅助管理者进行数据化决策。

二、财务风险预警和管理的新途径

（一）大数据在企业财务风险预警和管理中的重要作用

当前我国很多企业都已经正在逐步地涉猎大数据的使用，所谓的大数据就是指采用各种方法和手段来大范围调查各种相关信息，然后合理地应用这些信息来促使其相应的调查结果更为准确可靠，尽可能地避免一些随机误差问题的产生。具体到企业财务风险预警工作来看，其对于大数据的使用同样具备着较强的应用价值，具体分析来看，其应用的重要性主要体现在以下几个方面。

1. 大数据在企业财务风险预警中的应用能够较好地完善和弥补以往所用方式中的一些缺点和不足

以往我国各个企业主要就是依赖专业的企业财务人员来进行相应的控制和管

理，虽然这些企业财务管理人员在具体的财务管理方面确实具备着较强的能力，经验也足够丰富，但是在具体的风险预警效果上却存在着较为明显的问题，这些问题的出现一方面是因为毕竟企业财务管理人员的数量是比较少的，而具体的风险又是比较复杂的，因此便会出现一些错误；另一方面则是企业财务管理人员可能存在一些徇私舞弊或者是违规操作等问题，进而对于相应的风险预警效果产生较大的影响和干扰。

2. 大数据自身的优势也是其应用的必要体现

大数据自身的一些优势也是极为重要的，尤其是在信息的丰富性上更是其他任何一种方式所不具备的，其包含的信息量是比较大的，进而也就能够更好地提升其应用的效果。

（二）基于大数据的企业财务风险预警和管理

在企业财务风险预警工作中，恰当应用大数据模式确实具备较为理想的效果，具体来看，在企业财务风险预警和管理中大数据的使用主要应该围绕着以下两个步骤来展开。

1. 大数据的获取

要想切实提升企业财务风险预警工作中大数据的应用价值，就应该首先针对大数据获取进行严格的控制和把关，尤其是对于大数据获取的方式进行恰当的选取。一般来说，大数据模式的采用要求具备较为丰富的数据信息量，因此，为了较好地获取这种丰富的信息，就应该重点针对其相对应的方式进行恰当选取。在当前的大数据获取中，一般都是采用依托互联网的形式进行的，尤其是随着我国网民数量的不断增加，可供获取的数据信息资源也越来越多，在具体的网络应用中，便可以在网络系统上构建一个完善的信息搜集平台，然后吸引大量的网络用户参与到这一信息收集过程中来，只要是能够和该调查信息相关的内容都应该进行恰当的收集和获取，通过这种方式就能够获取大量的信息资源。此外，这种依托于网络的大数据获取模式，还具备较好的真实性，因为其调查过程并不是实名制的，给了很多人员说话的机会,也就能够促使相对应的企业财务风险预警工作更为准确。

2. 大数据的分析和应用

在大量的数据信息资源被搜集获取之后,还应该针对这些大数据进行必要的分析和处理,经过了处理之后的数据才能够更好地反映出我们所需要的一些指标信息,这一点对于企业财务风险预警工作来说更是极为关键。具体来说,这种大数据的分析和处理主要涉及以下几个方面:(1)针对数据信息中的重复信息和无关信息进行清除,进而也就能够缩小信息数量,这一点相对于大数据来说是极为重要的,因为一般来说调查到的数据信息资源是比较多的,这种数量较大的数据信息资源必然就会给相应的分析工作带来较大的挑战,因此,先剔除这些信息就显得极为必要;(2)研究变量,对于具体的企业财务风险预警工作来说,最为关键的就是应该针对相应的指标和变量进行研究,这些指标和变量才是整个企业财务风险预警工作的核心所在,具体来说,这种变量的研究主要就是确定相应的预警指标,然后针对模型算法进行恰当的选取。

(三)大数据时代对财务风险理论的影响

过去财务核心能力包括财务决策、组织、控制和协调,如果这些能力能够超过竞争对手的话,企业就会在竞争中具有绝对的优势。但是随着时间的推移,目前企业环境的多变性和不稳定性加剧了企业之间的竞争,企业除了具备上述的能力外,还需要拥有很强的识别能力以及对风险的预知能力。因此,现在的财务风险防范胜于防治,财务风险的预警和控制就成了当今企业的重要处理对象。

财务风险管理者对大数据分析方法的研究应聚焦于基于大数据的商务分析,以实现商务管理中的实时性决策方法和持续学习能力。传统的数据挖掘和商务智能研究主要侧重于历史数据的分析,面对大数据的大机遇,企业需要实时地对数据进行分析处理,帮助企业获得实时商业洞察。例如,在大数据时代,企业对市场关键业绩指标(KPI)可以进行实时监控和预警,及时发现问题,做出最快的调整,同时构建新型财务预警机制,及时规避市场风险。

企业所面对的数据范围越来越宽、数据之间的因果关系链更完整,财务管理者可以在数据分析过程中更全面地了解到公司的运行现状及可能存在的问题,及时评价公司的财务状况和经营成果,预测当前的经营模式是否可持续、潜藏哪些危机,为集团决策提供解决问题的方向和线索。与此同时,财务管理者还要对数据的合理性、可靠性和科学性进行质量筛选,及时发现数据质量方面存在的问题,避免因采集数据质量不佳导致做出错误的选择。

1. 传统的财务风险及预警

公司所面临的风险主要涉及商业风险和财务风险,以及不利结果导致的损失。商业风险是由于预期商业环境可能恶化(或好转)而使公司利润或财务状况不确定的风险;财务风险是指公司未来的财务状况不确定而产生的利润或财富方面的风险,主要包括外汇风险、利率风险、信贷风险、负债风险、现金流风险等。一个有过量交易的公司可能是一个现金流风险较高的公司。对库存、应收款和设备的过分投资导致现金花光(现金流变成负的)或贸易应付款增加。因此,过量交易是一种与现金流风险和信贷风险有关的风险。对风险的识别与防控无疑是企业财务管理的核心与灵魂。

2. 企业财务风险管理理论重构

在大数据时代,财务风险管理理论需要在多方面进行重构。

第一,财务风险概念重构。财务风险是一个多视角、多元化、多层次的综合性概念。一个现实的、理性的财务风险研究理论应该是在对风险要素、风险成因、风险现象等不同财务风险层次的理解和研究的基础上形成的。

第二,风险防控对策重构,要特别关注各类风险的组合和匹配。当经济处于低迷期,企业需要在投资导致财务危机的风险与不投资带来竞争地位的损失之间进行权衡。而当经济处于萧条期,如果企业过度强调投资带来的财务风险,那将以承受不投资导致竞争地位下降的风险为代价。因此,企业需要根据对经济环境的判断,平衡投资财务风险和投资竞争风险。

第三,风险评估系统重构。企业应降低对防范风险金融工具的依赖。大数据背景下的财务管理理论应以实用为原则,围绕如何建立更加有效的评估企业经营风险状况的预警系统进行深入探讨,良好的风险预测能力是防范风险的利器。

对企业经营风险的控制,需要企业开发基于大数据、能够进行多维度情景预测的模型。预测模型可以用于测试新产品、新兴市场、企业并购的投资风险。预测模型将预测分析学和统计建模、数据挖掘等技术结合,利用它们来评估潜在威胁与风险,以达到控制项目风险的目的。例如,万达集团基于大数据的预测模型,既是预算管控的最佳工具,也是风险评估与预防的有效平台。

3. 在信贷风险分析中的应用前景

作为集团公司要建立风险防控机制,通过大数据风险预测模型分析诊断,及时规避市场风险,最大限度减少经济损失。信贷风险是长期困扰商业银行的难题,无论信贷手册如何详尽,监管措施如何到位,信贷员们如何尽职,仍难以规避坏账的困扰,大的违约事件仍层出不穷。准确和有价值的大数据信息为银行的信贷审批与决策提供了新的视角和工具管理。

以前,银行重视的是信用分析,从财务报表到管理层表现,依据历史数据,从历史推测未来。自从社交媒体问世后,包括微信、微博在内的社交网站以及搜索引擎、物联网和电子商务等平台为信贷分析提供了一个新维度,将人们之间的人脉关系、情绪、兴趣爱好、购物习惯等生活模式以及经历一网打尽,为银行提供非常有价值的参考信息。银行凭借这些更加准确和具有厚度的数据完成对客户的信用分析,并根据变化情况相应调整客户评级,做出风险预判。这样一来,信贷决策的依据不再是滞后的历史数据和束缚手脚的条条框框,而参考的是变化中的数据。信贷管理从被动变为主动,从消极变为积极,信用分析方面从僵化的财务报表发展到对人的行为分析,大数据为信贷审批与管理开创了全新的模式。

参考文献

[1] 吴应运,刘冬莉,王郁舒.财务管理与会计实践[M].北京:北京工业大学出版社,2018.12.

[2] 倪向丽.财务管理与会计实践创新艺术[M].北京:中国商务出版社,2018.09.

[3] 马文艳.财务管理与会计实践应用[M].长春:吉林教育出版社,2018.04.

[4] 陈云娟,虞拱辰,王家华.企业财务会计综合实训[M].上海:上海财经大学出版社,2018.04.

[5] 肖作平.财务管理[M].沈阳:东北财经大学出版社,2018.03.

[6] 王培,高祥,郑楠.财务管理[M].北京:北京理工大学出版社,2018.08.

[7] 周瑜,申大方,张云娜.管理会计[M].北京:北京理工大学出版社,2018.06.

[8] 马文琼.财务会计实训练习[M].西安:西安电子科技大学出版社,2018.02.

[9] 杨学富,耿广猛.管理会计实训教程第3版[M].沈阳:东北财经大学出版社,2018.04.

[10] 万顾钧,袁东霞.财务管理实务与实训[M].上海:立信会计出版社,2018.11.

[11] 曹玉梅.财务管理研究[M].哈尔滨:黑龙江科学技术出版社,2018.05.

[12] 谢经渠,付桂彦.财务管理与会计实践研究[M].长春:吉林教育出版社,2019.07.

[13] 岳洪彬.财务管理与会计实践研究[M].哈尔滨:哈尔滨地图出版社,2019.12.

[14] 朱慧,陈雯,寸银焕.财务会计[M].成都:电子科技大学出版社,2019.05.

[15] 李迪,张琳.财务会计[M].北京:国家行政学院出版社,2019.01.

[16] 盛强,黄世洁,黄春蓉.财务会计[M].北京:北京理工大学出版社,2019.07.

[17] 朱光明.企业财务会计第2版[M].沈阳:东北财经大学出版社,2019.02.

[18] 吴朋涛,王子烨,王周.会计教育与财务管理[M].长春:吉林人民出版社,2019.12.

[19] 张丽,赵建华,李国栋.财务会计与审计管理[M].北京:经济日报出版社,2019.03.

[20] 郑红梅.企业财务会计习题与实训[M].沈阳:东北财经大学出版社,2019.01.

[21] 常茹,薛媛.财务会计实训教程[M].北京:经济科学出版社,2019.01.

[22] 饶艳超,马建军,于琪.管理会计实训教程[M].上海:上海财经大学出版社,2019.03.

[23] 朱红波,叶维璇.管理会计[M].北京:北京理工大学出版社,2019.01.

[24] 韩吉茂,王琦,渠万焱.现代财务分析与会计信息化研究[M].长春:吉林人民出版社,2019.06.

[25] 刘春姣.互联网时代的企业财务会计实践发展研究[M].成都:电子科技大学出版社,2019.01.

[26] 许骞.财务管理与会计实践[M].西安:西北工业大学出版社,2020.05.

[27] 申晖.财务管理与会计实践[M].长春:吉林教育出版社,2020.06.

[28] 张煜.财务管理与会计实践研究[M].西安:西北工业大学出版社,2020.06.

[29] 席蕊.财务管理与会计实践研究[M].天津:天津科学技术出版社,2020.06.

[30] 姚凤民.政府会计制度实施背景下高校财务管理的实践问题研究[M].北京:经济科学出版社,2020.09.

[31] 李春俐,揭莹.财务会计综合实训[M].重庆:重庆大学出版社,2020.08.

[32] 张佃淑,张玉香,郭玲.企业财务会计[M].济南:济南出版社,2020.09.

[33] 王道平.企业经济管理与会计实践创新[M].长春:吉林人民出版社,2020.06.